U0142877

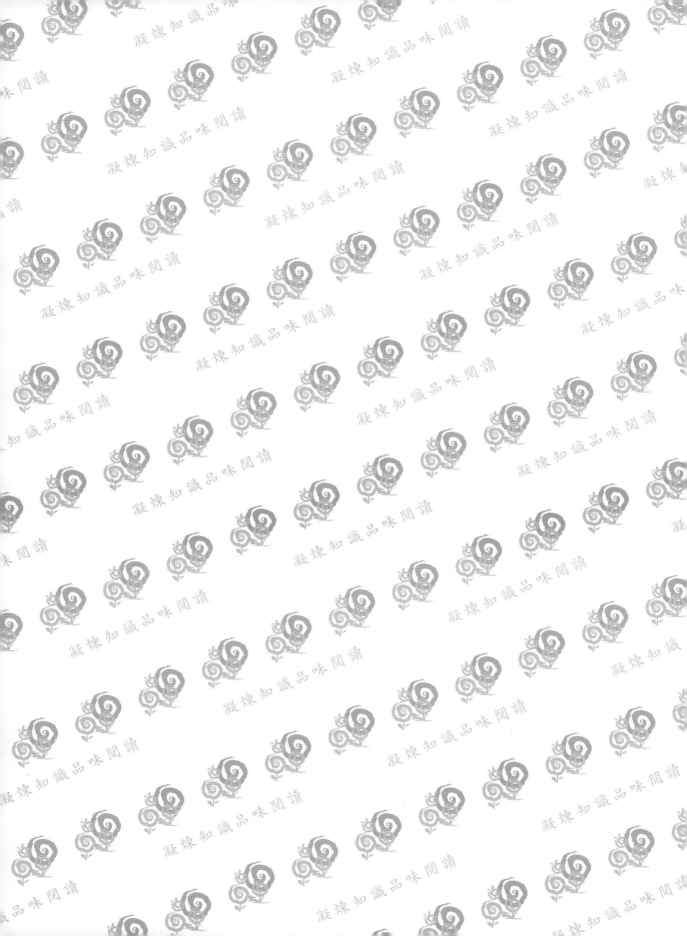

Property Risk Management

財產風險管理
理論與實務

鄭燦堂 著

五南圖書出版公司 印行

自序

　　近十幾年來我國有關風險管理的專業書籍逐漸增多，與筆者在三十年前專研風險管理時不可同日而語，此種現象亦顯示風險管理觀念已逐漸在國內加溫，這也就是說，「風險」已成了目前這個時代的背景音樂，人類已進入一個與風險共生、與災難並存的階段。

　　人類進入 21 世紀，才短短的 11 年間，南亞大海嘯，911 紐約世貿大樓恐怖攻擊、美國卡崔娜颶風，中國汶川大地震，以及東日本 311 大地震等重大天災人禍就像黑天鵝，不但是絕對多數人從未想過會發生的事，損失程度更超出我們認知的範圍。但隨著重大天災的發生頻率大幅增加，有如上百萬隻黑天鵝降臨般成為常態時，我們更應做好準備，面對如影隨形的黑天鵝時代之風險社會（Risk Society）的來臨。

　　在這個風險社會時代，人類已必須重新去面對許多以前疏忽掉的問題，大的如既有文明的走向、國際政經社會的重新規範、重大風險共同管理等；而在短中期方面，則是每個企業社會與政府，都必須成為新型態的「警戒式單位」──它必須有足夠的警覺心，有掌握及研判風險的能力，還要有本領對各類風險作出有效的動員，以及能有足夠的風險研究。

　　國內有關財產風險管理理論與實務的論述較為缺乏，然而採行財產風險管理的各種措施，可以幫助個人、家庭、工商企業及政府機構，達到預防、減輕及彌補損失的目的，因此，筆者將多年來在學術及實務上的所得整理成冊。

　　此外，本書於每一章結束時，均提出一些自我評量的題目供讀者檢視學習成果，並將歷屆各種有關財產風險管理考試試題及參考解答以附錄方式呈現於書後，我們確信，本書對於有意在財產風險管理領域中更上一層樓的朋友們──不論是初學者、有意進修者、參加各種考試者以及實際執行財產風險管理者，都是很好的參考教材。

　　本書雖然力求內容完善及易懂，但錯誤之處在所難免，誠盼產、官，及學界先進不吝指正。

鄭 燦 堂　謹識

2012年7月

目　錄

第一章

風險與風險管理

學習目標

本章讀完後,您應能夠:

1. 瞭解自然災害的黑天鵝效應對風險管理的衝擊
2. 體認我們已處在一個風險社會的時代
3. 發現現代風險社會之特色
4. 歸納現代風險社會所面臨的風險

摘 要

　　人類進入 21 世紀，才短短的 10 年間，南亞大海嘯、911 紐約世貿大樓恐怖攻擊、美國卡崔娜颶風、中國汶川大地震，以及東日本 311 大地震等重大天災人禍就像黑天鵝，不但是絕對多數人從未想過會發生的事，損失程度更超出我們認知的範圍。但隨著重大天災的發生頻率大幅增加，有如上百萬隻黑天鵝降臨般成為常態時，我們更應做好準備，面對如影隨形的黑天鵝時代之風險社會（Risk Society）的來臨。

　　1990 年代後期以來，全球政經社會領域即出現一個關鍵詞——「風險」（Risk）。這個詞開始進入歷史的日程表，主要乃是拜德國思想家烏爾利希‧貝克（Ulrich Beck）教授於 1986 年創發的「風險社會」（Risk Society）學說之賜。

　　貝克教授指出，在這個全球化的資本主義晚期時代，儘管人類的互動與福祉增加，但連動所造成的風險也同樣大增。例如，若國際政治上太過跋扈，就會有無法預測的恐怖反擊；全球持續掠奪自然資源，使得氣候異變，風雨暴雪等自然災害的頻率與規模就會增大；由於各國經濟連動增加，所謂的「蝴蝶效應」就會形成，人類對自然的擾動增多，大規模的流行疫病就更容易爆發。

　　這也就是說，「風險」已成了目前這個時代的背景音樂，人類已進入了一個與風險共生、與災難並存的新階段。

　　自從貝克教授提出「風險社會」（Risk Society）的學說後，人們已愈來愈清楚地理解到，人們將面臨自然災害、流行疫病、恐怖組織攻擊及人類對地球生態破壞，可能引發全球暖化的天災、人禍等風險所帶來的不安全和不確定性。現代風險社會的焦慮與不安，已嚴重威脅著每個國家社會、每個行業與每一個人，因此，在這「風險社會」的時代，人們無論在決策與運作上，已必須用另一種更高規格的邏輯，才能趨吉避凶，減少牽累與受害。

第一節　黑天鵝效應如影隨形

　　歐洲人過去一直深信所有天鵝都是白色，直到在澳洲發現了黑天鵝，才推翻歐洲人長久以來的想法。

　　只看過白天鵝的歐洲人，自然認為「所有的天鵝都是白色的」，「黑色天鵝」則是想都沒想過的事，心中的衝擊可想而知，這就是「黑天鵝效應」（Black Swan Theory）

　　這是人類進入21世紀，才短短的10年間，南亞大海嘯、911紐約世貿大樓恐怖攻擊、美國卡崔娜颶風，中國汶川大地震，以及東日本311大地震等重大天災人禍就像黑天鵝，不但是絕對多數人從未想過會發生的事，損失程度更超出我們認知的範圍。但隨著重大天災的發生頻率大幅增加，有如上百萬隻黑天鵝降臨般成為常態時，我們更應做好準備，面對如影隨形的黑天鵝時代之風險社會（Risk Society）的來臨。

第二節　風險社會

　　2011年3月11日下午1點46分，東日本發生規模9.0之大地震，造成15,843人死亡，5,890人受傷，3,469人失蹤，房屋全倒110,848間，半倒134,954半間，部分受損488,138間，經濟損失高達2,400億美元。

　　此次東日本的9級大地震，引發地、水、火、核四大災難複合式齊發，讓人怵目驚心。其中最讓人憂心忡忡的還是福島第一核電廠機組的接連爆炸及放射性物質外洩事件。這事件既是天災，又有可能是人禍，所以引起了全球核能發電是否安全的廣泛重視。

　　2011年3月11日發生東日本的9級大地震，除了造成上述龐大生命財產損失外，並引發了超級大海嘯、核電廠輻射外洩、全球產業關鍵零組件供應鏈暫時中斷及經濟影響的災難。這種由強震所引起的「複合式災難」，超出先前人類日常運作所能思考的範疇，值得我們深思。

　　發生於2008年5月12日下午2點48分，規模達芮氏8級之中國四川汶川大地

震，經統計，造成87,467人死亡，374,176人受傷，13,831人失蹤；53,295公里的公路被破壞，778.91萬戶房屋倒塌；政府投入救災金額為548.76億人民幣，經濟損失超過10,000億人民幣。此次大地震透過新聞媒體的不斷報導，引發人們對現代風險社會的焦慮與不安。

發生於1999年9月21日規模達芮氏7.3級之集集大地震，再度喚起國人對地震之重視，此次台灣百年以來最嚴重的地震災害，造成2,415人死亡失蹤，11,000多人受傷，其中重傷4,139人，房屋全倒8,457間，半倒6,204間，直接財物損失逾新台幣3,600億元。

2001年9月11日，恐怖份子劫持了4架民航客機，其中兩架撞進了美國紐約世貿中心雙塔，第三架撞到五角大廈，而第四架則栽進了賓州西南部的一個農田裡，至少有2,973人在此次的恐怖事件中喪生。

2009年8月8日，莫拉克颱風重創台灣南部地區，帶來50年來最嚴重水災的世紀大浩劫。山崩、橋斷、家毀、人亡；造成全台共571人死亡、106人失蹤，5千多人流離失所，農村漁牧損失高達新台幣160億元。若不是此次88水災，台灣人民很難相信幾年前電影「明天過後」的情節，會活生生地上演。被世界銀行視為水災、旱災和地震等三大災害交替發生率最高的台灣，世紀巨變恐未盡畫休止符，明天過後，我們應如何與自然災害共處，降低老天爺的懲罰？

表1-1　東日本大地震vs.臺灣921大地震vs.中國汶川大地震比較表

事件	東日本大地震	921大地震	汶川大地震
發生日期	2011年3月11日	1999年9月21日	2008年5月12日
規模（芮氏）	9.0	7.3	8.0
震央	仙台市以東130公里外海	日月潭西偏南12.5公里處	汶川縣境內映秀鎮
深度	24公里	8公里	19公里
威力	110,000顆原子彈爆炸	45顆原子彈爆炸	251顆原子彈爆炸
死亡人數	15,843人，另有3,469人失蹤	2,415人	87,467人，另有13,831人失蹤

資料來源：參閱2011年4月1日經典雜誌，p.45與2012年1月19日本共同社網路新聞

令人震驚的311東日本大地震、台灣88水災與921大地震、世貿中心恐怖攻擊事件與中國四川汶川大地震均清楚地表明，我們生活在一個風險社會中，處

在風險社會中，最可怕的是我們竟不自知。

1990年代後期以來，全球政經社會領域即出現一個關鍵詞——「風險」（Risk）。這個詞開始進入歷史的日程表，主要乃是拜德國思想家烏爾利希·貝克（Ulrich Beck）教授於1986年創發的「風險社會」（Risk Society）學說之賜。

貝克教授指出，在這個全球化的資本主義晚期時代，儘管人類的互動與福祉增加，但連動所造成的風險也同樣大增。例如，若國際政治上太過跋扈，就會有無法預測的恐怖反擊；全球持續掠奪自然資源，使得氣候異變，風雨暴雪等自然災害的頻率與規模就會增大；由於各國經濟連動增加，所謂的「蝴蝶效應」就會形成，人類對自然的擾動增多，大規模的流行疫病就更容易爆發。

這也就是說，「風險」已成了目前這個時代的背景音樂，人類已進入了一個與風險共生、與災難並存的新階段。

在這個風險時代，人類已必須重新去面對許多以前疏忽掉的問題，大的如既有文明的走向、國際政經社會的重新規範、重大風險共同管理等；而在短中期方面，則是每個企業社會與政府，都必須成為新型態的「警戒式單位」——它必須有足夠的警覺心，有掌握及研判風險的能力，還要有本領對各類風險作出有效的動員，以及能有足夠的風險研究。

自從貝克教授提出「風險社會」（Risk Society）的學說後，人們已愈來愈清楚地理解到，人們將面臨自然災害、流行疫病、恐怖組織攻擊及人類對地球生態破壞，可能引發全球暖化的天災、人禍等風險所帶來的不安全和不確定性。現代風險社會的焦慮與不安，已嚴重威脅著每個國家社會、每個行業與每一個人，因此，在這「風險社會」的時代，人們無論在決策與運作上，已必須用另一種更高規格的邏輯，才能趨吉避凶，減少牽累與受害。

第 三 節　現代風險社會之特色

一、現代風險社會之特色

現代風險社會有下列九大特色，茲說明如下：

㈠變遷迅速

法國詩人保羅‧凡樂希著名的詩句：「我們這個時代最大的問題是什麼？我們這個時代最大的問題，就是現在和過去不一樣。」為什麼不一樣？是因為變得快。最近5年的變化，等於過去50年。一個人年輕時所學到的東西，隨著年齡的增長，很快地便落伍了。不管我們年輕還是年長，都成為沒有經驗的人，而要以謙卑的態度、開闊包容的精神，不斷地學習。

㈡時間革命

傳統的時間觀念，每天二十四小時，區分晝夜。有工作，有休息，幾乎每件事情都有一定的發生時間，一定的操作時間。可是，自從二十四小時革命之後，沒有日夜的區分，不僅交通通訊事業全年無休，各種商店、娛樂場所、銀行也都全年無休。我們在睡覺的時候，另外的地方在工作；一邊午夜正在夢中，另一邊可能股市崩盤，醒來時一生的積蓄已化為烏有。

㈢環境主義

自工業革命以來，隨著產業的發展，人類的慾望無止境的升高，資源急速的耗竭，環境遭到破壞，由而興起了維護自然生態的主張。人類逐漸明白，我們居住的地球，不僅是唯一賴以生存的空間，且為與我們以後世世代代子孫所共有。所以要節制慾望，經營純潔簡樸的生活，揚棄追求成長的想法，俾使人類得以永續生存。

㈣科技進步

自1738年紡織機發明之後，科技的發展日新月異，推高了生產力，一方面

創造了富裕的社會，一方面縮減了勞動的時間，讓人可以享有休閒，繼續去學習。

可是科技作用於大自然，結果引發自然界的反擊。非但環境遭到破壞，資源急速耗盡，威脅到人類的生存；而且還使原來只是造成傷害性的危險，擴大為毀滅性的危險。

㈤人權伸張

人權本是一個發展的概念，隨著人類的努力創造，而擴張其領域，提高其水準，豐富其內容。由傳統社會主張以生存權為中心的權利，美洲革命與法國革命爭取以自由權為中心的權利，社會主義革命以平等權為中心的權利而奮鬥，迄今開展了以環境權、和平與安全權、糧食權、個人與民族發展權、自然資源享有權、人類文化遺產共享權、人道主義救援權等新權利的追求，使集體的權利意識升高。

㈥社會壓力

在以往由於社會封閉，除了來自政府的管轄之外，並無來自民間組織干預的力量。但是在社會力釋放之後，種種非政府組織勃然興起。勞工運動、婦女運動、人權運動、環境保護運動、消費者保護運動等，莫不產生強大的力量，施壓於企業和政府。

㈦人口結構

在經過人口革命之後，人口的出生率與死亡率都大幅下降，使人口結構老化。結婚年齡推遲，不婚比率升高，婚姻穩定性喪失，離婚率急速陡升，單親家庭日眾，使戶量縮小，家庭功能不足。人口結構的改變，完全地改變了社會的面貌，左右了生活方式。

同時，也升高了人生的風險，創造出社會上新的需要。傳統的家庭本來是一個自給自足的單位，家庭成員之間有相互保險的功能，但如今此種功能已經不再。

(八)跨越國界

在過去，任何風險都是侷限於一隅，可是如今任何一地發生之事件，都使全球受到影響。無論是技術的更新、觀念的改變、災變的發生、環境的破壞、一國的決策，都擴散及於世界。

美國聯邦準備理事會一個改變利率的決定，全球經濟都隨之波動；烏克蘭核能發電廠的爆炸事件，連台灣嬰兒奶粉價格都會飆漲。

(九)資訊擴散

在資訊不發達的時代，危機是封閉的，消息是漸進的，可是現代社會資訊發達，通信便捷，一切都由封閉轉變為開放，侷限轉變為擴散，任何事件的發生立即傳播至全球。

媒體成了最有力的傳播者，其即時性的擴散能力，不僅支配了危機的走向，也支配了社會的反應方式。

第四節　現代風險社會之風險

工業革命後，由於人類大量使用石化燃料排放二氧化碳，全球溫室效應已日趨嚴重。根據世界氣象組織（WMO）發布的《2008年溫室氣體公報》，工業革命以前，大氣中二氧化碳含量幾乎不曾變化，但工業革命後，每年卻以2ppm的速度迅速增加。科學家預測，若不採取任何防治措施，2100年時，地表溫度將較目前增加1℃至3.5℃。值得注意的是，過去一萬年中地球平均溫度也不過上升2℃。

人類在短短兩百多年之中，已經為地球帶來相當大的風險。科學家研究，溫室效應對地球帶來的風險主要可分為三點：

(一)生態破壞

氣溫增高使水氣蒸發加速，使熱帶地區產生乾旱，其他地區雨量大增，造成動植物生存環境改變。

㈡海面上升

氣溫增高使南北及冰層加速融化，造成海面上升，大量農田及城市有被淹滅的疑慮。全世界約三分之一的沿海人口將居無定所。

㈢疾病蔓延

氣溫增高會傷害人體的抗病能力，若再加上全球氣候變遷引發動物大遷徙，屆時將促使腦炎、狂犬病、登革熱及黃熱病的大規模蔓延。

由於任何一個國家都無法避免溫室效應所帶來的風險，二氧化碳排放的議題已經成為國際關注的焦點。1992年，世界各國領袖齊聚「里約地球高峰會」，催生《聯合國氣候變化綱要公約》，各國同意將大氣中溫室氣體濃度，穩定在防止氣候系統受到危險人為干擾的水平上。由於該項規範寬鬆，幾乎所有聯合國會員都簽署了。

基於《聯合國氣候變化綱要公約》幾乎沒有規範具體義務，1997年，世界各國領袖再度齊聚日本研擬《京都議定書》，明訂2008到2012年二氧化碳的排放量需較1990年降低至少5%。然而，由於美國未能加入《京都議定書》，中國則因為被列入開發中國家而未負減碳義務，這都是《京都議定書》「美中不足」的地方。

鑑於《京都議定書》第一階段承諾期將於2012年屆滿，2009年12月7日至18日，全球192個國家的15,000名代表，又齊聚丹麥哥本哈根討論減碳議題。雖然會議結束後，各國僅協議全球暖化升溫應控制在2℃以內，但是除歐盟提出減碳承諾外，五大排碳國包括中國大陸、美國、俄羅斯、印度及日本亦紛紛跟進，顯見近年來氣候異常現象已經撼動世界各國。這種危機無法由單一國家單獨面對，需要世界各國共同解決，打破過去零和遊戲式的國際關係模式。

依據RMS風險管理公司（Risk Management Solutions）研究人員花費半年的時間研究所有風險後，歸納出現代風險社會所面對之十大風險：

- ・颶風
- ・洪水
- ・原油污染
- ・恐怖攻擊
- ・停電
- ・山林大火
- ・工業事故
- ・網路病毒
- ・全國流行病
- ・地震

　　2010年1月12日21時53分海地發生規模達芮氏7級大地震，造成20餘萬人傷亡之重大災情，引起全球關注，聯合國於2010年1月28日指出，過去10年，地震是最致命的自然災害，震災導致死亡人數居自然災害總死亡人數60%。

　　聯合國統計顯示，過去10年全球共發生3,852起自然災害，導致78萬人死亡，20多億人受災，造成經濟損失逾9,600億美元。因地震死亡人數逾46萬人。

　　亞洲受自然災害打擊最重，過去10年因自然災害死亡人數佔全球總死亡數85%。過去10年最嚴重然災害包括：2004年印度洋大海嘯（造成22萬6,408人死亡）；2008年緬甸颶風（13萬8,366人死亡），同年四川汶山地震（8萬7,476人死亡）；2005年巴基斯坦地震（7萬3,338人死亡）等，都發生在亞洲。

　　聯合國「減災國際戰略」（UN International Strategy for Disaster Reduction, UNISDR）指出，世界十大人口最多城市中，8個地方處地震斷層線上，地震是過去十年致命自然災害之首，將繼續嚴重威脅各國。處於地震斷層線八大都市是：東京、墨西哥、紐約、孟買、德里、上海、加爾各達、雅加達。

　　2011年日本與泰國分別發生史上規模最大地震與災情最慘重的水災，當年度全球經濟損失因而高達3,700億美元，創歷史新高。

　　對亞洲國家而言，2011年堪稱是多災多難的一年。據瑞士再保險公司發行的Sigma指出，史上規模最大的地震與災情最慘重的水災分別發生在日本與泰國，合計造成2,400億美元的經濟損失（約合新台幣7.2兆元），光這兩次「巨災」造成的損失，就超過2010年全球合計的2,260億美元！2011年全球經濟的巨災損失因而創下史上最慘記錄。

　　2011年泰國長達4個月的水災，保險公司慘賠120億美元，在史上十大洪災排行榜上名列第一，泰國水災經驗證明水災損失可能和地震、暴風一樣慘重，且不僅洪水的高危險地區可能發生嚴重水災，其他國家也可能發生相同程度甚至更嚴重的水患。

　　對於瑞士再保發行的Sigma所稱巨災，是指造成經濟總損失在8,920萬美元（約合臺幣26.76億元）以上，或造成20人以上死亡或失蹤、超過50人受傷或2,000人以上無家可歸的自然或人為災變。巨災賠款則依險種而異，運輸險指賠款超過1,800萬美元（約合臺幣5.4億元），航空險3,590萬美元（約合臺幣10.8億元），其他險種則指賠款在4,460萬美元（約合臺幣1323.38億元）以上者。

一、試說明自然災害黑天鵝效應對風險管理的影響。

二、試說明風險社會（Risk Society）的由來及我們應有的風險態度？

三、試說明溫室效應對地球帶來的主要風險？

四、試說明現代風險的社會之九大特色？

五、試說明現代社會所面臨的十大風險？

第二章
風險的定義、特性及分類

學習目標

本章讀完後,您應能夠:

1. 敘述風險的定義

2. 闡明風險的特性

3. 描述風險四要素

4. 界定風險的分類

5. 瞭解風險的偏好

6. 描述風險的要件及性質

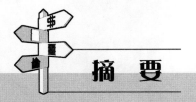

摘 要

　　所謂「風險」，主觀的定義是指事故發生的不確定性。客觀的定義則是指事故發生遭受損失的機會。風險之分類，依風險之來源，可分為因不可預期或不可抗拒之事件所致之靜態風險，以及因人類需求或制度、環境改變所引起之動態風險。依風險之潛在損失，可分為人身、財產、責任及淨利風險。依風險發生損失之對象，可分為企業、家庭（個人）及社會風險。若由管理的角度，則可分為可管理及不可管理風險。而由商業保險之角度，則可分為包括財產、人身及責任之可保風險，以及包括行銷、政治及生產等之不可保風險。若就風險發生之影響面而言，可分為因個別原因發生而僅能影響較小範圍社會群體之單獨風險；以及非因個別原因發生，而其結果對整個社會群體有影響之基本風險。此外，應用精算及統計之技術，可將風險區分為純損風險，指事故發生時，只有損失而無獲利的機會；以及投機風險，指事故發生時，除了損失與無損失機會外尚有獲利之機會。

　　基於人類與生俱來之安全需求及因應風險發生導致經濟損失之威脅，加上政府之法令要求，風險需要管理。而利用科學方法處理未來之不確定性以減少或規避風險所造成之損失，即是所謂之「風險管理」。

　　因此，在這「風險社會」的時代，人們無論在決策與運作上，已必須用另一種更高規格的邏輯，才能趨吉避凶，減少牽累與受害。

第一節　風險的定義

由於現代風險社會活動甚為複雜，每個人及各行各業的財產每天皆有各種不同的風險必須面對；但是，對於風險之定義至目前為止，國內外學術界眾說紛紜，尚未發展出一個簡易明瞭、大家一致認同的說詞。經濟學家、行為科學家、風險理論學家、統計學家以及精算師，均有其自己的風險觀念（Concept of Risk）。一般來說，風險之定義主要可分為下列幾種：

一、事故發生的不確定性（Uncertainty）

是一種主觀的看法，著重於個人及心理狀況，由於企業經營對未來事件的發生難以預測，在企業的經營活動中常會遭遇到許多的不確定性，但不確定性並非全是風險，亦有充滿希望的一面，如下所示：

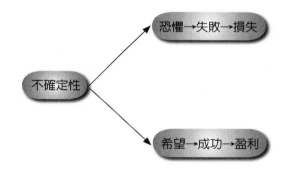

因為不確定性常給企業經營者帶來恐懼、憂慮，使得企業經營的績效減低；但不確定性亦帶給企業經營者希望、光明、邁向成功，獲致盈利。因此，從主觀觀點而言，風險乃指在一定情況下的不確定性，此不確定性意指：

　　1.發生與否不確定（Whether）。

　　2.發生的時間不確定（When）。

　　3.發生的狀況不確定（Circumstance）。

　　4.發生的後果嚴重性程度不確定（Uncertainty as to Extent of Consequence）。

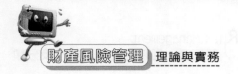

二、事故發生遭受損失的機會（Chance of Loss）

是一種客觀的看法，著重於整體及數量的狀況，認為在企業經營的各種活動中發生損失的可能性，亦即企業在某一特定期間內的經營活動，例如一年，遭受損失的或然率（Probability of Loss），此或然率介於0與1之間，若或然率為0，即表示該企業的經營活動不會遭受損失；若或然率為1，則該企業的經營活動必定會發生損失；若該企業在經營活動中發生火災損失的或然率為0.50，亦表示該企業遭受火災損失的風險可能在未來的二年中發生一次。因此，企業經營活動損失的或然率愈大時，風險亦愈大。

第 二 節　風險的特性

風險具有以下五種特性：

一、風險具有客觀性

風險是不以人的意識為轉移，而是獨立於人的意識之外的客觀存在。人們只能採取風險管理辦法降低風險發生的頻率和損失幅度，而不能徹底消除風險。

二、風險具有普遍性

在現代風險社會，人類面臨著各式各樣的風險：自然災害、疾病、意外傷害……同時，隨著科學技術的發展和生產力的提高，還會不斷產生新的風險，且風險事故造成的損失也愈來愈大。例如，核能技術的運用產生了核子輻射、核子污染的風險；航空技術的運用產生了巨災損失的風險。

三、風險具有損失性

只要風險存在，就一定有發生損失的可能。如果風險發生之後不會有損

失，那麼就沒必要研究風險了。風險的存在，不僅會造成人員傷亡，而且會造成生產力的破壞、社會財富的損失和經濟價值的減少，始終使人類處於擔驚、憂慮中，因此才使得人們尋求分擔、轉嫁風險的方法。

四、風險具有必然性

個別風險事故的發生是偶然的，然而透過對大量風險事故的觀察，人們發現風險呈現出明顯的規律性。因此在一定條件下，對大量獨立的風險損失事件的統計處理，其結果可以比較準確地反映風險的規律性，從而使人們得以透過利用機率和數理統計方法去計算其發生的機率和損失幅度。

總體上必然性和個體上偶然性的統一，構成了風險的隨機性。例如一個地區一年中必然有火災發生，是總體上的必然性，但究竟哪一幢房屋著火是偶然的，是無法預知的，即個體上的偶然性。

五、風險具有可變性

風險的可變性是指在一定條件下風險可轉化的特性。世界上任何事物之間互相聯繫、互相依存、互相制約。而任何事物都處於變動之中、變化之中，這些變化必然會引起風險的變化。例如科學之發明，文明之進步，可使風險因素發生變動：醫藥的發明與醫術之進步，使死亡率降低，改變人的壽命；汽車與飛機的發明，使人有因車禍或空難導致之死亡風險。

第 三 節　風險四要素

在瞭解風險社會與風險定義之風險特性後，我們可進一步深入瞭解風險構成的四要素。

風險係由風險標的、風險因素、風險事故和損失共同構成。

一、風險標的（Exposure）

　　風險標的係指暴露在風險之下的有形或無形標的。有形風險標的，如汽車、建築物、生產設備或商品存貨皆是；無形風險標的，如因侵權行為（Torts）所致依法應負的賠償責任，或對他人債務的擔保行為皆是。

二、風險因素（Hazard）

　　風險因素係指足以引起或增加風險事故發生機會或足以擴大損失程度之因素。例如汽車維護不善、屋內堆積易燃品、衛生情形不良等則為風險因素。

三、風險事故（Peril）

　　風險事故係指造成損失發生之直接原因。例如造成建築物焚毀之火災、造成乘客傷亡之車禍等屬之。

　　風險事故多係某些風險因素（Hazard）之存在所致。

　　風險事故，亦指可能造成風險標的物產生經濟盈虧結果的原因或事件。

　　1.有源於自然界者，如火山爆發、地震、颱風或雷擊等皆是。

　　2.有源於人為因素者，如火災、車禍、中共對台灣實施導彈演習、中央銀行降低存款準備率等皆是。

　　3.有源於物之本質者，如煤之自燃、穀倉塵爆等皆是。

四、損失（Loss）

　　損失係指財產經濟價值之非故意（Unintentional）減少或滅失。例如房屋因火災焚毀。

　　損失通常包括直接損失（Direct Loss）與間接損失（Indirect Loss）兩種型態。

　　損失是指非故意的、非計畫的和非預期的經濟價值的減少。這一定義包含兩個重要的因素：一是「非故意的、非計畫的、非預期的」；二是「經濟價值的減少」，兩者缺一不可，否則就不構成損失。例如，惡意行為、折舊以及面對正在受損失的物資可以搶救而不搶救等造成的後果，因分別屬於故意的、計

畫的和預期的，因而不能稱為損失。再如記憶力的衰退，雖然滿足第一個因素，但不滿足第二個因素，因而也不是損失，但是，車禍使受害人喪失一條胳膊，便是損失，因為車禍的發生滿足第一個要素，而人的胳膊雖不能以經濟價值來衡量，即不能以貨幣來度量，但喪失胳膊後所需的醫療費以及因殘廢而導致的收入減少，卻可以用金錢來衡量，所以車禍的結果滿足了第二個要素。

　　風險因素、風險事故與風險損失三者之間存在著因果關係，即風險因素引發風險事故，而風險事故導致損失。如果將這種關係連接起來，便得到對風險的直觀解釋。如圖2-1所示。

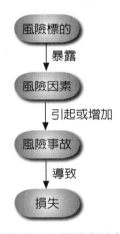

圖2-1　風險標的、風險因素、風險事故與損失四者之間的關係

　　例如一部汽車，因未定期保養維護，致在駕駛時發生車禍，造成汽車損壞，修理費用需5萬元。

　　就此例而言，「這輛汽車」為風險標的；「未定期保養」為風險因素；「車禍」為風險事故；「修理費用5萬元」為損失。

第四節　風險之偏好

　　風險管理決策人員對於風險之偏好，亦即對於風險之反應狀況，會影響風險管理之決策。在同一狀況同一時間下，不同的決策者可能因對風險之偏好不

同，而產生不同之決定。一般而言，對於風險之偏好，可分為三個層級：一為低度冒險者，亦即風險遠離者，對於風險之偏好較低；二為中度冒險者，對於風險之偏好適中；三為高度冒險者，對於風險之偏好程度則較高。

　　一般影響風險偏好程度之重要因素，有下列幾項：㈠年齡；㈡性別；㈢個性；㈣教育程度；㈤學識及經驗；㈥對風險之瞭解程度；㈦擁有之財富；㈧損失金額之大小；㈨婚姻狀況；㈩就業狀況。

第 五 節　風險的分類

　　為了使個人、家庭、企業等經濟單位明瞭其本身之風險，而需要加以風險分類（Classification of Risks）；國內外學術界把風險按不同的區分方式分為不同的種類，茲說明如下：

一、按風險的來源區分

　　按風險的來源，風險可區分為：

㈠靜態風險（Static Risk）

　　係指不可預期或不可抗拒的事件，或人為上的錯誤、惡行所致的風險，此風險為任何靜態環境所不可避免者：

　　1.財產遭遇火災、天災等所致的實質性、直接性損失的風險。

　　2.因本身財產直接性損失或其他直接性損失，而導致營運中斷之間接損失的風險。

　　3.因本身財產直接性損失或其他直接性損失，而導致營運費用增加的間接性損失之風險。

　　4.企業經營過程中，因法律責任或契約行為所致損失的風險。

　　5.詐欺、犯罪、暴行所致損失的風險。

　　6.因公司重要人員或所有權人死亡或喪失工作能力所致損失的風險。

(二)**動態風險**（Dynamic Risk）

動態風險是由於人類需求的改變、機器事物或制度的改進和政治、社會、經濟、科技等環境變遷所引起者：

　1.**管理上的風險**

(1)生產上的風險

生產上的風險起源於生產與製造過程中所遭遇到的風險，例如生產作業流程設計失當的風險、採購偏差的風險等等。

(2)行銷上的風險

行銷風險係指與行銷體系、同業競爭、產品擴展、市場開拓等有關的行銷活動風險，其風險主要有對市場情況不明的投資風險、對未來供給（競爭）與需求（消費者）評估錯誤的風險、產品滯銷的風險、同業競爭的風險等等。

(3)財務上的風險

財務上的風險為企業在財務處理活動中所面臨的任何風險；美國中小企業列舉十四項企業常見的財務風險：

①創業時資本不足。

②成長或擴充時資本不足。

③過分依賴負債。

④不足的財務計畫。

⑤不當的現金管理。

⑥過分重視銷售量而忽略淨利潤。

⑦忽略風險與報酬之間的關係。

⑧業主自企業取款太多，動搖財務根基。

⑨現金與淨利混淆不清。

⑩銀行關係不佳。

⑪不當的信用政策。

⑫帳簿制度不佳。

⑬不適當地處理應付帳款。

⑭不良的會計制度。

在多國籍企業中，財務風險更包括國際匯兌的風險、國外稅制和其變動風

險、國際性商業執照的風險，因營業中斷或完全終止，而仍須支付其國外員工之津貼或離職的風險。

(4)人事上的風險

人是企業的一項最重要資源，人事風險包括員工流動風險、員工工作效率的風險、勞資關係良窳的風險等等。

2.政治上的風險

自1970年代初期，政治風險已開始為企業所重視，尤其是多國籍企業。伊朗及薩爾瓦多政治動亂之後，已更進一步地提高了企業界對政治風險的關注。其風險通常包括下列項目：

(1)國外公司的資產和設備被所在國國有化及沒收、充公。

(2)因革命、內戰、暴動、綁架及謀殺所造成財產與人體的損傷。

(3)國外政府對私人條約的侵犯或干擾。

(4)國外債務匯款支付禁令。

(5)法令及稅制上的歧視待遇。

3.創新上的風險

企業由於競爭激烈及產品生命週期更加縮短，致使企業若欲求生存與發展，唯有創新。熊彼得（J. Schumpeter）的創新理論（Innovation Theory）指出，在動態社會中，企業經營者若欲追求利潤，必須推動創新活動，如下所列：

(1)新產品的開發。

(2)新生產方法的應用。

(3)新市場的開拓。

(4)新的原料供給地的發現。

(5)對生產因素新組合的應用。

除上述技術創新外，並應重視管理上的創新來相互配合。當企業從事於創新時，可能因研究發展經費、人才、資訊、設備、觀念等因素，而使其工作不能達到預期之目標而發生創新的風險。例如事前對配銷者及消費者調查或測驗錯誤的風險、產品設計錯誤的風險、管理方面失當的風險、包裝錯誤的風險、使用說明書不當的風險等。

靜態風險與動態風險的區別：

1. 發生特點不同

靜態風險在一定的條件下，具有一定的規律性，變化比較規則，可以透過大數法則加以測算，對風險發生的頻率作統計估計推斷；動態風險的變化卻往往不規則，無規律可循，難以用大數法則進行測算。

2. 風險性質不同

靜態風險一般均為純損風險，無論是對於個體還是對於社會來說，靜態風險都只有損失機會，而無獲利的可能；而動態風險則既包含純損風險，也包含投機風險。換句話說，某一動態風險對於一部分個體可能有損失，但對另一部分個體則可能獲利，從社會總體上看也不一定有損失，甚至受益。如消費者偏好的轉移，會引起舊產品失去銷路，增加對新產品的需求。

3. 影響範圍不同

靜態風險通常只影響少數個體；而動態風險的影響則比較廣泛，往往會帶來連鎖反應。

二、按風險的性質區分

按風險的性質，風險可區分為：

(一)純損風險 (Pure Risk)

係指事件發生的結果，只有損失或沒有損失的風險，亦即風險發生時，企業只有損失的機會而無獲利的機會。純損風險總是不幸的，對企業，甚至整個社會而言，純損風險不可能造成任何獲利的贏家；因此，企業經營的最佳決策，應儘量避免純損風險的發生。由於純損風險在相同的情況下會經常重複發生，企業若能藉著過去發生損失的資料，而計算出其損失頻率和損失幅度，再加上統計之大數法則的應用，往往可以預測未來純損風險發生的可能性。例如某企業在過去五年中，發生過幾次大小火災，損失金額從數千元到數百萬元不等，企業可應用此項資料去預測該企業在未來一年中發生火災的可能性。因此，企業經營上的純損風險，可藉著日新月異的風險管理技術加以避免、減少，甚至消除。

㈡投機風險（Speculative Risk）

投機風險係指事件發生的結果，除了損失與沒有損失的機會外，尚有獲利機會。

投機風險較不易或不可能在相同情況下重複發生，因此企業很難由過去的資料預測未來投機風險獲利或虧損的可能性之大小。例如企業僅憑過去的資料，很難預測新產品開發或新投資的成功與否。雖然，企業有時考慮穩健保守的經營原則，而不願去承擔投機風險的損失；但是，投機風險具有誘惑性，使得企業為了賺取更多的利潤而甘冒虧損的風險。投機風險對企業而言，將會造成有些公司獲利而有些公司虧損的局面，但對整個社會而言，往往是有利的；因為獲利的重要性往往高於失去的損失。例如科技的進步，可能創造了一個新行業，而摧毀了另一行業，但是二者權衡之下，畢竟是造福了消費者，所以在整個社會裡，往往便成了投機風險的獲利者。

雖然風險可劃分為純損風險和投機風險，但這二類風險並非完全排斥，有時這二類風險可同時並存。例如企業增建一座新廠房，企業便面臨廠房遭受火災、地震、颱風、洪水、爆炸、竊盜等等的純損風險。同時，企業亦面臨由於通貨膨脹或其他經濟因素，致使廠房增值或貶值的投機風險，企業亦因擴充生產設備而面臨產品在市場上占有率大小、利潤增減等等的投機風險。

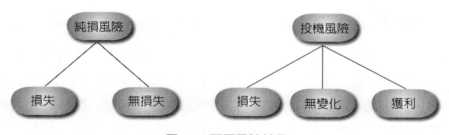

圖2-2　不同風險結果

三、按風險程度是否受個人認知區分

按風險程度是否受個人認知影響，風險可區分為：

㈠**客觀風險**（Objective Risk）

客觀風險是指實際損失經驗與預期損失經驗的可能變量（**Variation**），此種風險通常可以觀察，也可以衡量。例如，現實世界中可以觀察一個地區（如台灣地區）一段期間（如5年）一定房屋棟數（如1,000,000棟）發生火災之次數，即可發現每一年平均發生多少次火災（如5,000次），成為一種預期損失經驗，一般係以百分比表示。不過，在經驗期間內每一年發生火災的實際次數一定有高低之分，有些較高（如5,500次），有些較低（如4,500次），此種情況之下相對上有差異（即1,000次），就是所謂的客觀風險。由於該等數據是經過實際統計而來，所以稱其客觀。同樣情況亦可用於其他特定社會事故，例如，竊盜案件。保險公司承保火災保險或汽車保險，長期觀察火災賠償案或汽車竊盜賠償案亦可應用客觀風險的觀念。

㈡**主觀風險**（Subjective Risk）

主觀風險是基於個人的心理狀況或精神狀況而產生的不確定性，一般而言，對某一特定事件的一種疑惑或是憂慮，常因個人的心理狀況或精神狀況而有所不同，所以，同樣一件事，有些人可能過於保守而感到悲觀，有些人則反而是樂觀。因此，每個人對同一件事之決策有所不同。在人類的社會中，不同的族群有不同的喝酒文化、賭博文化乃至於開車文化，其實可由主觀風險加以解釋。

四、按風險潛在損失標的區分

按風險的潛在損失標的，風險可區分為：

㈠**財產風險**（Property Risks）

係指家庭或企業對其自有、使用或保管的財產，因不可預期或不可抗拒的事件，或人為的疏忽、錯誤所致的毀損與滅失。例如：

1.財產遭遇火災、天災（地震、颱風等）所致實質性、直接性損失的風險。

2.因本身財產直接性損失或其他直接性損失，而導致營業中斷之間接損失

的風險。

3.因本身財產直接性損失或其他直接性損失,而導致營運費用增加之淨收入損失風險。

㈡人身風險 (Personnel Risks)

係指企業重要人員、所有權人死亡或喪失工作能力所致損失的風險,或家庭中之任何成員因生、老、病、死等原因,而遭致損失的風險。

㈢責任風險 (Liability Risks)

係指對於他人所遭受的財產損失或身體傷害,依法應負賠償責任的風險。例如,酗酒開車撞傷路人或撞壞他人之財物。此種責任風險一般稱為「法律責任」風險(Legal Liability Risk)。另外尚有因契約行為所致的責任風險,一般稱為「契約責任」風險(Contractual Liability Risk)。例如,航空公司以契約承受飛機製造人之產品責任。

㈣淨利風險 (Net Income Risks)

企業因財產、人身及責任損失,導致營運失常或中斷,而使淨利(Net Income)減少的損失風險。

五、按風險發生損失之對象區分

按風險發生的損失對象,風險可區分為:

㈠企業風險 (Business Risks)

係指企業之經營活動所導致企業財產、人身、責任與淨利損失的風險。由表2-1可說明企業風險與可能損失之相互關係。

表2-1　企業風險與可能損失關係表

風險	風險標的	事　故	可　能　損　失
財產	建築物、設備 商業機密 存貨	毀損或滅失 偷竊 毀損或滅失	資產、收入、額外費用 收入 資產、收入
人身	員工 員工 員工	傷殘或疾病 死亡 老年	收入、服務、額外費用 收入、服務、額外費用 收入、服務、額外費用
責任	營運 營運 財產	產品責任 污染責任 一般責任	資產、收入、額外費用 資產、額外費用 資產、額外費用
淨利	財產 人身 責任	毀損或滅失 病殘或死亡 刑事或民事	資產、收入、額外費用 收入、服務、額外費用 資產、收入、額外費用

㈡家庭（個人）風險（Famliy & Individual Risks）

　　係指家庭（個人）之活動行為所導致家庭（個人）財產、人身、責任損失的風險。由表2-2可說明家庭（個人）風險與可能損失之相互關係。

表2-2　家庭（個人）風險與可能損失關係表

風險	風險標的	事　故	可　能　損　失
財產	住宅 汽車 其他財產	毀損或滅失 毀損或滅失 毀損或滅失	財產和額外費用 財產和額外費用 財產和額外費用
人身	主要收入者 配偶（有工作者） 配偶（無工作者） 小孩 主要收入者 配偶（有工作者） 配偶（無工作者） 小孩	傷殘或疾病 傷殘或疾病 傷殘或疾病 傷殘或疾病 死亡 死亡 死亡 死亡	收入、服務、額外費用 收入、服務、額外費用 服務、額外費用 額外費用 收入、服務、額外費用 收入、服務、額外費用 服務、額外費用 額外費用
責任	相關活動 相關財產	責任 責任	財產、額外費用 財產、額外費用

㈢社會風險（Social Risks）

係指社會、經濟結構之變遷，生產技術之改革，導致各種動態風險不斷出現，例如經濟制度之失衡，引起就業、所得、物價等變動之風險；生產技術或設計之錯誤，導致產品不良與工業傷害等事故之風險，對於公共福利及社會安定皆有密切關係。此等社會風險，通常雖可由社會團體或政府行政力量予以處理，但在處理技術上每有一定限制，仍不免常有重大經濟損失之發生，其影響所及既深且廣。

六、按風險是否可管理區分

按管理的立場而言，風險可區分為：

㈠可管理風險（Manageable Risks）

可管理風險係以人類之智慧、知識、科技可採有效方法予以管理之風險。

風險依其是否可加以有效管理，分為可管理風險與不可管理風險兩類。凡可藉任何風險管理方法減低或排除其不利影響之風險，皆稱為可管理風險，例如火災、竊盜、投資等均屬之。

㈡不能管理風險（Unmanageable Risks）

不能管理風險係指以人類目前之智慧、知識及科技水準，均無法以任何有效措施予以管理之風險。

風險依其是否可以有效管理，可分為可管理風險與不能管理風險兩類，凡無法以任何方法減低或排除其不利影響之風險，均屬不能管理風險。

七、按風險是否可保險區分

依商業保險立場而言，風險可區分為：

㈠可保風險（Insurable Risks）

係指可用商業保險方式加以管理之風險，可保風險主要可分為下列三種：

1.**財產風險**（Property Risks）

在財產方面，由於下列事故所引起之損失：

⑴財產上之直接損失。

⑵因本身財產直接性損失或其他直接性損失，而導致之間接損失風險。

⑶因本身財產直接性損失或其他直接性損失，而導致淨利損失風險。

2.**人身風險**（Personnel Risks）

係指人的生命或身體方面，由於下列事故所引起之損失：

⑴早年死亡。

⑵身體喪失工作能力（傷害或疾病）。

⑶老年。

⑷失業。

3.**責任風險**（Liability Risks）

在下列各種情形中，由於法律責任或契約責任所致第三人身體或財物之損害，依法應負賠償責任所引起之損失：

⑴使用汽車或其他運輸工具。

⑵使用建築物。

⑶僱用關係。

⑷製造產品。

⑸執行業務之過失行為、錯誤或疏漏（Negligent Acts, Errors and Omissions）。

㈡不可保風險（Uninsurable Risks）

係指不可用商業保險方式加以管理之風險，不可保風險主要可分為下列幾種：

1.**行銷風險**（Marketing Risks）

由於下列各種因素所致之損失：

⑴季節性或循環性之價格波動。

⑵消費者偏好之改變。

⑶流行之變化。

⑷新產品之競爭。

2.政治風險（Political Risks）

由下列各種情形所致之損失：

(1)戰爭、革命或內亂。

(2)對自由貿易之限制。

(3)國外稅制和其變動。

(4)外匯法令變動與管制。

3.生產風險（Production Risks）

由下列各種情形所致之損失：

(1)機器設備不能有效使用。

(2)技術問題不能解決。

(3)原料資源之缺乏。

(4)罷工、怠工及勞力供給之不穩定。

‧可保風險係指能用保險加以管理之風險，因此它是一種可管理之風險。

‧不可保之風險則不一定為不可管理之風險，因不可保僅指用保險無法處理的風險之故。

(三)可保風險的要求

商業保險公司在正常情況下只承保純損風險。然而，不是所有的純損風險都是可保的。純損風險在被保險公司承保之前必須滿足一定的要求。以保險公司的角度來看，可保風險需要滿足下列六個要求：

1.大量的風險單位（Large Number of Exposure Units）

可保風險的第一個要求是：要有大量的風險單位。在理想情況下，應當存在大量由相同風險或風險集合所引起的大致相似，但不必完全相同的風險單位。例如，可以透過集合一個城市的大多數框架結構住宅來為住宅提供財產保險。

2.意外造成的損失（Accidental and Unintentional Loss）

可保風險的第二個要求是：損失應該是意外造成的。理想情況下，損失應該是偶然的，並且在被保險人控制範圍之外。因此，如果個人故意造成損失，他或她是不應該得到賠償的。

3.可確定和衡量的損失（Determinable and Measurable Loss）

可保風險的第三個要求是：損失應該是可確定和衡量的。這意味著損失的

原因、時間、地點和數量應該是明確的。在大多數情況下，人壽保險可以很容易地滿足這個條件。死亡原因和時間在大多數情況下很容易被確定。如果一個人買了人壽保險，那麼人壽保單的面值就是保險人對它所支付的數額。

4.非巨災性損失（No Catastrophic Loss）

可保風險的第四個要求是：理想情況下損失不應該是巨災性的。這意味著大部分的風險單位不應該同時遭到損失。正如我們前面所提到的，保險的本質是損失分攤。如果某種風險單位的大部分或全部都遭到損失，那麼這種分離機制就會崩潰，變得不能運作。在這種情況下，保險費必然提高到令大多數人不敢問津的水準，並且保險機制也因為無法把少數人的損失在整個群體裡分攤，而變得不再是一種可行的安排。

5.可計算的損失機會（Calculable Chance of Loss）

可保風險的第五個要求是：損失的機會是可計算的。保險公司必須能夠在一定精確程度上預測未來損失出現的頻率和幅度。這個要求是必要的，以便使保險人能夠收取合適的保險費，在保單有效期內足夠支付所有的索賠和費用開支，並獲得利潤。

然而，由於無法準確估計某些損失的機率，也由於存在潛在的巨災性損失，保險人很難承保這些損失。例如，洪水、戰爭和週期性的失業都是不定期發生的，預測它們發生的頻率和幅度都很困難。因此，如果沒有政府的支持，商業保險很難承保這些損失。

6.經濟可行的保險費（Economically Feasible Premium）

可保風險的第六個要求是保險費必須是經濟可行的。投保人必須能夠支付保險費。另外，為了使保險產品能夠引起人們的購買慾望，支出的保險費必須顯著低於保單的面值。

八、按風險影響的對象區分

按風險影響的對象，風險可區分為：

㈠單獨風險

係指其發生多為個別原因，而其結果僅能影響某一或若干個體或較小範圍

之社會群體，基本上亦較易控制。諸如財產遭受火災、碰撞、竊盜所致毀損滅失，或因使用財產不慎導致第三人傷亡，或財損依法應負之賠償責任等風險。

(二)基本風險

係指其發生非因任何個人之錯誤行為所致，而其結果對於整個經濟社會群體中之任何個體（包括個人、家庭及企業）皆有影響，同時基本上亦非任何個體所能防止，諸如經濟景氣變化、售價波動、社會政治動亂、戰爭及天然災變等風險。

綜上所述，認為以經濟個體作為基礎之風險分類較佳，而與其他風險分類法均互有相關性，如圖2-3所示：

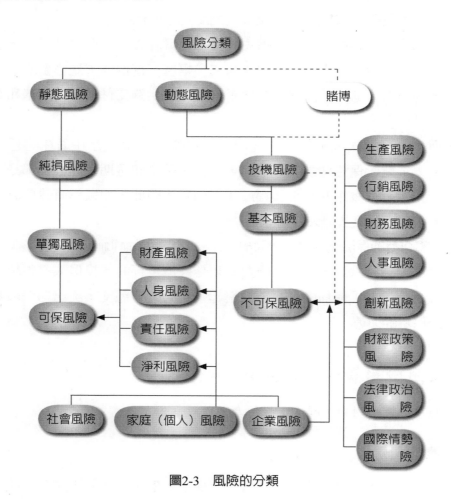

圖2-3 風險的分類

由圖2-3，我們可看出，企業在經營過程中可能遭遇到的風險，可區分為：

一、企業靜態（純損）風險

乃是在社會、經濟、政治等環境沒有發生變化而存在之風險；即指自然力的不規則變動或人為的錯誤所導致之風險，這種風險將使企業在經營過程中遭遇事故發生的結果，只有損失的機會而無獲利的機會。通常會使企業發生財產上、人身上、責任上及淨利上的損失。

例如：企業在營運過程中，勢必面臨建築物遭受火災損失的風險，萬一發生了火災，則建築物的毀損代表企業的損失；假如火災不發生，而企業財務與經濟情況並沒有改善，亦無獲利之機會。企業靜態（純損）風險所導致財產、人身、責任損失的風險可分為下列六種：

1. 財產損失風險。
2. 員工傷亡損失風險。
3. 所有權人或高階主管變動損失風險。
4. 法律責任或契約行為損失風險。
5. 員工犯罪損失風險。
6. 間接損失風險。

二、企業動態（投機）風險

乃是由於社會、經濟、政治等環境及人類需求、技術、組織等變動而產生的風險，這種風險將使企業在經營過程中遭遇事故發生的結果，除了有損失的機會，尚有獲利的機會。

例如：企業拓展新產品的市場，消費者可能沒有購買此種新產品的慾望，致使新產品滯銷，因而使企業在此新產品上的投資，成為一種損失的機會；但是此新產品亦可能甚受消費者之熱愛，紛紛購買，而使企業在此種新產品的投資上得到獲利的機會。

企業動態（投機）風險可分為下列八種：

1. 生產風險。
2. 行銷風臉。

3.財務風險。

4.人事風險。

5.創新風險。

6.財經政策風險。

7.法律政治風險

8.國際情勢風險。

第六節　風險之要件及性質

一、風險之要件

風險構成之要件有三：

㈠須為不確定

所謂不確定，係指風險事故（Peril）發生與否？何時發生？以及發生以後會產生怎樣之結果均不一定。如風險事故必然發生或可預知何時發生，甚至發生結果為何均已確定，則雖對人類會造成損失，亦不稱為風險。例如企業機器設備之折舊屬必然發生之風險事故，且隨時均在發生，其發生之結果亦可預先確定，雖其發生對企業會造成損失，但此為正常耗損，故不稱為風險。

㈡須有損失發生

有損失才會構成風險，若風險事故發生之結果並沒有損失，則不構成風險。例如爆竹爆炸，如未造成火災，則無風險；如造成火災，則屬風險。故在正常情況下，使用爆竹增添觀眾氣氛，並非風險。惟如使用不當，則有導致火災之風險。

㈢須屬於將來

風險事故如已發生，損失已造成，不再是風險。惟獨對未來不可預料之風

險事故是否發生損失產生疑慮,方構成風險。

二、風險之性質

風險的性質有二:

㈠依據大數法則

個別風險單位之不確定性較高,而總體風險單位之不確定性較低,且風險單位數愈多,風險之不確定性愈能預測,風險也就隨之減少。

㈡風險具有可變性

其變動可能係受下列因素之影響:

1.科學文明之影響

科學之發明、文明之進步,可使風險因素(Hazard)發生變動。例如,醫藥的發明及醫療設備之改進,使人類死亡率降低;飛機的發明,使人有因空難而死亡的風險。

2.經濟情況之影響

當經濟景氣時,失業率降低,國民所得提高,社會安定,故道德性風險較少。反之,當經濟不景氣時,失業率提高,國民所得降低,社會風氣敗壞,容易引發道德性風險。

3.社會情況之影響

諸如民情、風俗、政治輿論均會影響風險因素的變動。例如國家發生動亂或戰爭,則風險情況增加;一國之環境保護法公布以後,工廠即增加污染環境之責任風險。

第 七 節 風險之管理

風險之所以需要管理,乃基於下列三大因素:

1.人類與生俱來的安全需求。

2.風險之經濟耗費。

3.各種法令之要求。

茲就此三大因素說明如下：

一、人類與生俱來的安全需求

風險是與世俱存。在人類悠久的文化發展過程中，個人或團體無論是從事於經濟或社會活動，都面臨著風險，而風險又基於對未來的未知。因此，風險的存在，直接或間接地威脅到人類生存的安全（身體及生命的、心理的、經濟的或社會的）；而追求現在及未來的安全，又是人類與生俱來的願望。因此在追求安全的過程中，就必須努力去減除對未來的未知，而期盼能克服風險所帶來的威脅，進而管理未來的風險，庶可趨吉避凶，福利萬全。

如何處理未來的未知及進而管理風險，以減低或消弭對於個人、家庭及社會經濟活動所產生的不利後果，乃利用現代最新的科學方法，這就是「風險管理」。

二、風險之經濟耗費

所謂「風險之經濟耗費」（Economic Costs of Risk），係指因純損風險之發生而導致經濟上之直接損失，或因風險（不確定性）之存在而引起經濟上之浪費或不利影響，茲分別說明加下：

㈠意外事故之直接損失

無論企業或家庭，平日皆可能因純損風險事故之發生而遭受損失，例如工廠鍋爐發生爆炸而損壞；倉庫發生火災而被毀；汽車發生車禍而車損人傷；廠商因產品缺陷而被訴求賠償等，此類損失多為「經濟社會」（Economy）之淨損失，構成國民生產毛額（Gross National Product，簡寫為GNP）之減項。

㈡不確定性之間接損失

因不確定性之存在而引起經濟上之浪費或不利影響，計有下列三點：

1.阻礙資本形成，減少經濟福利

由於不確定性之存在，而使人對於未來深感憂慮與恐懼，不願作長期投資

（例如不願擴建廠房更新機器，不購置必需之運輸工具而以租用代替），阻礙資本形成，降低經濟社會之生產量，從而減少社會之經濟福利。

2.資源分配不當之浪費

由於不確定性之存在，而使資源（即生產因素——土地、勞動、資本及技術知識）大多流向於安全性較高之產業，而少用於風險較高之產業，結果造成資源配置不當之浪費。因為依據邊際報酬遞減定律，在其他條件不變之情況下，一定量之生產資源在各產業中之「邊際生產力」（Marginal Productivity）將因使用量增加而遞減，亦即使用量不斷增加以後生產效率因而降低，報酬遞減。此種情況最後導致安全性較高產業之產品供給過多而價格下降，風險較高產業之產品供給太少而價格上漲。

3.準備資金之損失

由於不確定性之存在，企業或家庭須經常保存大量現金或貨幣性資產，以準備填補未來可能發生之損失，使資金不能作有效之運用以增加收益，造成另一種經濟耗費。

由上觀之，純損風險之發生僅能造成各種經濟耗費而不產生利益，因此吾人對於此類風險須加以有效控制管理，以維持經濟生活之安全與進步。

三、各種法令之要求

最近幾年，世界各國企業經營環境面臨了相當大的衝擊和變化。尤其是在法律方面變化最大，各種新的法令相繼完成立法。

例如：

1.政府基於社會安定，保障人民生命財產安全，制定勞動基準法，要求雇主有義務保障勞工免除工作環境中所有之風險。

2.政府基於保護消費者應有的權利，已制定有關消費者安全的商品檢驗法、藥物藥商管理法、食品衛生管理法、醫藥法等，現又全力制定消費者保護法，以免除社會大眾於消費活動中面臨之風險，保障社會大眾之權益。

3.政府基於保障社會大眾生活環境之品質，已陸續制定都市計畫法、水利法、自來水法、飲水管理規則、水源污染管理防止規則、噪音管制法、空氣污染管制法、處理污水管理法、廢棄物處理規則等環境保護有關之法規，這些法

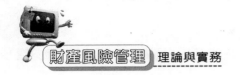

令之要求，目的是提升我國國民生活品質，改善生存環境，免除社會大眾生活環境受污染的風險。

以上這些法令之要求，是為風險需要加以管理之強制性原因。

第八節　風險的成本

所謂風險的成本（Cost of Risk），簡稱風險成本，乃因純損風險所致之經濟耗費。

風險管理是純損風險最佳的對策，而風險管理最主要的功能，就在降低風險成本，風險成本是近幾年來風險管理的一種新觀念，最早係由美國Massey Ferguson Ltd.的風險經理人道格拉氏（Douglas A. Barlow）於1982年在其一篇發表的論文所揭示，這種風險成本的觀念即是用風險成本來衡量企業內部對純損風險所花費的直接代價；同時，以風險成本的大小，來評估風險管理者對安排及處理風險工作的績效。由於風險成本的大小隨企業規模而不同，較難作同行業的比較，因此，風險管理又引出以風險成本對營業收入與資產的比率作指標，來衡量企業經營與同業間的比較。

一般而言，若風險成本對營業收入與資產的比率指標超過了同一行業的平均指標，則可意味著該公司對於風險的預防、控制、保險或自己承擔之安排尚不盡理想，因而有必須加以重新評估與檢討之必要。

所謂風險成本，依美國目前最受歡迎而被廣泛接受並使用之風險管理手冊（Risk Management Manual）上載明如下：

1.保險費（Insurance Premium）

即公司每年對於投保的風險，所須繳付的保險費。

2.自己必承擔的損失（Losses not Paid by Others）

即公司對於尚未投保的風險或採用自己承擔方案的風險，萬一發生損失時，所須自己承擔的損失金額。

3.風險和保險管理行政費用（Risk and Insurance Management Administrative Charges）

即為與風險和保險管理有關的行政事務費用，例如，風險和保險部門的行

政事務費用。

4.風險控制成本（Risk Control Costs）

當公司採行風險管理措施時，對實施風險預防或控制須支付的費用。例如查勘服務費用、消防設備費用、安全訓練費用等等。

5.殘餘物和其他的補償或救濟（Salvage and Other Recoveries）

即公司發生損失之殘餘物尚有殘餘價值，或發生損失後，政府的救濟或減徵稅捐等，例如前幾年的象神颱風與1999年的921大地震，造成台灣北、中部工廠大災害，除了政府的補助重建外，尚可減繳各種稅捐。

上述第一項至第四項之和減去第五項，即可計算出一個企業或公司之淨風險成本。

一個公司「淨」風險成本是可以根據上述方法衡量出來，並可事先編列預算而加以控制：因為一個公司風險成本的減少，相對地可增加其利潤。

美國風險暨保險管理協會（The Risk and Insurance Management Society, RIMS）於2003年10月，針對北美地區14種行業787家企業單位作風險成本的綜合調查，而歸納出北美地區各行業風險成本（每千美元收益）之比較表，如表2-3。

由風險成本對收益之比較表，便可說明同行業每年所須支付的平均風險成本，在企業經營逐漸重視成本控制時，由調節風險預防及控制措施成本、節省保險費支出等之風險成本，而達到企業經營成本控制之目的。而表2-3為美國RIMS每年定期所作之調查並予以公布，以供企業評估其風險管理績效之參考。

表2-3　北美地區各行業2003年的風險成本

單位：美元

行　業	風險成本（每千美元收益）
銀行	$1.27
非必需性消費行業(1)	$8.96
必需性消費行業(2)	$11.51
教育機構	$7.75
能源業	$7.91
政府單位／非營利組織	$13.12
健康醫療業	$18.18
工業	$13.94
資訊業	$6.18
材料業	$12.81
非銀行之金融機構	$18.62
專業服務業	$11.30
電信業	$6.30
公用事業	$6.54

資料來源：*The 2003 RIMS Benchmark Survey*. Risk and Insurance Management Society, Inc.
(1)非必需性消費行業係指汽車業、化粧品業、旅館業及餐廳業等。
(2)必需性消費行業係指食品業、醫藥業、飲料業及香菸業等。

　　正如表2-4所示，不同行業的風險成本是不同的。例如，交通運輸業要花費它收益的2.70%在風險成本上，而銀行和保險業的花費則少於0.2%。為了使風險成本最小化，就必須研究風險這一學科，學習風險的不同類型，以找出管理風險的最有效的對策。

表2-4　不同行業的風險成本

行　業	風險成本（占收益的%）
交通運輸服務	2.70
醫療衛生	2.03
建築	0.72
冶金；皮革；石料加工	0.88
運輸設備	0.79
金屬產品加工	0.85
木材；家具；包裝	0.79
印刷和出版	0.32
教育；非盈利機構	1.10
零售	0.32
天然氣公共設施	0.38
服務業	1.20
房地產和證券代理人	1.92
礦業和能源	1.39
電信	0.65
化工；橡膠；塑料	0.52
批發	0.32
電子設備	0.32
保險	0.20
銀行	0.04

資料來源：Towers Perrin and Risk and Insurance Management Society, *Cost of Risk Survey*, 1995, pp. 13-15.

自我評量

一、試說明風險的五種特性？

二、試說明風險四要素的關連性？

三、何謂靜態風險（Static Risk）？試舉例說明之？

四、何謂動態風險（Dynamic Risk）？試舉例說明之？

五、何謂純損風險（Pure Risk）？試舉例說明之？

六、何謂投機風險（Speculative Risk）？試舉例說明之？

七、何謂客觀風險（Objective Risk）？試舉例說明之？

八、何謂主觀風險（Subjective Risk）？試舉例說明之？

九、從管理的立場而言，風險可區分為可管理風險（Manageable Risks）與不能管理風險（Unmanageable Risk），請分別舉例說明之。

十、依商業保險立場而言，風險可區分為可保風險（Insurable Risks）與不可保風險（Uninsurable Risks），請分別舉例說明之？

十一、請說明風險構成之三要件？

十二、請說明風險之性質？

第三章

風險管理之基本內容

學習目標

本章讀完後,您應能夠:

1. 明白風險管理的沿革。
2. 瞭解風險管理的發展。
3. 清楚風險管理受重視的原因。
4. 敘述風險管理的意義與重要性。
5. 說明風險管理的特質。
6. 認清風險管理的目標。
7. 界定風險管理的範圍。
8. 解釋風險管理的原則。
9. 區別風險管理與其他管理之差異。
10. 說出風險管理之貢獻。
11. 分辨風險管理的實施步驟。

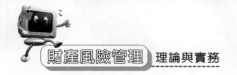

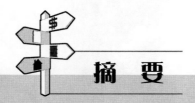

摘　要

　　「風險管理」一詞，係譯自英文「Risk Management」，國人亦有譯爲「危險管理」者。根據文獻記載，風險管理的起源大致可以分爲兩個系統：一是歐洲系統，以德國爲溯源地；一是北美系統，以美國爲發源地。

　　企業在致力於追求利潤時，往往忽視企業資產維護及員工安全之重要性。企業不重視安全活動的結果，損失輕者將使企業之財務受到影響，損失重者，可能導致企業的倒閉。近年來，企業之安全活動已廣爲世界各國所重視，進而演變成風險管理，並成爲企業管理之一部分。

　　企業界對巨大事故所造成的損失，以往僅依賴傳統的保險方法以彌補解決。風險管理則是除了考慮以保險方式來彌補損失外，同時更積極地採取防患未然措施，使企業能獲得更大之安全保障。目前，各先進國家之企業界已紛紛在公司內成立風險管理部門，設立風險管理人之職位以處理整個公司之風險管理及保險事務。近幾年來，國人漸重視勞工權益及環境保護，使得企業潛在之經營風險擴大，預期風險管理之觀念將漸爲國內企業界所接受。

　　風險管理工作所涵括之範圍除了認知與分析風險，做好損害防阻，及購買適當之保險以保障企業的生存外，應將風險管理制定成一明確之公司政策，以提升企業之社會形象，並履行企業之社會責任。風險管理人應熟悉風險管理之特質，並把握管理之原則，確實針對企業各種潛在純損風險先行認知、衡量，進而選擇適當之方法以控制、處理。期能以最低之風險成本達成風險管理之損失預防目標及損失善後目標，以保障企業經營之安全。

第 一 節　風險管理的沿革

「風險管理」一詞，係譯自英文「Risk Management」，國人亦有譯為「危險管理」者。根據文獻記載，風險管理的起源大致可以分為兩個系統：一是歐洲系統，以德國為溯源地；一是北美系統，以美國為發源地。以下分別概述德國與美國風險管理的起源：

德國的風險管理源自於第一次世界大戰後的「風險政策」（Risikopolitik）論。第一次世界大戰，德國戰敗，德國國內通貨膨脹極劇，企業為求生存，紛紛開始研究因應之道，在通貨膨脹高漲下如何生存為企業之首要問題。而風險對策咸認為是經營上重要之課題，其因應的方法就是所謂的「風險政策」，內容包括：風險控制、風險分散、風險補償、風險防止、風險隔絕、風險相殺等。

美國的風險管理，則可以追溯至1930年代的美國經濟大蕭條（Great Panic）。1931年，美國經營者協會（American Management Association, AMA）設置保險部（Insurance Division），以協助其會員如何在不景氣下生存。簡單地說，美國的風險管理係發自不景氣下的費用管理，即以費用管理作為經營合理化的一種手段。

美國風險管理之建立，雖於1931年由美國經營者協會（AMA）的保險部門所提倡，但始至1957年，美國保險管理學會（The American Society of Insurance Management）才開始重視風險管理的觀念，並成立教育委員會協助美國各大學推廣風險管理教育。為了因應風險管理的發展，美國保險管理學會復於1975年改名為「風險暨保險管理學會」（The Risk and Insurance Management Society, RIMS），此協會目前擁有多國籍企業的美國一流工商各界保險負責人為會員，而使得風險管理的領域，由單國性業務跨入了多國籍企業。

綜觀兩國之風險管理的發展背景，德國係來自於通貨膨脹；美國則源自於景氣蕭條。相較之下，我國風險管理之開展尚稱幸運，係承受國外成果，先由學術界引進，再設法落實於企業界應用，其意義非凡。

1967年逢甲大學銀保系首開Risk Management的課程，在60年代的風險管理，幾乎可以說僅流傳於學術界，說得更具體些，可說僅存在於保險學系、保

險研究所的課堂講演而已。這樣的開始，使得風險管理在我國的推展顯得相當吃力。

自70年代以後，陸續有財政部官員、保險業主管等發表文章介紹鼓吹。1983年，教育部首度將「危險管理概要」納入銀保科系的基本課程，對於我國風險管理教育產生重大影響，現在，全國有二十所大學以及超過二十所以上的專科學校，開授「危險管理」或「風險管理」的課程。80年代有數本風險管理的書籍問世，供教學之用。1998年，國立政治大學保險學系，更名為「風險管理與保險學系」（Risk Management and Insurance Department）推開風險管理理念於學術與社會大眾，為風險管理之於學術界的里程碑。

第二節 風險管理的發展

雖然我國風險管理教育早在60年代即已萌芽，但是其成效卻僅止於保險系的學生或企業界的基層職員或中級幹部。很不幸地，不論是在歐美或是我國，企業高層經理人對「風險」的重視，大多源於巨災事件的刺激。

在美國，由於1953年通用汽車公司（General Motor, GM）的「1億元火災」（$100 million fire）的教訓，促使美國企業界加速對風險管理的重視。在我國，則為1985年7月7日，台灣電力公司恆春核能三廠火災及其巨額損失，促使經濟部通令其所屬的事業機構，研究及注重企業內的風險管理與保險，該事件也才引起國人對風險管理的重視。可惜當時台灣電力公司並未設置風險管理的專責機構，僅在財務處下設置專人負責風險管理與保險的工作，否則台電以全國規模最大企業，以及其為公營事業的雙重背景的利基，必可帶動企業界推行風險管理的熱潮，也許可使我國風險管理之發展向前推進10年。

雖然自台電核電廠火災之後，「風險管理」開始為企業界所注意，但是普及速度卻相當緩慢。這主要原因可能是因為我國的經濟及企業結構是以中小企業為主軸，中小企業限於人力及財力而力有未逮。如同美國風險管理發展歷程，我國第一家風險管理顧問公司於1987年始出現，可知新興服務業的開始若要獲得社會各界，特別是中小企業界的重視，是需要時間的。現在幾家國際性的保險經紀人公司，都已提供類似服務。

　　國內第一家成立「風險管理」部門的企業，首推長榮集團（EVERGREEN Group）。長榮集團在1992年成立「風險管理部」，負責長榮集團內部，包括：海運、空運、旅館、建設、營造及其他事業部門的風險管理相關事宜。長榮集團如今已有自己的專屬保險公司（Captive Insurance Company），負責長榮集團各事業部的保險與再保險事宜。「風險管理部」的成立，為長榮至少每年節省新台幣5千萬元以上的保險費。

　　1992年中華民國風險管理學會成立，是我國第一個以研究、推展風險管理理念與實務為宗旨的非營利團體。目前擁有個人會員300餘人，40家團體會員。規模雖不算大，但卻是網羅了國內學術界、保險業以及有志於風險管理之人士。此外，亦先後加入「國際風險管理暨保險聯合會」（International Federal Risk and Insurance Management Association, IFRIMA）及「亞太及非洲風險管理組織」（Federation of Asian Pacific and African Risk Management Organizations, FAPARMO）為會員，且更進一步獲選為此兩組織理事（Director），為我國風險管理在國際間爭取一席之地。值得一提的是，風險管理學會每年所主辦的「風險管理師」考試，為目前國內企業甄選風險管理專業人才的唯一管道，希望能對風險管理未來在企業內生根發展有所貢獻，尤其是對於中小企業。

　　風險管理引進於台灣已30年，如果從1985年台電核電廠火災算起，風險管理之發展實際上不過20年。這20年間，我們很慶幸國內已有幾家大型企業，像長榮、台積電等皆標榜落實風險管理為其最重視的工作。但是，這期間各種天災、工安、飛安事件亦頻頻打擊著我們的生命與財產，國內企業經營不善或週轉不靈，相繼出現，顯示出風險管理亟待加強。也就是說，風險管理之重要性此時正為各界所強調，隱然形成風險管理發展的重要契機，促使我國未來風險管理的發展。

　　1997年亞洲金融風暴發生，短短幾個月，造成東亞國家發生貨幣貶值競賽，泰銖、印尼盾貶幅超過50%以上；在利率方面，香港更創下隔日拆款利率400%的記錄；日本多家知名證券公司及人壽保險公司倒閉；韓國則幾乎宣告破產。這些種種不利現象，促使我財政部當局不得不重視金融機構風險管理的重要性，並通令要求銀行設置風險管理部門，以確實做好各銀行的資產管理。台灣銀行亦於2004年設立台灣銀行界第一個風險管理部門。

　　隨著全球氣候異常、科技快速發展、國際間交流往來頻繁、媒體發達及人

民對政府期許提高等自然與人文環境變遷，導致社會充滿不確定性，政府施政所面臨之挑戰因此倍增。為確保民眾權益，降低風險發生可能性與衝擊，行政院特於2005年8月8日函頒「行政機關風險管理推動方案」，其具體目的為「為培養行政院所屬各機關風險管理意識，促使各部會清楚瞭解與管理施政之主要風險，以形塑風險管理文化，提升風險管理能量，有效降低風險發生之可能性，並減少或避免風險之衝擊，以助達成組織目標，提升施政績效與民眾滿意度」。期望透過教育訓練、溝通與分享學習，形塑風險管理文化與營造支持性的環境，發展出得以長期有效運作的風險管理機制，提升政府施政績效。

第 三 節　風險管理受重視之原因

在人類的發展過程中，即不斷在尋求安全保障。如今，企業對風險管理之所以如此重視，主要係基於下列兩點理由之考慮：

一、損失發生成本（Cost of Risk by Happen）

對企業而言，財務上之損失，小至引起不便，大至危及生存，其受害程度之深淺，端視損失之大小及企業承擔損失之能力而定。例如：損失一百萬元可能使小型企業因之倒閉，但對大型企業而言，只會降低其盈餘。

然而不論損失大小，企業有無承擔能力，總會造成企業不利影響，故須予以管理。

二、損失憂慮成本（Cost of Risk by Fear and Worry）

不論個人或企業，都希望渡過一個高枕無憂的一夜（A Quiet Night's Sleep），但損失之發生是不論何時、何地、何人。換言之，雖然發生損失可能僅限於少數企業，但因每一企業均有遭受損失之可能，故有人人自危之憂慮，此種憂慮損失會發生而產生之成本，稱為損失憂慮成本。

此一損失成本又可分為兩類：

㈠肉體和精神之緊張損失

由於每一企業害怕損失發生，故負責人在心理上有不安全感，此種不安全感會變成憂慮及煩惱，造成心理上之不平和，有時會影響身體之健康。

㈡資源未充分使用之損失

由於企業對損失之發生產生憂慮，致使資源不能充分使用，此種情形有四：

第一、為避免損失發生，致無法從事某種活動。例如，為避免火災發生，而寧可不自購廠房；醫生為避免誤診責任而改經營其他行業等。

第二、由於未來之不確定，企業只能從事短期計畫。例如，企業為怕受到損失之威脅，而將所有資金運用在利潤較低之短期投資上，或不敢從事中、長期投資而喪失遠景等。

第三、為填補意外損失之急需，企業必須將部分具有生產性之資產轉變為流動性之非生產資產。例如：企業將原可作為擴充設備之生產資金改存低利之準備存款。

第四、由於未來之不確定，與企業有關之顧客、貨品原料供給者、信用機構等，亦會裹足不前。

最近幾年我國因環保意識的抬頭及勞工運動的盛行，使國內經濟社會環境變遷太多，此意味企業的潛在經營風險將擴大，雖然這些風險可透過產物保險的功能轉嫁，但就國家整體資源有效運用的觀點，防止出險，才是因應之道，而加強風險管理，可降低出險機率。

或許有部分業者已感受到這項營運風險，並利用購買保單方式轉嫁該風險，其理念完全符合保險原則，對該企業而言，所發生的損失將可獲得合理的賠償。

但對國家整體資源的運用觀點，出險即是一項無可彌補的損失，這項損失將由全體國民來分擔，可見防阻災害的發生，遠比損害的補償，更有其正面的意義。其實，出險後因有保險獲得理賠，對企業有形的損失將大幅減少，但對企業形象的建立，則將是負面的影響。

若從當前環保意識抬頭及勞工運動盛行的原因進行探討，不難發現以往企

業業主在災害防阻措施投入太少，應是主要原因之一；諸如防制污染做得不夠，使附近居民受到長期的環境污染，以及勞工的權益未受到應有的保障等。

　　此外，經濟發展步入工業國家的水準，有關專利權、產品責任等法律糾紛案件亦將增多，這些屬於經營潛在風險，若未事前評估及防患未然，其帶來的後遺症將危害企業的健全經營，企業加強風險管理，已不容再蹉跎了。

第 四 節　風險管理之意義及其重要性

　　「風險管理」（Risk Management）之原則適用於個人、家庭及企業單位或團體，惟一般乃企業單位對於各種潛在純損風險之認知、衡量，進而選擇適當處理方法加以控制、處理，期以最低之「風險成本」（Cost of Risk），達成保障企業經營安全之目標。換言之，即企業單位採取各種可行方法以認知、發現各種可能存在之風險，並衡量其可能發生之損失頻率與幅度，而於事先採取適當方法加以預防、控制，若已盡力預防控制仍難免發生損失時，則於事後採取財務填補措施以恢復原狀，以保持企業之生存與發展。

　　由於純損風險實際產生之各種意外損失，可能造成企業之虧損或業務之中斷，甚至威脅企業之生存；再加上不確定性之存在，對未來可能發生損失之憂慮，使企業單位畏縮不前，經營活動受到限制，而阻礙企業發展。風險管理之目的，即在排除此種憂慮、威脅與阻礙，使企業單位無後顧之憂，以積極從事有利之經營活動。因此，現代企業經營者至為重視風險管理問題，使風險管理成為企業管理重要之一環。於是各大企業組織有專業性之風險管理部（Risk Management Dept.）之設置，或於一般管理部門之下設有風險管理單位，其主要職能，為對企業所面臨之各種純損風險作客觀與科學之衡量分析，並決定採取適當處理方法以獲得最大經濟效益。同時風險管理經理（Risk Manager）或管理人員之職責亦漸受重視，其在企業組織中之地位亦日益提高。至於中小企業其無風險管理單位或管理人員編制者，則可聘請專業風險管理顧問公司或保險公司、保險經紀公司之專業人員，以協助其風險管理工作。

第 五 節 風險管理的特質

近年來，國內企業對於風險管理開始產生興趣，各公民營企業的保險承辦人員，除了安排企業的各種保險外，也逐漸考慮在保險之外，如何為該企業建立一套完整可行的風險管理制度。

但是風險管理工作，所含括的範圍並非僅限於如何認知與分析風險、如何做好損害防阻的工作，以及如何購買適當的保險以保障企業的生存。風險管理應該是一個明確的公司政策，有系統地說明風險管理的決策程序、企業希望藉此明確的計畫達成何種目標、安排更完整的保險內容、更精簡的費用且提供更完美無缺的產品，以提升企業的社會形象、履行企業的社會責任。同時企業對於各種有關損失的資訊亦必須依一定的程序提報，並進而建立完整的記錄，對於企業的損失加以分析研究，隨時提出改進方案。

風險管理正如企業經營中的生產管理、財務管理、行銷管理等功能一樣，是一門獨立的學科，基本上，風險管理具備了下列特質：

一、風險管理本質上是事先的預測與展望，而非事後的反應

風險管理的基本工作是找出企業可能面臨的各種不同種類、不同性質的風險，並且分析各種風險可能造成企業損失的頻率及幅度，然後再尋找解決的方法。所以風險管理人必須防患損失於未然，預見將來可能發生的損失，而事先予以防止，或預期將來事故發生後可能造成的影響，而事先擬妥解決的方法。亦即對於未來不確定的損失，以過去的損失經驗為依據，利用機率統計方法，預測未來的情形，並且擬妥對策，一旦事故發生時，不至因措手不及而影響企業的運作，這便是風險管理工作的主要內容。因此，風險管理工作是一項事前準備的工作，而非事後彌補的工作。將未來不確定的損失合理地化為較明確的經營成本，使企業經營能夠依經營者所預期的方式穩定成長，這才是風險管理所追求的目標。

財產風險管理 理論與實務

二、風險管理必須有一套完整的書面計畫作為執行的依據

企業從事風險管理工作，必須訂定一套風險管理政策（Risk Management Policy），以作為工作的指導原則。風險管理政策的內容必須說明企業風險管理的主要目標為求生存、提高經營效率及促進企業成長、免除憂慮或履行社會責任。規定企業內部各部門於執行風險管理工作時的權利、責任、有關的協調事項、企業風險管理部門的組織、職責，以及執行的預算成本。

企業制定風險管理政策時，必須考慮的因素很多，基本上可歸納為：

1.企業內部的條件，如財務狀況、經營者對風險的主觀心態，員工對安全問題的訓練及警覺性等。

2.企業經營的外在環境，如政府的法令和政策、社會對企業的期望、國際經濟影響等。

3.產業的結構，如顧客、競爭者、供應商等彼此間的關係等。

4.保險市場的狀況，如保險業的承保能力、保險價格、保險公司的服務品質等。

企業如果沒有一套完整可行的風險管理政策，則管理的目標將不明確，將來無法客觀評估其執行的成效，而且容易造成各部門互相推諉責任。最後，更會形成政策失去連貫性與一致性，而達不到預期的目的。

三、風險管理本身便是一套風險資訊管理系統

任何決策者都不希望決策擬定錯誤，但是事實證明，造成許多決策錯誤或失敗，最主要的原因在於做決策當時，有關的資訊不足，而風險管理的決策程序與一般企業管理完全相同，資訊不足也必將造成決策失誤。所以風險管理本身必須建立一套完備的風險資訊管理系統。例如，在企業財產損失方面，風險管理人員必須隨時瞭解企業有哪些財產、放置於何處、何時購置、價值多少等資料。企業也必須蒐集財產的損失資料，並予以分類、儲存，並隨時更新。對於處理風險管理的費用多寡、如何分配等，亦應記錄分析，所有有關的資訊經過電腦處理後，可以協助風險管理人員隨時掌握企業的財產與活動情形，並且配合企業的活動適時安排最妥善的損害防阻措施，以及安全保障。

四、風險管理是以企業財務安全為重心

　　風險管理的主要目的是協助企業增加利潤及提升其經營效率。在消極方面，是減少企業因意外事故造成的財務損失；在積極方面，則是協助企業克服風險、開創新機會、增加收入。不論是節流或開源，均是以企業的財務能力為其最重要的考慮因素。同時，風險管理強調以最低的成本，使企業獲得最大的保障，亦即以最小的代價，減少企業發生意外事故的機會，而一旦意外事故發生，亦能夠將損失控制在最低的程度，並且能夠儘速取得企業的重建資金，使企業很快恢復原狀。因此風險管理是以財務安全為重心，著重於財務的管理，其決策的程序基本上亦是由財務主管負責。

五、風險管理是集中管理、分散執行的組織行為

　　企業風險管理的成敗責任，並非僅由少數從事風險管理的人員負責，而應由企業內部每一位成員共同承擔。因為從風險的認知分析開始，風險管理人員必須得到其他部門同仁的配合及提供資料，才能全盤瞭解企業所有的潛在風險。而企業決定採取風險控制及風險理財的方法時，則必須由風險管理人員依據企業的經營目的、內在因素、外在環境綜合考慮後做成決策，並由風險管理人員統一集中處理。企業風險管理決策完成後，各種方案的執行則有賴企業各部門分工合作、全力配合才能達到最佳的成效。例如，企業決定以降低員工在工作時間內所發生的意外傷害，作為其風險管理方案之一時，為了達成此項目標，風險管理人員首先必須蒐集、分析各種意外傷害發生的原因。除了淘汰老舊的機器外，並訂定加強維護保養的規定。而執行此項工作計畫者乃是全體實際操作機器的員工，風險管理人員僅能制定維護保養的方案，但這個方案的實際執行則有賴全體工作人員的配合。因此風險管理必須集中管理以發揮決策效率，而分散執行、分工合作才能使風險管理的工作獲得最佳成效。

六、風險管理人員必須熟悉保險市場

　　保險雖是風險管理的工具之一，但卻是最重要的一種方法。任何風險管理方案均無法僅藉風險控制的方式而達成其目標。因此保險市場的發展狀況，對

於風險管理工作有極大的影響。一個風險管理人員必須隨時掌握保險市場的情況，如保險公司的家數、各保險公司的承保能量及服務品質、市場的競爭情形、市場變動的趨勢等。唯有精通保險市場的發展，才能夠以最低的成本為企業安排最大的保障，並獲得最好的服務。

七、風險管理是以寬容有彈性的策略，容納各種對企業有利的服務管道

風險管理是以處理不確定發生的意外損失為其目的，故其所面對的是千變萬化的風險，企業經營中的任何變動都可能因此造成新的風險，進而需要新的處理方式。例如企業新購進一套機器、新增聘一些員工、跨入一個新的行業、保險市場發生變動、政府頒布新法令等等。企業風險管理的環境是複雜而且多變的，因此任何新方法、新觀念，只要能夠改善風險、節省企業的成本、增加經營的效率，均是風險管理人員所歡迎的。同時風險管理人員也必須善於利用外在的服務資源，如顧問公司、管理專家、律師、會計師、公證人、保險經紀人等各種保險專業人才，均是風險管理人員諮詢的對象。由各種不同的專業領域獲得服務，以加強風險管理的功能，是風險管理另一個重要的特質。

八、風險管理需要由專門的管理人員擔任

風險管理是利用一般企業管理的計畫、組織、用人、指導及控制的方法，去管理企業的資源及活動，期以最低的成本使企業因意外損失所可能導致的財務影響減至最低的程度。風險管理人員本身不一定必須是個專門技術人員，但必須是善於溝通協調的管理人。風險管理人對於任何風險變動必須有敏銳的反應，能夠隨時掌握企業資源與活動的變動，同時亦必須瞭解其所負責的工作是企業的整體管理，而不僅是個別的部門管理工作。他必須是個喜歡到處走動、發掘問題，有寬闊的胸襟，隨時接受不同建議與批評的管理人員。

任何企業可以沒有風險管理人員，卻不能不從事風險管理工作。小企業也許僅是儘可能將各種可能意外損失，以購買保險的方式將風險轉嫁於保險公司；大企業也許有一個組織完整、功能複雜的風險管理部門，不斷地研究在各種可能的風險理財組合中尋求該企業最大的利益與保障。不同的企業規模，有

不同的風險管理方案。而重要的是，企業從事風險管理之初，應對風險管理有正確的認識。未能深入瞭解風險管理的本質，僅是採行幾項風險管理的方法，雖然也可以達到部分效果，卻總無法發揮風險管理對企業應有的最大貢獻。

第 六 節　風險管理的目標

風險管理就如同所有的管理機能（Management Functions）一樣，是一種達成目標的手段，風險管理所欲達成的目標是什麼呢？大多數人皆同意Robert I. Mehr與Bob A. Hedges二人在其 *Risk Management Concept and Application* 一書中所指出，風險管理的目標為「於損失前作經濟的保證，而於損失後有一令人滿意的復原」。

因此，風險管理的目標可分為：一、損失預防目標（Pre-Loss Objectives）；二、損失善後目標（Post-Loss Objectives）。

一、損失預防目標

由於損失事故可能會發生，企業通常有下列四個損失預防目標，以達成經濟性的保證並減少不安：

㈠經濟性保證（Economy）

係指企業如何以最經濟之成本來準備應付損失之發生。換言之，為保證損失預防目標之迅速達成，企業願意支付某些費用，如安全措施、保險費等，以減少損失之危害。

㈡減少焦慮（Reduction in Anxiety）

此一目標又稱為「高枕無憂目標」（A Quiet Night's Sleep Goal）。如前所述，任何人面對不確定之未來，均會產生憂慮。故避免這些憂慮乃企業甚為重要之損失預防目標之一。

㈢履行外在的強制性義務（Meeting Externally Imposed Obligations）

風險管理亦像企業其他管理功能一樣，必須符合外界環境之要求。例如，勞工法規定企業必須裝置安全設備，以保護員工安全。又環境保護法（Environmental Protection Law）規定，企業必須裝設廢水、廢氣、廢物處理設備，以避免造成環境污染。

㈣履行社會責任（Social Responsibility）

以風險管理的立場而言，企業之安全與社會之安定密不可分，企業遭受損失，社會亦遭受損失，故企業經營人員及風險管理人員，應將減少社會損失之責任視為其經營目標之一。

二、損失善後目標

損失善後的目標包括五個目標，這五個目標主要是如何使企業在損失後，能完全地、迅速地復原：

㈠生存（Survival）

求生存目標是企業在損失發生後之最重要目標，如果此一目標未能達成，則奢談其他目標。至於企業怎樣才能達到求生存之目標，其決定因素至為困難且複雜，端視個別企業情況而定，一般生存目標之共同要素包括：

1.法律義務之履行

企業欲求生存，第一個條件是：必須能夠支付法律或契約上之債務。蓋企業沒有能力清償負債，即可能走向倒閉之途。

2.足夠資產

企業欲求生存之第二個條件是：必須有足夠之資產可資運用，以繼續營運。惟該項資產非但必須考慮數量，亦須注重品質。換言之，此項資產之使用效率必須與損失發生前相同。尤其必須特別注意的是，很多資產並非能以現金購得。

3.健全之企業組織

除了上述兩種要素以外，企業要求生存之另一條件是：要有健全之企業組

織。該組織除上述之足夠資產以外，尚須有健全之制度及經驗之技術人員，尤其重要的是，企業內部全體人員必須同心協力，共同為企業效命。

4.公眾之接受性

企業於遭受損失以後，如何維持原有外界形象和信譽，使一般大眾願意接受，與內部之整頓同樣重要，但也至為困難。首先，顧客可能因無法繼續購得產品而轉向他人購買；再者，原料商或供應商可能無法取信而停止供應。最嚴重的要屬產品責任風險，一旦消費者遭受一次使用產品之損失以後，對該企業所提供之任何產品即不再有信心，此一影響至深且遠，非經一段很長時間無法恢復。

(二)繼續營業 (Continuity of Operations)

繼續營業係企業求生存之必須要件，也是損失發生後所欲追求之第二個目標，蓋企業如無法繼續營業，即無法生存下去。同時，企業如能於損失發生後繼續營業，則可將過去之損失恢復過來。

(三)穩定利潤 (Earnings Stability)

企業之第三個損失善後目標係穩定利潤。穩定利潤之方法有二：(1)避免或減少獲利能力之中斷；(2)提存意外準備金以支應不可避免之利潤減少或中斷。此一目標或許有人會認為與繼續營業並無差別，實則企業只要繼續營業，其目標即已達成，而無視營業成本是否因之提高；而穩定利潤之目標則必須在營業收益隨營業成本同時增加時，才算達成。故穩定利潤之目標比繼續營業之目標較難以達成。尤以準備金之提存會有下列困擾：(1)準備金之機會成本也許高於彌補損失；(2)稅捐機關將會提出異議，而將之視為收益予以課稅。

(四)持續成長 (Continued Growth)

保持獲利且繼續成長，為企業在發生損失善後所追求之第四個目標，此一目標較前一目標執行起來更難。

保持成長之方法有二：(1)透過收購其他企業或與其他企業合併；(2)透過新產品或新市場之拓展。以第一種方法保持成長，企業須有很強之流動力，並維持很高之獲利力。以第二種方法保持成長，企業則須支付一筆龐大之研究發展

與拓銷費用，以使市場瞭解新產品。

此一目標受到繼續營業目標之影響甚大，蓋企業於損失發生後未能繼續維持營業，則企業喪失信譽，更奢談成長。

(五)履行社會責任（Social Responsibility）

履行社會責任既是企業之損失預防目標，也是企業之損失善後目標。站在政府管理及維護一般社會大眾對企業形象之立場而言，企業必須時時刻刻成為一個好公民（Good Citizenship），企業履行社會責任之方法：在消極方面，應遵守法律秩序，作好損失預防及維護等安全措施，以保障員工、投資者以及一般大眾之安全；在積極方面，應抱著「取之於社會，用之於社會」之信念，參與社會建設之各種活動，以繁榮社會，造福社會。

以上各種風險管理目標，很難同時達成，蓋每一目標之間即有衝突之處。例如，損失善後目標之達成頗費成本，此即與損失預防之經濟目標背道而馳，即使在預防或善後目標之間，亦會有先後緩急之別。例如，企業在面臨存亡之際，自然以求生存為第一考慮要件，此時，即不可能同時達到成長之目標。

儘管如此，上述各種目標乃企業風險管理人必須追求之理想，至於如何選訂適當目標，端視風險管理之巧妙運用及學識經驗而定。圖3-1可說明風險管理目標與管理目標之相互關係。

第七節 風險管理的範圍

風險管理的範圍可分為最廣義、狹義及最狹義三種：

一、最廣義（Broadest Sense）的風險管理範圍

乃指企業所可能面臨的所有風險而言；換言之，它不但對企業之靜態（純損）風險予以管理，而且對企業之動態（投機）風險亦加以管理。其詳細之風險項目詳見圖1-3風險的分類中所列。最廣義的風險管理範圍即為一般所稱「風險

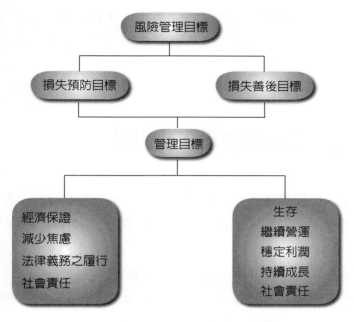

圖3-1　風險管理目標與管理目標關係圖

管理」的處理對象。

二、狹義（Narrower Sense）的風險管理範圍

乃指針對企業之靜態（純損）風險，藉著風險管理的方法，使企業的可能損失減少至最低的程度。其詳細之風險項目詳見圖2-3風險的分類中所列。狹義風險管理範圍即為目前一般所稱「危險管理」的處理對象。

三、最狹義（Narrowest Sense）的風險管理範圍

乃指針對可保險之風險予以管理，而此種風險管理通常只是以保險的方式來管理風險。其詳細之風險項目詳見圖2-3風險的分類中所列。最狹義的風險管理範圍，即為目前一般所稱「保險管理」的處理對象。

迄目前為止，一般所稱之風險管理範圍，係指狹義的風險管理而言，即僅對企業的靜態（純損）風險加以管理。然而隨著管理科學及統計方法的發展與

進步，再加上電子計算機和系統方法之應用，風險管理的範圍亦逐漸擴大到動態（投機）的風險。例如財務風險中之投資風險已發展出一些可靠的方法，能事先予以預測而加以管理。

第 八 節　風險管理之原則

1.在管理上多加考慮損失的潛在性之大小 —— 勿因小而失大。

2.多加考慮利益與損失之間的關係 —— 勿冒企業本身能力所不能承擔的風險。

3.用於消除風險的費用，不能超過預期的真正損失。

4.多加考慮損失發生的機率 —— 一個非專業的風險管理者，對於損失機率之估量常犯二種嚴重的錯誤，即：

(1)對於損失機率的長期預測，常有偏離客觀的態度而有低估的傾向。

(2)大多數的人們都願意以小額確定的損失，來評估未來不確定的大損失。

風險管理者如能固守上述原則，風險管理工作將會做得很好，亦可把企業帶進坦途。

第 九 節　風險管理與其他管理之比較

風險管理與其他管理有其差異，茲簡要比較如下：

一、風險管理與一般管理不同

二者主要不同點在於處理風險之範圍不同，前者處理純損風險，後者則處理所有風險，包括純損風險與投機性危險。又前者在使經濟單位之損失極小化，後者則在追求利潤極大化。

二、風險管理與保險管理不同

　　風險管理同時在管理可保之純損風險與不可保之純損風險，前者如天然的災害（颱風……），後者如主要是指非意外性之風險。保險管理專注於可保之純損風險，因此，前者之範圍較後者為大。

三、風險管理與安全管理不同

　　安全管理之重點在於各種預防措施（Prevention）或防護措施（Protection）之使用，基本上該等措施必須運用專業知識為之，蓋專業人員分析損失發生之原因後，方可進一步規劃採用何種損失預防措施。惟由上亦可知，其範圍較風險管理為小，蓋風險管理包括風險控制與風險理財，所以安全管理可視為風險管理領域中的風險控制之技術層面，有別於風險控制在風險管理中同時考慮財務層面。

四、風險管理與財務管理不同

　　財務管理範圍較風險管理為小。一般之財務管理是在較確定之情況下，追求利潤最大化，風險管理所採用之財務管理觀念，是在不確定或未知之情況下，使企業之純損風險成本達到最小。

五、風險管理與危機管理不同

　　危機管理範圍較風險管理範圍為小，危機管理通常稱為緊急應變計畫，較偏向於損失預防。

　　茲就風險管理、一般管理、保險管理及其他管理等比較如表3-1。

表3-1 一般管理、風險管理、保險管理、安全管理、財務管理、危機管理比較表

類別 項目	一般管理	風險管理	保險管理	安全管理	財務管理	危機管理
處理風險範圍大小	最大	次之	獨特	獨特	獨特	獨特
處理風險種類	純損風險與投機性風險兼而有之	可保之純損風險與不可保之純損風險	可保之純損風險	純損風險	投機性風險	原則上為純損風險
目的	創造最大利潤	損失極小化	降低損失與補償	預防損失	創造最大利潤	化解危機
採用策略	所有的方法	風險控制與風險理財	保險組合	損失預防為主	各種金融工具	緊急應變計畫（尤其是損失控制）
所處環境	確定或不確定	不確定	不確定	不確定	較確定	不確定

資料來源：鄭鎮樑，保險學原理，五南圖書出版公司，2004年3月，增訂2版，p.23。

第 十 節　風險管理之貢獻

一、風險管理對企業之貢獻

計有下列五點：

㈠維持企業生存

企業遭遇巨大意外損失時，可能瀕臨破產邊緣，此時如有適當之風險管理措施，則可自破產邊緣挽回而維持企業生存。

㈡直接增加企業利潤

企業利潤之增加可來自收益之增加或損失與費用之減少，風險管理既可經由預防、抑制或移轉而減少損失或費用，自可增加企業利潤。

㈢間接增加企業利潤

風險管理可經由下列六點而間接增加企業利潤：

1.對於純損風險加以成功有效之管理，可使企業經營者獲得心理上之安全，並增進拓展業務之信心。

2.企業經營者於決定從事拓展某種新業務時，如能對其伴隨而來之純損風險加以謹慎管理，當可改善決策之品質。

3.一旦決定從事某種新業務，如能對純損風險作適當之處理，自可使企業對於投機風險作明智而有效之處理。例如倘對產品缺陷可能引起之賠償責任已作適當之保障，則可積極拓銷該產品。

4.風險管理可維持每年利潤及現金流量之穩定，此項穩定可使投資者有穩定收入而樂於投資。

5.經由事先準備，不致因發生損失而使業務中斷，可保持原有顧客或供應商。

6.對純損風險有妥善管理而獲得安全保障，則債權人、顧客及供應商無不樂於往來，進行交易，員工亦樂於為此企業服務。

㈣對於純損風險有健全管理而獲致之心理平安，可促進管理當局及業主之身心健康，成為企業無價之非經濟資產。

㈤由於風險管理計畫對於員工及社會均有助益，因此風險管理可促進企業之社會責任感及良好之社會形象。

二、風險管理對家庭之貢獻

計有下列三點：

1.可節省家庭之保險費支出而其保障並未減少。

2.家庭中負擔生計者因獲得保障，而可努力於創業或投資，使生活水準提升。

3.可使家庭免於巨災損失之影響，使其家庭仍能維持一定之生活水準。

三、風險管理對社會之貢獻

計有下列二點：

1.家庭或企業能從風險管理受益，當然也使社會中每一份子受益。

2.家庭或企業於受損後能藉風險管理得以迅速恢復，亦使整個社會成本（Social Cost）支出降低因而增進經濟效益，提升整個社會之福利水準。

第 十 節　風險管理之實施步驟

風險管理過程計有四個實施步驟（The Processes of Risk Management），即(1)風險之辨認或認知；(2)風險之衡量；(3)風險管理策略之選擇；(4)策略之執行與評估。

茲分別說明如下：

一、風險之辨認（Risk Identification）或認知

風險辨認或認知係風險管理之第一步驟，亦為風險管理人員最困難之工作。因為要知如何對風險作適當之管理，首先必須認知企業潛在之各種純損風險。

二、風險之衡量（Risk Measurement）

風險認知以後，次一重要步驟即對於這些風險作適當衡量，衡量內容包括：

1.損失發生之頻率。

2.如果發生損失對企業財務之影響如何？

三、風險管理策略之選擇（Selection of Risk Management Strategies）

風險經辨認與衡量以後，即應選擇適當之策略，以達成風險管理之目標。

風險管理之策略可分為兩大類：一為控制策略（Control Strategies），另為理財策略（Financing Strategies）。每一策略又可細分為多種。在此一步驟中，乃是就各種不同之策略依風險之大小，在成本和效益之比較分析下，選擇最佳之策略或組合。故此步驟可說是風險管理核心之所在。

四、策略之執行與評估（Implementation & Evaluation）

風險管理策略經選擇採行以後，風險管理人員必須切實執行決策，並須加以評估檢討，以瞭解原有決策是否明智可行，以及是否需對未來不同狀況加以修正改善。

茲以圖3-2與圖3-3說明風險管理之四項實施步驟之流程與完整風險管理程序之流程。

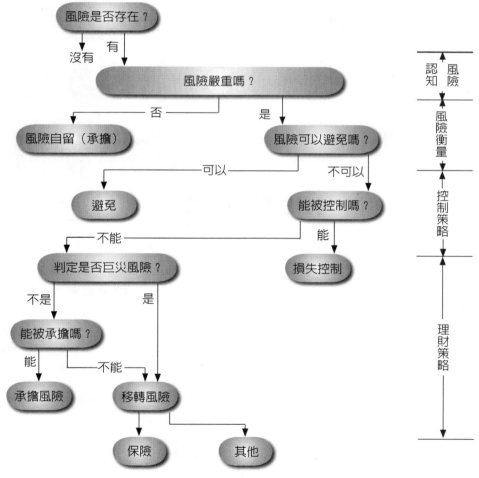

圖3-2　風險管理實施步驟流程圖

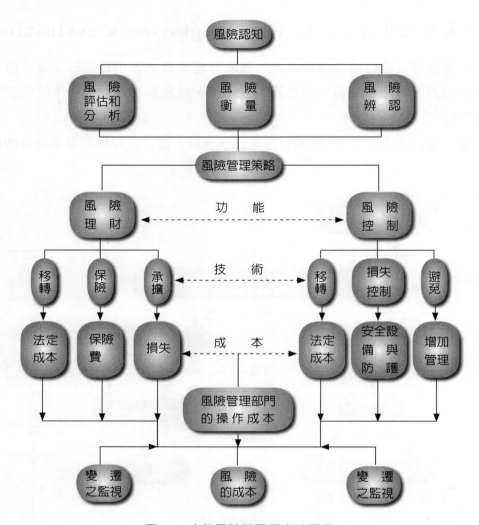

圖3-3 完整風險管理程序流程圖

資料來源：Joe. E. Bridges, *New Risk Manager Industry Session Presentation Risk Management Manuals*, 20th Annual Risk Management Conference, Washington, D. C., April 19, 1982。

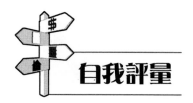

自我評量

一、試說明風險管理的起源及發展？

二、試說明風險管理受重視之原因？

三、試說明風險管理之意義及重要性？

四、試簡述風險管理的特質？

五、試說明風險管理之損失預防目標（Pre-Loss Objective）？

六、試說明風險管理之損失善後目標（Post-Loss Objectives）？

七、試說明風險管理之原則？

八、風險管理與其他管理有何差異？請說明之。

九、風險管理對企業有何貢獻？請說明之。

十、風險管理對家庭及社會有何貢獻？請說明之。

十一、試簡述風險管理之實施步驟（The Process Risk Management）？

第四章
風險管理實施之步驟㈠
——認知與分析損失風險

學習目標

本章讀完後,您應能夠:

1.分辨風險管理之管理面與決策面。

2.說出風險管理實施之步驟。

3.明白認知與分析損失風險為風險管理第一實施步驟。

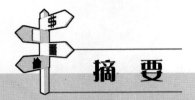

摘　要

風險管理乃一般管理範疇中的一個專業領域。誠如我們所知，管理的定義為策劃、組織、用人、指導及控制組織之資源與活動，以便有效達成目標的過程。

任何組織都有許多不同的目標：如利潤目標、成長目標及服務大眾的目標等。為了達成這些目標，組織必須先達成其最基本的目標，那就是，在面對潛在的意外損失時仍然能繼續生存下去。當然，若組織已能做到此點，則自會進一步防止或抑減任何會干擾其營運或阻礙其成長或減低其利潤的意外損失。

風險管理今天會在管理領域中有其「一席之地」，乃因其目的在於使事故損失的不利影響能減至最小。故就此而言，風險管理可從管理的角度定義為以合理的成本來策劃、組織、用人、指導及控制組織的活動，以便使意外損失的不利影響能減至最小的過程，此一定義強調的是風險管理的管理程序過程（Managerial or Adaministrative Process）。

風險管理也可以依決策程序過程（Decision-Making Process）來加以定義，因此，風險管理乃是如下的決策過程：(1) 認知與分析會危及組織之基本目標的意外損失風險；(2) 檢視可以處理這些風險的風險管理策略；(3) 選定最好的風險管理策略；(4) 將此一策略付諸執行；(5) 監視執行的結果以確保風險管理計畫切實有效。

風險管理工作所涵括之範圍除了認知與分析風險，做好損害防阻及購買適當之保險，以保障企業的生存外，應將風險管理制定成一明確之公司政策，以提升企業之社會形象並履行企業之社會責任。風險管理人應熟悉風險管理之特質並把握管理之原則，確實針對企業各種潛在純損風險先行認知、衡量，進而選擇適當之方法以控制、處理。期能以最低之風險成本，達成風險管理之損失預防目標及損失善後目標，以保障企業經營之安全。

第 一 節 風險管理之管理面與決策面

風險管理乃一般管理範疇中的一個專業領域。誠如我們所知,管理的定義為策劃、組織、用人、指導及控制組織之資源與活動,以便有效達成目標的過程。

任何組織都有許多不同的目標:如利潤目標、成長目標及服務大眾的目標等。為了達成這些目標,則組織必須首先達成其最基本的目標,那就是,在面對潛在的意外損失時仍然能繼續生存下去。當然,若組織已能做到此點,則自會進一步防止或抑減任何會干擾其營運或阻礙其成長,或減低其利潤的意外損失。

風險管理今天會在管理領域中有其「一席之地」,乃因其目的在於使事故損失的不利影響能減至最小。故就此而言,風險管理可從管理的角度定義為以合理的成本,來策劃、組織、用人、指導及控制組織的活動,以便使意外損失的不利影響能減至最小的過程,此一定義強調的是,風險管理的管理程序過程(Managerial or Administrative Process)。

風險管理也可以依決策程序過程(Decision-Making Process)來加以定義,因此,風險管理乃是如下的決策過程:(1)認知與分析會危及組織之基本目標的意外損失風險;(2)檢視可以處理這些風險的風險管理策略;(3)選定最好的風險管理策略;(4)將此一策略付諸執行;(5)監視執行的結果以確保風險管理計畫切實有效。

顯然,此一定義所著重的是風險管理的決策面。是故,從管理的立場而言,完整的風險管理定義應是:「風險管理乃是制定及執行決策能使意外損失之不利影響減至最小的過程。其中,制定決策需要採取五個決策程序,而執行決策則需要執行五個管理程序。」

表4-1　風險管理矩陣（管理面與決策面）

決策面 ＼ 管理面	(1) 策　劃	(2) 組　織	(3) 用　人	(4) 指　導	(5) 控　制
1.認知與分析風險					
2.檢視各可行策略					
3.選定最佳之策略					
4.執行選定之策略					
5.監視結果與改進					

　　表4-1的風險管理的矩陣，乃是風險管理定義的具體表徵，由此表可看出，風險管理之決策面與管理面的關聯性。茲說明其實務運作如下：

　　1.(1)認知與分析損失風險之策劃

　　　　‧決定所需資訊的態樣與格式。

　　　　‧認知內部或外部資訊之來源。

　　　　‧決定資訊多久應被更新。

　　　　‧評估獲取資訊之成本及所需之預算。

　　(2)認知與分析損失風險之組織

　　　　‧獲得蒐集資訊的授權。

　　　　‧蒐集資訊的程序和指導。

　　(3)認知與分析損失風險之用人

　　　　‧訓練與教育蒐集資訊相關人員。

　　　　‧指定蒐集資訊之相關人員。

　　(4)認知與分析損失風險之指導

　　　　‧獲得部門經理的支持並提供資訊。

　　　　‧獲得提供資訊者之指導。

　　　　‧對已獲得之資訊予以追蹤。

　　(5)認知與分析損失風險之控制

　　　　‧建立獲取資訊之品質與時效的標準。

　　　　‧比較已獲得資訊與所建立之標準。

　　　　‧修正或改善不佳之資訊，獎勵已獲得之好的資訊。

2.⑴**檢視各種可行策略之策劃**

‧決定所考慮之各種可行策略之範圍與界限。

‧制定標準以檢視每一種可行策略。

‧決定誰將檢視各種可行策略。

‧決定多久檢視各種可行策略。

⑵**檢視各種可行策略之組織**

‧建立獲取和評估各種可行策略資訊之處理程序。

‧維持與提供各種可行策略者間之溝通。

⑶**檢視各種可行策略之用人**

‧指定檢視各種可行策略之人。

‧檢視各種可行策略之人之績效考核。

⑷**檢視各種可行策略之指導**

‧主持決策者間之會議。

‧提供決策者所需之額外資訊。

⑸**檢視各種可行策略之控制**

‧建立檢視各種可行策略處理程序之活動標準。

‧召開檢視各種可行策略之同仁間之溝通會議。

3.⑴**選定最佳策略之策劃**

‧決定可行策略的標準。

‧安排相關單位代表之溝通會議。

‧安排決策者之會議。

⑵**選定最佳策略之組織**

‧彙整決策者之資訊。

‧安排決策者間之溝通會議。

‧告知高階主管作抉擇。

⑶**選定最佳策略之用人**

‧指派負責提供必需資訊予決策者之同仁與負責人。

‧指派負責與決策者溝通之同仁與負責人。

⑷**選定最佳策略之指導**

‧主持決策者間之會議。

‧準備提供決策者所需之額外資訊。

(5)選定最佳策略之控制

‧提供高階主管選擇可行策略的標準。

‧建立選擇程序之規範。

‧增進高階主管瞭解選擇特定可行策略之理由。

4.(1)執行選定策略之策劃

‧決定哪位經理人將被賦予策略之執行。

‧安排具有影響力的經理人召開會議說明所作之決策。

(2)執行選定策略之組織

‧安排相關部門人員之訓練或溝通會議。

‧決定執行所選擇可行策略所需之資源與時間表。

(3)執行選定策略之用人

‧指派執行選定策略之同仁與負責人。

‧指派負責與相關部門同仁溝通之同仁與負責人。

(4)執行選定策略之指導

‧執行與相關部門之訓練會議。

‧訓練相關部門之經理人。

‧確認所選擇之可行策略為相關人員瞭解與接受。

(5)執行選定策略之控制

‧建立有效執行可行策略之標準時間表。

‧建立執行可行策略之作業表。

‧確信相關人員均能依要求執行其職責。

‧告知高階主管執行可行策略之進度。

5.(1)監視結果與改進之策劃

‧決定監視之頻率。

‧決定如何獲取監視所需之資訊。

‧告知相關經理人如何執行其監視工作。

(2)監視結果與改進之組織

‧選擇和訓練相關人員獲取監視之資訊。

‧告知高階主管如何從監視報告得知結果。

⑶監視結果與改進之用人
- 指派負責訓練相關同仁獲取監視資訊之同仁或負責人。
- 指派將監視結果告知高階主管之同仁或負責人。

⑷監視結果與改進指導
- 教育訓練相關人員。
- 召開已有監視結果之經理人之會議。

⑸監視結果與改進之控制
- 建立完整結果之標準作業程序。
- 比較確實監視程序與所建立之標準。
- 修正不佳之監視結果，獎勵優良之監視結果。

　　風險管理決策過程乃是一種重複且自我增強的過程，因過去所選用的風險管理策略，必須依照組織活動變遷而來的損失風險，不斷地加以重新評估，同時也必須參照各風險管理策略之相對成本的改善，以及法律要求的變更暨組織基本目標的改善，予以不斷的重新評估，再者，決策本身的功能，也會促使決策人員，為了因應情況的變化而修正決策。換句話說，若相對的風險管理成本，或法令的要求及組織的目標有所改變時，則整個決策過程必須重新調整。

第二節　風險管理實施之步驟

　　企業在面對風險、採取對策之前，必須對風險的性質有所認知與分析，始能瞭解可能發生的損失及採行有效的對策；因此企業若欲有完美的風險因應策略，就必須先對風險的性質有完全的認知，這一系列活動，我們稱之為風險管理實施之步驟（The Process of Risk Management）。

　　以下各節所欲探討的是，表4-1之風險管理矩陣左邊那五個風險管理實施步驟，但為了能更清楚地表達，特在圖4-1中列出此五個決策過程實施步驟之架構。

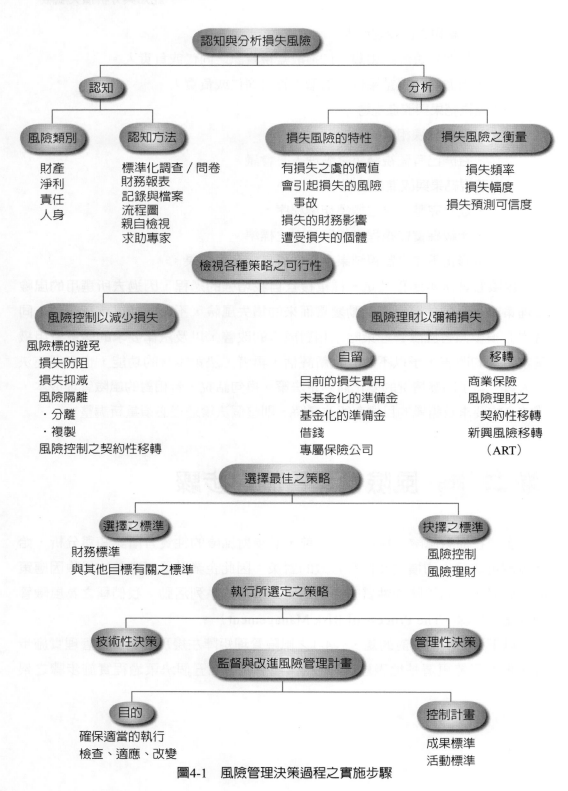

圖4-1　風險管理決策過程之實施步驟

第 三 節 **風險管理實施步驟1：
認知與分析損失風險**

一、認知損失風險

　　一般而言，對組織有嚴重影響的損失，是指那些會阻礙公司達成其目標者，風險管理人為了要認知這種損失風險，就必須能：⑴運用邏輯的分類方法，來認知所有各種可能的損失風險的類別；⑵使用合適認知損失風險的方法，來認知組織於特定時間所可能會遭遇的特定損失風險。圖4-2左邊即說明認知損失風險之兩大主軸：⑴認知風險類別；⑵認知損失風險之方法。茲說明如下：

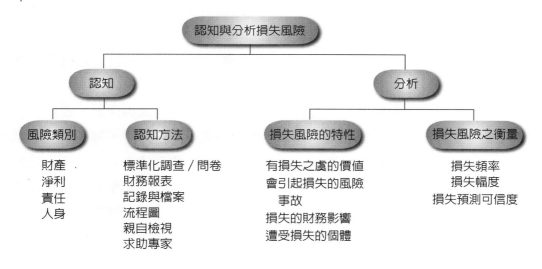

圖4-2　認知與分析損失風險

　　表4-2所闡述的例子正是如何認知損失風險，以及如何執行風險管理的其他步驟，雖然此係為示範性的例子，但凡是目睹過火車事故的人，以及必須設法處理此類事故的人，都會認為此一事例相當真實。

表4-2　致命的出軌

　　某日下午3點，一列ABC火車公司所擁有並經營的貨運火車駛經XYZ醫院之後山的途中，竟意外地出軌翻覆，結果，有三節車廂灑出其所裝載之有毒且具有腐蝕性與刺激性的化學液體，這些化學液體即順著山坡流下來，不但流過XYZ醫院的停車場，而且也腐蝕了不少輛的汽車及醫院的門牆。

　　ABC火車公司的救援工作小組花了兩天的時間，才把出事的現場清理完畢，但XYZ醫院的維修人員卻花了兩個禮拜的時間，才把其停車場與醫院的門牆清理及整建完畢，因此，儘管火車公司的救援工作小組很賣力地在進行善後的清理工作，但在XYZ醫院之維修人員把其停車場及醫院門牆給清理及整建完畢前，此一路線將一直封閉，該醫院的員工及其訪客每天都必須另找地方停車。

(一)損失風險類別

　　損失風險是指一個特定之組織或個人因特定之風險事故損害特定之有價物而致有財務損失之可能性。就此定義而言，任何損失風險都必須具備如下四層面的特質：(1)損失的價值類型；(2)引起損失的風險事故；(3)遭受損失的個體；(4)潛在財務損失的程度。

　　因此，若欲詳細說明某一特定的損失風險，則這需要說明上述這四個層面，並且需「因事而制宜」的來變通其細節。

　　有關損失風險的四個層面，將在本章中予以詳細的分類與探討。在此，我們只要知道損失風險，一般均是以其第一個層面來分類就夠了，亦即，損失風險一般均是以損失之價值的本質（或會有損失之虞的價值的本質）來作為分類的依據，因此，除了純精神價值損失（或精神上的損害）外，所有與風險管理有關的財務損失都可以分成如下四大類：(1)財產損失；(2)淨利損失；(3)責任損失；(4)人身損失，像前述火車出軌例子所造成的損失就包含有這四類的損失，以下我們就來說明這四類的損失。

1.財產損失（Property Loss）

　　就前述火車出軌的例子來說，醫院在此事件中所遭受的財產損失，為其建築物及其停車場被化學藥劑所侵蝕及破壞，而火車公司所遭受的財產損失，則為列車出軌損壞。

2.淨利損失（Net Income Loss）

　　損失風險的第二個類型就是淨利損失風險，由於淨利係指在某一段會計期

間的收入減去費用後的餘額而言，因此，淨利損失就包括因事故而致的收入減少或費用的增加在內。

3.責任損失 (Liability Loss)

雖然前述火車出軌的例子可能錯不在火車公司及XYZ醫院，但兩者都得面對責任損失的風險。

4.人身損失 (Personnel Loss)

第四類的損失風險 —— 人身損失係起因於死亡、殘障、退休、辭職或失業等。對個人或家庭而言，人身損失會使家庭的收入減少或使家庭的費用增加（因前者會使負擔家計生活者遭受收入減少損失的命運，而後者則因需要就醫或僱人來做家事而致費用增加）。

以上乃是簡要說明四種基本的損失風險 —— 即財產損失、淨利損失、責任損失及人身損失。

㈡認知損失風險的方法

風險管理專家通常都是使用下列中的一種或數種方法，來認知組織所面臨的特定損失風險，這些方法是：

1.調查／問卷法。
2.財務報表分析法。
3.檢視組織的其他記錄及文件法。
4.流程圖法。
5.親自檢視法。
6.請教專家法。

這些方法的目的均是在認知損失風險，亦即在分析未來損失的可能性，而不是在研究過去的損失，雖然過去的損失記錄有時能有助於預測未來的損失，但分析的重點卻不在於過去而在未來。

1.調查／問卷法

調查／問卷通常為標準化的格式，而且適用於每一種組織，而其所列的問題則涵蓋了所有的風險管理問題，如有關組織之不動產的風險問題、其設備的風險問題、其他動產的風險問題、其他財產的風險問題、產品的風險問題、重要客戶的風險問題、鄰近地區之財產的風險問題、營運的風險問題，以及其他

可能之損失的風險問題等。這種標準化的調查／問卷不但可促使風險管理人去注意重大或顯著的損失風險，而且其問題的邏輯順序也有助於風險管理人去拓展與其組織有關的損失風險資訊。

2.財務報表分析法

認知損失風險的第二個方法就是分析該組織的財務報表（包括資產負債表、損益表及現金流量表等在內），因資產項目能指出發生損失時的財產價值或有損失之虞的財產價值，而負債項目則會顯示因故倒閉時所必須履行的義務；又從損益表可知，營運中斷後，不但收入會損失，而且費用卻會繼續發生；而現金流量表則能表明有多少現金數額會受損失所影響，或可用來履行持續的義務。因此，仔細分析這些報表上的項目，必能看出有哪些潛在的損失風險值得進一步予以分析。

3.檢視組織的其他記錄及文件法

一組織的財務報表及其會計記錄，乃是其活動及其損失風險資訊的唯一大來源，而且也是較大且較廣泛的來源。因其涵蓋了整個組織的所有記錄與文件，而不僅是財務記錄與文件而已。其實，任何組織的文件不但能告知我們有關該組織的某些重要訊息（如契約內容、往來信件的內容、會議的內容，以及內部備忘錄等），而且還能告知我們有關該組織之損失風險的一些蛛絲馬跡。例如，火車公司的承攬契約及其與工會的談判記錄，就能告知我們一些其貨物及人員所可能碰到的風險。又XYZ醫院的病人醫療記錄也能告知我們，該院所可能會碰到的醫療糾紛問題，及其所可能採取的預防之道。

4.流程圖法

理論上，以流程圖來分析損失風險，乃是把組織看作是一個價值流通的單位或機器，亦即，價值流入這個單位或機器，經過處理後會增值，然後再流出這個單位或機器；是故，就此看法來說，事故就是「阻流」或流量的「切斷物」，而且「阻流」的程度愈大且時間愈長，則因之所引起的損失就愈嚴重。準此，組織營運的流程圖可顯示其每一產品的製程細節，其人員及物料的搬運移轉細節，以及其原料及其製成品之流通細節，而由這些細節則可看出其整個產銷活動可能會發生「阻流」的地方，而且只要一有「阻流」發生，則不管其程度的輕重，都一定會阻礙組織營運的進行，從而會減少營運所能產生的價值。

5.親自檢視法

某些損失風險只有靠親自實際去檢視才能看得出來，此乃因其他的方法可能無法發掘潛在的損失風險之故。例如，就以前述的火車出軌為例，則上述這些發掘損失風險的方法，可能無法讓那些未實際看管醫院財產的人，瞭解其醫院後山之火車出軌的可能性；同理，除非火車公司的風險管理人，親自到醫院附近的支線去勘查過，否則絕不會想到「可能會有那麼一天」醫院的病患會向該公司請求責任賠償。對於這種風險，除了由心思敏銳且富有想像力的專業人士親自去查勘與評估外，是無法認知出其潛在的損失風險。

6.請教專家法

組織的風險管理人應努力使自己成為精通各種損失風險的通才。是故，其應不斷由組織內外的各專家身上吸取各種專業的損失風險知識。

二、分析損失風險

圖4-2右邊即說明分析損失風險的兩大主軸：⑴分析損失風險的特性；⑵分析損失風險之衡量。茲說明如下：

㈠損失風險的特性

儘管企業過去的實際損失，係為未來損失風險的最佳指標，但損失風險係指未來的可能損失，而不是指已發生的損失。任何一個損失風險都具有四個要素：⑴有損失之虞的價值；⑵會引起損失的風險事故；⑶損失的財務影響；⑷遭受損失的個體。一般說來，只要這四個要素中的任一個發生變動，則整個損失風險也會跟著改變，以下分別說明這四個要素：

1.有損失之虞的價值

所有有損失之虞的經濟價值，可以分成如下的四大類：財產價值、淨利價值、免除法律責任的價值，以及重要人員的勞務價值。又本要素亦最常被用來作為企業損失風險分類的依據。

⑴財產價值

①財產的種類：

一般而言，財產可以分成兩大類，即有形與無形的財產，其中，有形

的財產又分成兩類，即動產與不動產。其中，不動產係指土地及永久附著於土地的有價物（如建築物、植物）；而動產則是指不動產以外之所有有形的財產。

②財產價值遭受之損失：

當財產毀損滅失或使用不當時，則其所有人或使用人所損失的，可能不只是該財產的價值而已，且使用此財產所能得到的收入或其他利益，也會跟著損失掉。而由於使用損失，是一種很重要的風險，因此，應將之當作是淨利損失風險的一部分，予以個別處理。不過，財產的損失風險，除了使用損失風險外，尚包括有其他損失價值須予以仔細深思與評估的損失風險，這些價值計有：(a)財產毀損滅失或使用不當的損失價值；(b)殘存之財產處置的損失價值；(c)處理毀損財產之費用的損失價值；(d)未受損財產處理的損失價值（因此項財產須與被毀損的那個財產連在一起才能使用——亦即少了其中的一個，則整組財產就不能使用，故於其中的一個被毀後，另一個自然須予以拆掉）；(e)所增加之建築成本的損失價值；(f)成對或成套之財產的損失價值；(g)「繼續營運」的損失價值。

(2)淨利價值

企業在一既定期間內所賺得的淨利，係等於其在這段期間內的收入減去其費用，關於這一點，可以美帝禮品公司的損益表（請看表4-3）來說明一下。（又美帝禮品公司，乃是一家專賣禮品與鮮花的商店，該店就在XYZ醫院的裡面。）由該表可看出，該公司在20××年度共賺進了$924,000的收入，而其在該年內的各項費用總額則為$670,000，因此，其該年度的淨利就為$254,000（＝收入總額$924,000−費用總額$670,000）。

然而為了在下一年度賺進可與今年相媲美的淨利，該公司就必須繼續租用該店面，並擁有可供出售的禮品與鮮花存貨，同時也必須有足夠的人手來管理店面。不過，卻也有不少事件可能會阻礙該公司達成其預期淨利的理想，例如，整棟醫院可能會因事故而受損，因此店面就不能再租用；或者是醫院的護士來一場罷工，而嚴禁探病的訪客進入醫院；或者是該公司的供應商，因失火或其他事故而致關門歇業等，均會使該公司無法達成預期的淨利目標。

表4-3　美帝公司損益表　20××年12月31日

收入：		
銷貨收入	$900,000	
利息收入	24,000	
收入總額		$924,000
費用：		
商品成本	$450,000	
薪資	100,00	
租金	40,000	
其他費用	80,000	
費用總額		670,000
淨利：		$254,000

　　像這種淨利損失風險，若不是會使收入減少便是會使費用增加，其中收入的減少，可以分成五類：①營業中斷損失；②連帶的營業中斷損失；③完成品之預期利潤的損失；④應收帳款之收現的減少；⑤租金收入的減少。而費用的增加則可分成兩類：⑥營運費用的增加；⑦租金費用與拆建成本的增加。

2.會引起損失的風險事故

　　任何損失風險的第二個要素，就是有會引起損失的風險事故（Peril）。風險事故可以依據其來源，分成自然風險事故、人為風險事故及經濟風險事故。其中，自然風險事故包括暴風、暴雪（或暴冰雹）、洪水、蟲害、獸害、疾病及腐敗等，這些自然風險事故大體非人力所能控制（不過，人類卻可採取有效的損失減除措施，來控制自然風險事故所引起的損失幅度）。

　　而人為的風險事故，則包括集體或個人的偷竊、凶殺、無知或惡意的破壞行為、疏忽的行為、無能或蓄意不履行契約等。由這些人為風險事故所引起的損失，其頻率與幅度，在某一程度內可以以人為的力量（如小心行事或挑選謹慎的人來做事等）來予以控制。

　　至於經濟風險事故，則主要來自於大多數人的行為或政府的行為，如罷工、戒嚴、戰爭、技術的改變或消費品味的改變等。由於經濟風險事故通常會引發遠非風險管理計畫所能控制的損失，故常為風險管理人所忽視。不過，由經濟風險事故所引起的某些損失──如失業損失、激烈罷工所致的損害、機器因經濟衰退而致閒置過久所發生的損壞，以及戰爭對海外產業所造成的損壞等，

都是風險管理人必須予以處理與解決的事件。

　　儘管上述這種風險事故的分類，在分析潛在的損失原因時很有幫助，但這種分類，卻也有其不可避免的「重疊」或重複的缺陷，例如，火災可以是自然風險事故（如為閃電擊中所引起的），或是人為風險事故（如人為的疏忽所引起的）。又如，大多的凶殺案泰半係為個人的行為，但在戰爭中被殺死亡的士兵，則可說是死於戰爭之人為風險事故。然這種重疊，並不會損及上述風險事故分類在分析上的價值。

　　3.損失的財務影響

　　任何損失風險的第三個要素，就是實際發生之損失的財務影響。在此所謂的損失，係指實際損失而言，而不像前兩個要素中的損失，係指可能會發生的事件（或事故）而言。

　　然應注意的是，損失的財務影響與實際損失的大小，係為截然不同的兩回事，儘管會造成重大人員傷亡與財產損失的事故，在財務上的影響，遠比事故對實體之影響嚴重多了，但損失的財務影響與損失之實際程度間，卻無必然的關係存在著。例如，即使電腦磁碟的最輕微裂痕，或磁性干擾沒超過半英寸，也會使整座電腦化的煉油設備「當機」好幾個禮拜或好幾個月，並使業主及員工損失利潤與薪資，同時也會使該煉油商之客戶的汽油供應整個中斷。而另一種極端例子則是，一場大火燒毀了幾條街上無人居住的建築物，然這幾條街道已劃定為都市更新區，則這場大火，不但不會帶給這些建築物的所有權人損失，反而帶來好處——可以省下拆除成本。是故，風險管理人應著重損失的財務影響，而不是實際損失的程度。

　　4.遭受損失的個體

　　任何風險的第四個要素，就是有遭受損失之虞的人、組織或其他個體。此一要素儘管很重要，但卻常被忽視，例如，設若XYZ醫院的一側，被閃電擊中而起火燒毀（這是一個沒人會有法律責任的事件），則因此一事件可能計有如下的損失：

　　⑴建築物的毀損 —— 此為XYZ醫院的財產損失。

　　⑵一些病患之動產的毀損 —— 此為這些病人的財產損失。

　　⑶以前在此側進行的一些醫療活動，此時必須停止（或無法繼續）—— 此為XYZ醫院的淨利損失。

　　⑷XYZ醫院的最高主管受傷殘廢——此為XYZ醫院的人身損失，同時也是該主管之家庭的人身損失。

　　⑸該院內之美帝禮品公司的顧客人潮減少——此為該店的淨利損失。

　　⑹在該側工作的員工，此時因無工作可做而失業——此為這些員工之家庭的人身損失。

　　⑺市政府之消防人員受傷——此為市政府的責任損失。

　　上述這些損失，均只落在幾個個體的身上，即XYZ醫院、其病患、其員工、設於該院內的美帝禮品公司及市政府。此一事實對風險管理人有一個重要的意義，那就是，風險管理人為處理每一個損失風險，而在事前與事後所採取的行動，須視其所服務的個體而定。

㈡損失風險之衡量

1.風險衡量之意義及其原則

　　風險管理人在認知企業所面臨之各種「潛在損失風險標的」（Exposure to Potential Loss）以後，應即對各種風險標的可能引起之損失加以衡量。以決定其「相對重要性」（Relative Importance），始可進而選擇適當之風險管理工具，作有效之處理。因此，風險衡量之目的，主要乃在測定各種潛在損失風險標的，在一定期間內可能發生之機率及其可能導致之損失幅度，以及此類損失對企業財務之影響。

2.風險衡量之基本事項

　　風險衡量之基本事項有三，茲分述如下：

　　⑴損失頻率（Loss Frequency）之衡量

　　損失頻率係指在特定期間內，特定數量之風險單位，遭受特定損失之次數，一般皆以機率表示。例如在一年內，廠內員工遭受體傷之機率，或某一產品因製造疏忽所致第三人損害賠償責任之機率。風險管理人可依過去經驗資料，或透過機率分配模式，推測未來可預期之損失機率，惟風險管理人亦可憑其經驗，將損失頻率大致區分為：①不會發生（Almost Nil）；②可能發生，但機率很小（Slight）；③偶爾發生（Moderate）；④經常發生（Definite），此種估計方法雖不如數字計算精確，但亦可使風險管理人就其過去經驗，對損失作一有系統之分析研究。

(2)損失幅度（Loss Severity）之衡量

損失幅度係指特定期間內，特定數量之風險單位遭受特定損失之嚴重程度。就風險衡量之重點而言，損失嚴重性之評估，遠比損失次數之預測來得重要，例如，超級市場可能常常發生顧客順手牽羊之失竊事件，但其遠不如一次大火所致損失對該超級市場財務影響來得大。因此風險之衡量應較重視對損失程度之分析，且風險管理人於衡量損失程度時，尚必須就某一事故發生所可能引起之直接、間接損失，及其對企業財務之影響，加以全盤考慮。

對於損失程度之分析，風險管理人最常採用之方法為：最大可能損失（Maximum Possible Loss, MPL）及年度最大可能總損失（Maximum Probable Yearly Aggregate Loss, MPY）。所謂最大可能損失，係指在不甚有利之情況下（Unfavorable Condi-tions），一次意外事故之發生可能造成之最大損失程度；而年度最大可能總損失，則係指風險單位於一年期間所可能遭受之最大總損失金額。風險管理人可就其選定之各種機率水準，透過統計分析之方法，估計企業某一年度之最大可能總損失，或某單一事故發生所致之最大損失，以作為採行何種風險管理方法之參考。

(3)損失預測可信度（Credibility of Loss Predictions）之衡量

雖然風險管理人可依據所分析之各種損失型態，決定採用何種管理方法，但是各種損失頻率與損失幅度，因係根據以往之損失經驗估計而得，加上風險本質之差異、估計時所可獲得資料之多寡及其正確性、所採用估計方法之不同，皆會影響所衡量風險之準確度。因此風險管理人於決定採用何種管理方法時，除應分別就其所衡量之損失頻率、損失幅度予以考慮外，對於該損失型態可預測性之高低，更應予以注意。

三、風險衡量、風險評估與風險策略之組合

企業所面臨之各種損失風險經過衡量後，依其造成損失之情況，可分為四大類，並經風險評估結果，產生四種主要與次要風險策略，請詳表4-4。

表4-4　風險衡量、風險評估與風險策略之組合表

損失幅度	損失頻率	風險評估	主要風險策略	次要風險策略
高	高	不可忍受	避　免	預防和抑制
低	高	可以忍受	預　防	抑制和承擔
低	低	不很重要	承　擔	預防和抑制
高	低	不可忍受	保　險	移轉和抑制

＊（各風險策略之詳細內容，請參閱本書第五章）

自我評量

一、試申述風險管理之管理面與決策面的程序過程？

二、試申述風險管理實施之步驟（The Process of Risk Management）？

三、試說明認知損失風險的兩大主軸？

四、試說明損失風險的類別？

五、試申述認知損失風險的方法？

六、試說明損失風險的特性？

七、試說明有損失之虞的經濟價值？

八、試說明會遭受損失的財產價值？

九、試說明會造成淨利損失風險中收入減少之損失？

十、試說明會造成淨利損失風險中費用增加之損失？

第五章
風險管理實施之步驟㈡
——檢視、選擇、執行,以及監督與改進風險管理策略

學習目標

本章讀完後,您應能夠:

1. 瞭解檢視各種風險管理策略的可行性為風險管理第二實施步驟。

2. 清楚選定最佳風險管理策略為風險管理第三實施步驟。

3. 明瞭執行所選定的風險管理策略為風險管理第四實施步驟。

4. 認清監督與改進風險管理計畫為風險管理第五實施步驟。

5. 敘述風險管理的成本與效益。

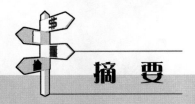

摘 要

　　隨著社會對企業品質的要求提高，企業界也順應潮流開始重視員工及資產之安全活動。而由於科學的管理觀念之應用於安全活動管理，遂而發展成風險管理。就其定義而言，為經認知與分析風險、檢視各可行策略、選定最佳之策略、執行選定之策略及監視結果與改進等五個程序以制定決策，並在合理成本之考量下，經策劃、組織、用人、指導及控制等五個管理程序以執行決策，使意外損失之不利影響能減低至最小之過程。

　　風險管理人要能認知與分析組織所面臨包括財產、淨利、責任及人身之損失風險，就必須運用如問卷調查、財務報表、檔案記錄、流程圖及求助專家等方法，並視企業之經營目標以認知組織於特定時間所可能會遭遇到的特定損失風險。風險管理之目的在於運用風險控制方法以防止損失的發生，並藉著風險理財方法以彌補不可避免的損失。風險控制策略包括風險標的避免、損失防阻、損失抑減、風險標的分隔與複製，及契約移轉等方法。風險理財策略則主要可分成自留，即用以償付損失之資金是源自組織內部；以及移轉，即用以償付損失之資金是源自組織外部。

　　執行所選定之風險管理策略著重的是風險控制，風險管理人應運用其技術面之權威，建議直接執行風險管理決策者，使風險管理能確實執行。至於監視執行的結果，則著重於風險理財，以抑減風險管理成本並提高風險管理效益。

第 一 節　風險管理實施步驟2：
　　　　檢視各種風險管理策略之可行性

　　風險管理的目的乃在於阻止損失的發生——風險控制（Risk Control）或彌補不可避免的損失——風險理財（Risk Financing）。因此，本節即在於扼要陳述基本的風險管理策略，並將之區分為風險控制策略（Risk Control Strategies）及風險理財策略（Risk Financing Strategies），同時，並以前述的火車出軌例子來說明這些策略。圖5-1即說明檢視風險管理策略之兩大主軸：⑴風險控制以減少損失；⑵風險理財以彌補損失，茲說明如下：

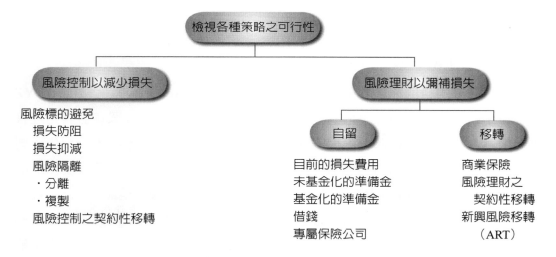

圖5-1　檢視各種策略之可行性

一、風險控制以減少損失

　　風險控制策略係指專門設計用來使事故之損失頻率或幅度趨小的風險管理策略，以及使損失更可預測的風險管理策略。易言之，風險控制策略包括風險標的避免、損失防阻、損失抑減、損失風險標的隔離，以及設計用以保護組織免於向他人支付損失賠償的契約性移轉。

財產風險管理 理論與實務

(一)風險標的避免（Exposure Avoidance）

風險標的避免可以完全消除任何損失的可能性，其作法為放棄任何會遭致損失風險的活動或資產。例如，火車公司可以不把貨物運經XYZ醫院後山的那條支線，這樣其就可以完全避免火車出軌時對XYZ醫院的責任風險。同理，XYZ醫院若能搬移至遠離鐵路線的地方，亦可避免其財產毀損的風險。

(二)損失預防（Loss Prevention）

損失預防的目的是要減少一特定損失的頻率（Frequency）。例如，火車公司可以以改進或加強其軌道的保養，或於行經XYZ醫院後山時，放慢其列車的速度等方式，來防止列車在XYZ醫院後山出軌翻覆的可能性；而XYZ醫院亦可以在其醫院與鐵軌之間，增建一道防護牆的方式，來減低被出軌貨物侵害的可能性。

(三)損失抑減（Loss Reduction）

損失抑減的目的，是要降低一特定損失的幅度（Severity）。例加，XYZ醫院在出軌事故發生後，可以透過加速善後工作，及向社會大眾宣告其迅速且盡力因應此一事故，並傾全力保護病患等方式，來減低其醫療收入的損失；同理，火車公司也可以藉由迅速清理出事現場，及協助託運業主清理其受損的財物等方式，使其營運損失及對他人財物損害之賠償責任能減少至最小。

又火車公司也可在出軌前採取必要的防範或應變措施，來使其不幸損失的額度能盡量減小，例如，可限制任一列車所能載運之有毒化學劑槽須至少還能被控制住。

(四)損失風險標的之隔離（Segregation of Loss Exposures）

此一策略乃是一種不會使事故波及全體的策略，易言之，預先把組織的活動與資源予以有計畫的安排好，以使單一事件不會同時波及整個全體或同時造成整體的損失。例如，一組織可能會在數個地點設置其營運大樓，且同時使用數條路線來運貨，並且把備用的機器零件或檔案副本存藏在遠離營運大樓的地方，並同時向數個供應商採購原料；由於有了這種風險標的隔離措施，因此，沒有一個可預見的事件或事故會同時毀損其所有的營運大樓，或阻斷其所有的

運輸路線，或毀損其所有的檔案或備用的機器零件，或阻礙其所有的原料採購。

　　損失風險標的之隔離有兩種策略型態：一為分隔（Separation），一為複製（Duplication）。分隔乃是指把一特定的活動或資產予以分散至數個地方而言，例如，企業在其正常的營運過程中，可把其存貨分別儲存在數個不同的地點，並同時向數個不同的供應商採購存貨。是故，凡日常用得到的必要資產或活動，均須採取風險標的分隔措施，這樣才能保護營運資源免於遭受連帶的損失。

　　複製乃是指把基本或重要的資產活動，予以複製或另行儲備一份或一件而言。

　　損失風險標的隔離與損失抑減策略，均是要使一事故對組織的影響減至最小程度，然所不同的是，後者係以把實際的損害程度予以減低的方式，來達到損失抑減的目的；而前者則是以備用或代用的資源，來取代已損害的資源，而達到損失風險標的隔離的目的。此外，風險標的隔離也可提高組織之損失的可預測性，因有損失之虞的單位分隔得愈多，則所做的長期平均損失預測也就愈可靠。

㈤風險控制之契約性移轉（Contractual Transfer for Risk Control）

　　風險控制的最後一個策略就是以契約方式將資產或活動的風險予以移轉給他人來承擔，是故，凡被移轉風險的組織就必須承擔風險移轉組織之任何事故所致的財務與法律責任損失；反之，若沒移轉風險的組織，則必須自行承擔任何事故所致的財務與法律責任損失。最常見的此種風險契約移轉則為財產租賃與業務轉包，至於移轉者與被移轉者間的損失風險分配，則須依契約的條款而定。

　　非保險之風險控制之契約性移轉種類甚多，較重要者有出售契約（Sales Contract）、租賃契約（Lease）、轉包（Subcontract）、免責協議（或稱辯護協定，Hold-harmless Agreement or Exculpatory）、套購（中和）、放棄追償權條款（Disclaimer Clause）、保證等等。

1.出售

經濟單位以買賣協定將其風險暴露單位之全部或一部分移轉於他人。不過,出售亦帶有風險避免中之「放棄風險暴露單位」之性質在內。

2.轉包

轉包常用於建造工程中,蓋經濟單位得標工程之同時,亦承擔相關風險。故經濟單位因其得標工程風險性高,經由轉包契約,將全部或部分工程給其他包商,共同承擔風險,實為非保險風險轉嫁之一種。

3.租賃契約

經濟單位(財產所有人)將財產所生之風險於租賃契約中設定協議項目,將其財產風險或法律責任風險轉由承租人承擔。

4.免責協議

通常用於賣方市場之情況。在買賣契約中簽訂此協議,最主要可免除經濟單位過失行為的法律責任,例如,產品製造商處於較強勢地位時,與百貨商於買賣契約中簽訂免責協議,其產品責任在脫離其控制之後即轉由零售商承擔。不過,許多責任保險契約中常規定被保險人以契約承受之責任不在承保範圍之內。

5.放棄追償權條款

在買方市場中,買方於買賣協議中訂定條款,由其所致之責任,例如,修改產品出售產生之產品責任,受害者向賣方索賠後,要求賣方不得向其追償。惟產品責任保險中亦規定「凡以契約拋棄追償權所致之損失」不在承保範圍之內。

6.套購(中和)

指現買先賣、現賣先買之措施。

7.保證

經濟單位以保證契約將其債權無法回收之風險移轉由保證人承擔。例如,債權人為確保自己的債權,要求債務人提供保證人,如債務人無法履行債務,則保證人必須負責清償。亦即債權人藉保證契約,將債務人不履行債務的損失風險轉嫁於保證人。

關於風險理財的契約移轉——即以契約的方式來移轉損失的財務負擔——乃是另一種截然不同的風險管理策略,關於此一策略將在下面予以討論。然應注

意的是，風險理財的契約移轉，其所移轉的只是損失的財務負擔而已；而風險控制的契約移轉，其所移轉的不只是損失的財務負擔，並且還包括損失的最終法律責任。

二、風險理財以彌補損失

凡風險控制策略無法完全防止的損失，就須採用風險理財策略予以配合。風險理財策略主要可以分成兩類：一為自留（Retention），即用以償付損失的資金係源自組織的內部；一為移轉（Transfer），即用以償付損失的資金係源自組織的外部。雖然在分析及規劃組織之風險理財需求時，上述這兩種分類的區分頗有用處，但有些風險理財的安排卻可能同時涉及此兩種資金來源。再者，某種損失可能有一部分須以「自留」的策略來融通，而其餘的部分則須以「移轉」的策略予以融通。例如，若醫院之財產保險契約中有規定：「凡整棟大樓所受的損害未及10,000元者，則概由該院自行負責（即保險的自負額為10,000元）」，則該院在此次化學品傾洩所受的損害中將須自行「自留」（或自己承擔）10,000元的損失，而至於其餘的損失部分（即較大的損失部分）才「轉移」給保險人來承擔。

㈠自留（Retention）

對任何組織而言，風險中的「自留」有下列五種方式可資選擇，而且每一種方式的理財策略均比前一種方式較複雜，這五種方式依次是：⑴使用當期的收入償付損失；⑵使用未基金化的損失準備金償付損失（即以或有負債或臨時負債償付損失）；⑶使用基金化的損失準備金償付損失（即以提撥意外事故準備金的方式償付損失）；⑷使用借錢（或籌資）償付損失；⑸使用「專屬保險公司」的保險人償付損失。

以當期的收入來償付損失的處理方式，雖然是一種最不正式的自留策略，但也是一種最經濟的自留策略，卻也是最不保險的策略，因為收入不夠償付損失的可能性總是會存在的，更何況，收入本身亦有某種不穩定的風險存在。一般說來，組織所欲自留的潛在損失愈大，則其所應考慮的自留處理方式就愈正式。是故，XYZ醫院於意外事故後，清理其停車場所花的成本與費用，以及火車公司整修其出軌火車所花的成本，均很適合以其當期的收入來支付，亦即，

以當期的收入償付損失很適合上述這兩種情況。

至於未基金化的準備金（Unfunded Reserve），大都係來自於為無法收取的應收帳款（Uncollectible Accounts）而所設立的基金（亦即，為會計上所謂的壞帳準備或備抵壞帳），此種未基金化的準備金，乃預先承認公司的應收帳款有一部分，會因無法收現而變成壞帳或損失。是故，未基金化的準備金，並沒有任何明定或指定資產做後盾；而基金化的準備金則有現金、有價證券與其他流動資產做後盾，以便履行準備金所須應付的義務，例如，每季結束時的應付所得稅準備金，通常係以現金做後盾，以便稅負到期時得以支付。

關於其餘的兩個風險理財「自留」策略——即借錢來償付損失，及利用專屬保險公司來償付損失——可能乍聞之下，一點都不像是「自留」策略，因此兩策略均涉及以外界的資金來償付損失。其實，這種「只聞表面而不明究裡」的看法實有待商榷，因就大多數的情況來說，有從屬關係的保險公司（專屬保險與被其承保的「母公司」兩者間，事實上係為一個經濟整體），因此，兩者間的任何風險移轉根本就不是真正的風險移轉。同理，當一組織借錢來償付損失時，則因之而致的信用額度縮減，或借款能力的縮減，就等於是耗費其自己的資金資源，亦即，這等於先間接使用自己的資金資源來償付損失，然後再用其自己的盈餘來償還貸款。

上述五種風險理財「自留」策略中第一至第四種之「自留」策略係屬「自己保險」之範疇，而「專屬保險」則為另一種特殊的風險理財策略，茲說明如下：

1.自己保險

(1)定義：

企業利用保險技術，諸如擁有之風險暴露單位量多、自身過去之損失經驗，而釐定之風險財務計畫，企業須按期撥款建立專屬準備金，在特定風險發生時，以該準備金彌補。

(2)成立要件：

嚴格言之，自己保險成立之要件應包括保險基本技術要件與企業經濟要件二種，茲分述如下。

①保險基本技術要件：

大量之風險單位、確實之損失資料、良好之管理制度。大量之風險單

位，主要是利用大數法則之原理，預估損失次數；確實之損失資料，配合大量之風險單位，主要是要評估每年應提撥多少自保基金；至於良好之管理制度，主要是須有專責人員負責自保制度，蓋自己保險應用到保險之專業技術，採用此種風險理財制度至少應能對保險概念有所理解。

②企業經濟要件：

專撥之自保基金、健全之財務狀況。專撥之自保基金應專款專用，以備將來損失彌補之用；至於健全之財務狀況屬於企業調度資金之層面，如果企業在資金調度方面捉襟見肘，難有餘力考慮自己保險。

(3)優點：

自己保險主要之優點，有下列幾點：

①節省保險費：

有理性之自我保險計畫應配合商業保險逐步進行，隨著自保基金之累積，商業保險所需之保險額度理應降低，經濟單位之保險費支出自然減少。

②可提升損失控制之層次：

自我保險為一種風險理財計畫，其目的非在不理會損失，經濟單位不可有恃無恐，更應提升損失控制之層次，期使損失降至最低，故理性之自保計畫應配合損失控制措施。

③處理損失速度較快：

經濟單位累積之自保基金，其性質類似準備金，並界定為專款專用，企業如不幸發生損失，無須如保險般須經必要之理賠手續，故在處理損失之速度較快。

④處理非可保風險：

無法取得商業保險保障之風險暴露單位，採用自己保險可紓減一部分求助無門之窘境。此種情況下有時為不得已之作法。

(4)缺點：

自己保險主要之缺點，有下列幾點：

①影響資金之靈活應用：

由於累積之自保基金屬於專款專用性質，基金較無法靈活調度，故影響資金之靈活應用。企業考慮採用此種風險理財方式時，亟須考慮其機會

成本大小之問題。

②增加管理費用：

　　設立自己保險需有人管理該種制度，多少會有費用產生，加上應配合損失控制，管理費用增加難以避免。

③有時無法如期獲得彌補：

　　由於自保基金建立費時，如未達相當額度即發生損失，企業即無法獲得彌補，又因無商業保險之補救，致兩頭落空。

④風險單位不足：

　　此為企業在成立自己保險即應考慮的因素，嚴格言之，無足夠之風險單位即不應採行，蓋企業難以估算按期應提撥的自保基金額度，勉力為之，亦僅落入無計畫之提存意外事故準備金範圍，與自己保險須要保險技術配合之本意完全相左。

⑤管理人才缺乏：

　　前已言之，自己保險須有專業人員參與始盡其功，無適當管理人才，其缺點與前述風險單位不足產生之缺點相同，喪失須保險技術配合之本意。

(5)成功的自己保險計畫應考慮之其他因素：

　　成功的自己保險計畫應考慮之其他因素，為自保基金累積具有時間問題，應如前述，配合商業保險逐期調整保險金額，以免基金累積未達一定規模時發生損失，求助無門，喪失自己保險之本意。

2.專屬保險

(1)定義：

　　專屬保險是指大型企業集團設立自己的保險公司，以承保自己企業集團所需的各種保險。在法律上，企業本身與其成立之保險公司均為獨立之法人，繳付保費與理賠和一般保險無異。惟因在作業過程中，母公司繳付之保險費與子公司理賠之保險金均在企業集團內流動，原則上，風險並無轉嫁他人，故歸屬於自留範疇。不過，假使專屬保險人另有承作其所屬企業集團以外之保險業務，擴大其經營基礎，或安排相當程度之再保險轉嫁其風險，此時即可超脫風險自留之範疇。

(2)優點：

設立專屬保險優點，茲說明如下：

①節稅與延緩稅負支出：

　　此為企業集團設立專屬保險公司最重要之理由，就企業集團言之，支付於其專屬保險公司之保險費可列為營業費用，而專屬保險公司收到之保險費依會計應計基礎，有些必須提存為未滿期保費準備，屬負債性質，因此，一筆資金可有節稅與延緩稅負支出之效果。

②母公司可減輕保費支出：

　　在商業保險之保費結構中，除純保費之外，尚有附加保險費，其中包括有保險中介人之佣金、營業費用、賠款特別準備、預期利潤等等，就專屬保險人言之，同一企業集團無須支付佣金，營業費用亦可較少，所以母公司所支付之保險費可以降低甚多。

③專屬保險公司可拓展再保交易：

　　設立專屬保險公司，本應有分散風險之機制，即應有再保險配套措施，此時專屬保險公司即可藉業務交換之便而拓展再保交易，企業集團之業務領域因而更為寬廣。

④加強損失控制：

　　設立專屬保險公司之目的雖在為企業集團尋找保險出路，但須注意其目的非在救急，以標的不出險為主要目的，因此應配合加強損失控制措施，一來可以有較佳之再保險出路，二來可使專屬保險公司擴大其規模，成為一個利潤中心。

⑤商業保險保費太高：

　　此理由與減輕保費支出之理由類似，惟須注意，保險費過高也代表企業體之風險暴露單位之風險性較高，就此點而言，設立專屬保險之理由似過於牽強。

⑥一般保險市場無意願承保：

　　一般保險市場無意願承保，改由自己之專屬保險公司承保，除非能有良好之再保險出路分散風險，否則其理由亦嫌牽強。

(3)缺點：

剛開辦之專屬保險必然有下列幾個缺點：

①業務品質較差：

由於專屬保險所承保者為自家企業集團內之業務，有許多可能是商業保險中，保費過高之業務，或是商業保險無意願承保之業務，二者均代表風險性過高，亦即業務品質較差。

②危險暴露量有限：

企業集團內之業務量基本上有其限制，亦即較難達到大數法則之適用，如不接受其他業務或利用再保險，基本上其經營之客觀風險甚高。

③組織規模簡陋：

由於專屬保險公司原則上為其所屬企業服務，人力配備不多，因此，組織規模簡陋。

④財務基礎脆弱：

專屬保險公司組織規模簡陋，資本額有限，累積之準備金亦有限，故財務基礎脆弱。

(二)風險理財之契約性移轉（Contractual Transfer for Risk Financing）

組織可以用兩種風險理財策略，來移轉其損失的財務負擔（但其卻不一定須對這些損失負起最後的法律責任），這兩種策略分別是：(1)購買商業保險（Commercial Insurance），即向外界之無從屬關係的保險公司購買一般通稱的商業保險；(2)非保險移轉（Noninsurance Transfers），即以一個免責合約（Hold Harmless）移轉給非保險公司的被移轉人。

風險理財的契約移轉通常有三種重要的特性：(1)被移轉人（Transferee）雖不像移轉人（Transferor）會有立即還款的承諾，但卻會承諾或保證提供資金（這種作法乃是真正的財務損失風險之移轉）；(2)可動用的資金只能用來償付移轉協議範圍內的損失；(3)移轉人的財務保障，須視被移轉人履行移轉協議的意願與能力而定。

上述這三種特性中的每一種，對決定特定風險損失的財務移轉之可行性來說都很重要，因移轉人所賴以立足的法律基礎，就是被移轉人的承諾或保證，而且移轉協議的範圍，也不可能把所有的損失要素予以全部納入。

是故，凡一特定的損失全然無法予以商業保險，或無法以合理的成本來予以保險，或無法立即找到一家非保險公司來予以移轉或承擔其損失時，則此時

唯一所能選擇的風險理財策略就是「自留」（Retention）。

　　風險理財之契約移轉的第三個特性，就是不管被移轉人是保險公司或第三方團體，其法律上的效力須視被移轉人的「誠信」與財力而定，而這也是移轉協議是否可靠的最重要因素。然不論風險理財是移轉給保險公司或第三方團體，移轉人都應謹記被移轉人的唯一義務，就是對指定的損失提供彌補的資金，或者是提供責任理賠的法律辯護勞務與費用。但應注意的是，風險理財移轉與風險控制移轉並不一樣，因為假使被移轉人無法償付損失，則風險理財之移轉人並不能免除其對損失所應負的最後法律責任，而且若被移轉人因缺乏資金而致無法償付損失，則此時雙方就會爭議此一損失是否在協議的範圍內，或者甚至是要「對簿公堂」以解決爭議，而透過保險的風險移轉比透過「免責合約」的風險移轉要可靠多了。

三、新興的風險移轉（ART）

　　新興的風險移轉方法，又稱為風險管理新途徑或新興風險移轉工具（Alternative Risk Transfer，簡稱ART）。最原始之意義為企業透過專屬保險或是自留集團為風險管理工具，企圖以最低成本達成風險降至最低。

　　由於企業對於財務安全之需求殷切，傳統再保險公司所提供的資本防護（Capital Protected）已不再足夠，且從傳統再保險市場所存在的諸多問題來看，結合資本市場與保險市場所創造的新興商品，似乎是解決再保市場諸多問題與國際再保能量普遍不足的另一條出路。

　　近年來，企業風險管理技術日益提升，在企業處理風險的能力大幅成長下，對於各種風險管理工具的需求較以往殷切。此外，在企業以追求股東價值最大化作為經營目的之情況下，以及在掌握現金流量與獲取財務投資利益的目的驅使下，市場開始吹起整合性的風險理財計畫（Integration Financing Plan）。於傳統再保險範圍之外，提供企業或保險公司各種新興風險移轉工具，市場常見的工具從自己保險計畫（Self-insurance Plan）、風險自留集團（Risk Retention Group）、專屬保險（Captive Insurance）、限額再保（Finite Reinsurance）、風險證券化（如巨災債券、或有資本票據、巨災選擇權、巨災交換〔CAT Swaps〕、CATEX）等，以滿足企業各種風險管理目的上的需求。

　　基本上，這些新興風險工具不論在性質、商品內容與期間上，皆與傳統保

險市場上的商品有著相當程度的不同。因此，為了要與傳統風險移轉市場有所區別，多數的市場人士統稱這類風險移轉工具為新興風險移轉工具。

與傳統保險市場相較，新興風險移轉工具在風險移轉上，享有相對的成本優勢與處理效率，能以最小的成本支出，一方面滿足企業風險移轉的需求外，另一方面亦尋求公司價值的最大化。在最近幾年間，已成為傳統保險市場之外，另一種重要的風險移轉工具。

第 二 節　風險管理實施步驟3：
選擇最佳之風險管理策略

在有系統的探討過怎樣使用各種風險控制策略及風險理財策略，來處理或因應特定的損失風險後，下一步驟就是建立一準則，以決定什麼樣的風險控制暨風險理財策略組合，「最能」符合組織的需要並最能配合組織的目標。因為不同的組織會有不同的目標，為了處理或因應相同的損失風險，其所選擇的風險管理策略也就不同。圖5-2即說明選擇最佳策略的兩大主軸：(1)選擇之標準；(2)抉擇之標準，茲說明如下：

圖5-2　選擇最佳之風險管理策略

為因應或處理損失風險，組織需要做如下的三種預測：(1)預期損失頻率與幅度之預測；(2)各種風險控制暨風險理財策略對這些預期損失頻率、幅度及其可預測性之影響的預測；(3)這些風險管理策略之成本的預測。易言之，欲選擇最佳的風險管理策略需要先對所欲管理的損失，及各種管理方法的成本與效益

有透徹的瞭解才行。

是故，上述這些預測均應與設立選擇風險管理策略的標準有關才行。因對任何組織而言，風險管理成本 —— 包括完全不予以處理的潛在損失的成本以及可能之風險管理策略的成本 —— 實在很重大，因此，不管是追求利潤或想維持不超過預算，其均應注意風險管理成本的問題，當然，有些組織可能會為了額外或新增的目標而調整其風險管理計畫。

例如，XYZ醫院可能會把使未來中斷之營運能持續下去，列為最優先的目標，而因此會去評估損失風險的重要性，以便瞭解這些損失風險，對其維持繼續營運的能力有多大的影響，同理，火車公司可能忍受其鄰近營運路線的暫時關閉或歇業，而因此把遵守所有的管制規章或法令，列為最優先的目標 —— 蓋若違反管制規章或法令，則可能會導致被迫全面歇業的命運。是故，每一組織均應仔細定出，能決定什麼樣的風險管理策略，才最適合其自己需要的標準。

一、選擇之標準

風險管理策略的選擇不外乎效果與經濟。其中，「效果」係指能達成所設定之目標而言 —— 如達成生存或最起碼的利潤水準或預定的成長率等，而「經濟」則是指以最小的成本來達成目標，或指最便宜的有效方法而言。

大多數的組織都是以財務標準來選擇風險管理策略，亦即，其所選擇的是對報酬率具有最大正面作用，或最小負面作用的風險管理策略。然有些組織則除了財務標準的考慮外尚考慮到其他的因素，如成長、盈餘的穩定、營運的繼續、法律上及企業形象上的考慮等。

㈠財務標準

現代的財務管理理論告訴我們，組織應以其營運所產生之現金流量的淨現值極大的方式，使其長期的利潤及其股東或所有權人的財富極大。當然，財務管理的理論向來並沒有考慮到意外事故的損失，或風險管理策略對這些損失的影響，但我們在探討財務標準時，卻有必要把這些因素予以加進去考慮。

一般說來，來自於任何資產或活動的淨現金流入，乃是由其所產生的現金流入減去其必要之現金流出後的餘額。是故，若資產或活動發生意外事故損失，則我們就需要考慮其對現金流量的影響。

就風險控制策略而言，若欲抑減損失，則不但須抑減預定的現金流出償付損失，即須減除為償付損失而所準備的現金；而且也須增加現金流出以設置或保有安全設施及計畫，即須增加為設置安全設施計畫而所準備的現金。是故，風險理財策略通常需要先來個現金流出如支付保險費，然後才能抑減其他的現金流出，如償付一部分須自行負擔的損失而不必全部由自己償付，並且還可能會產生現金流入，如基金化的準備金會有投資收益或孳息收益。因此，在評估任何資產或活動的投資報酬率時，這些現金流量都必須予以考慮才行。

(二)與其他目標有關之標準

雖然組織的財務目標常是選擇風險管理策略的準繩，但有時其他目標的考慮反倒會左右選擇的方向或標準，從而所選擇的風險管理策略雖很切合該組織的需要，但卻與其報酬率的目標無法相配合，甚至是背道而馳。

例如，若前述火車出軌例子中的XYZ醫院是一家家族型的醫院，則其所著重的將是長期營運的穩定性，而不是任一年或好幾年的盈餘極大。是故，此一目標很可能會使其在風險管理計畫中，強加進一些「過慮」或過於保守或過於防衛的細節，例如，它會對損失預防工具或安全措施投資過當，而不是僅限於正常必要的預防損失之投資而已，因在其心目中沒有比防止任何會損及其所有權人之收入穩定性的損失還重要的事。同理，其基於報酬率的考慮，可能會去投保其較能承擔的損失。

法律及人道關懷方面的考慮，也會限制風險管理人對風險管理策略之選擇，因任一套風險管理計畫都必須符合組織所適用之法令的要求，同時也必須顧及是否照顧到整體員工，乃至整體社會的企業形象及要求。是故，若光只以財務目標為標準，而並沒有考慮到這些法律及形象的要求，則所挑選出來的風險管理計畫將可能無法實現或達到預期的效果。

二、抉擇之標準

在檢視過各種可能的風險管理策略及選定策略的基礎後，接下來的風險管理理步驟就是，風險管理人應認清風險控制與風險理財策略區分的重要性，以作為抉擇的標準。蓋這種區分至少有如下的三個重要意義：

1.除非風險避免是一個實際可行的方法且能提供明確保障的策略,否則組織至少應使用一種風險控制策略,及至少一種風險理財策略來處理或因應其每一個重要的損失風險。

2.任何一種風險控制策略通常可以另一種風險控制策略來予以取代;而任何一種風險理財策略,通常也可以另一種風險理財策略來予以取代。

3.除風險避免外,任何一種風險控制策略,一般都可以和任一種風險理財策略或其他的風險控制策略一起使用;而任何一種風險理財策略,則通常也可以和任一種風險控制策略或其他的風險理財策略一起使用。

是故,在這些規範性的原則下,組織需要以較明確的準則來決定,應怎樣才能把這些風險管理策略作最佳的組合,以便抑制或消除可以預防的損失,以及彌補那些將無可避免的損失。

第 三 節　風險管理實施步驟4:執行所選定之風險管理策略

風險管理過程第四步驟及第五步驟就是執行所選定的風險管理策略及監視執行的結果;第四步驟所著重的是風險控制策略,而第五步驟所著重的則是風險理財策略。組織的任一套風險管理計畫或方案一開始就必須依據其所選用之每一個風險管理策略,並且必須是在其能順利予以執行與監督的策略之原則下予以規劃與組織。是故,凡不能付諸實施且不能評估其效果的策略,就不能成為一套經營得法之計畫的一部分。圖5-3即說明執行所選定風險管理策略之兩大主軸:(1)技術性決策;(2)管理性決策,茲說明如下:

圖5-3　執行所選定之風險管理策略

在執行所選定的風險管理策略時，風險管理人必須特別予以注意：(1)其必須親自做一些技術性的風險管理決策，並把所選定的風險管理策略付諸實行；(2)其必須決定應怎樣配合整個組織的其他經理人，或決定應怎樣與其他的經理人合作以執行所選定的策略。這兩種執行決策與其所需的行動值得特別予以注意，因風險管理人雖對技術性的決策擁有發布命令的權力，即可以自行決定並命令他人去做，但其對管理性的決策，即決定應怎樣配合其他經理人，卻只有幕僚權，即作建議或進言的權力，而並無發布命令權力。

一、風險管理人的技術性決策

一旦選定一項活動，則風險管理人就必須使用其技術權威，來運用其發布命令的權力以決定應做些什麼。例如，若組織決定對某一損失風險投保有合理保額與自負額的保險，則風險管理人此時就必須作技術性的決策來挑選合適的保險人，並設定合理的保額與自負額，以及協商投保事宜。因此，在明訂的大範圍內，對這些決策，風險管理人有全權作主與處理的權力。

又如化學藥劑傾洩在XYZ醫院之後，火車公司的風險管理人可能會向該公司進言應建立合適的防護設施，來防止其列車及貨物滑落市郊坡地。為此，其可能會向火車公司內的其他經理人或外界專家請教防護設施的細節，以及防護設施應建在哪些支線上或支線上的哪個地方，以便作技術性的決策。此外，他也應決定這些防護設施應多久檢查一次，以確保其安全無虞。這些決策通常都是風險管理人可以直接作主與負責的，但其卻必須隨時向其他經理人解釋及論證這些技術性的決策，以便取得他們的合作與配合。

二、風險管理人的管理性決策

凡直接執行風險管理決策的人通常並不受風險管理人所管轄，即風險管理人無權對他們發布命令，因對這些人來說，風險管理人只有建議權或進言權，而並無直接的命令權。例如，對在市郊山坡之鐵軌建築防護設施的火車公司員工來說，火車公司的風險管理人對他們只有進言權或建議權，因這些人並不在風險管理人的管轄之下，而是受別的經理人所管轄。因此，風險管理人自無權命令這些人應怎麼建築防護設施，以及應於什麼時候及什麼地點進行此項工

程，因這些都是屬於負責此項工程之經理人的權責。

　　對與風險管理人合作的經理人，或風險管理人對其只擁有進言權的人而言，風險管理人的影響力及說服力實不容忽視，因其可透過權力邏輯或私下交誼來發揮其進言的影響力。例如，火車公司的風險管理人可透過權力管道或私人交情，來說服工程部經理暫緩其他維修或建築的工作，而全力趕建防護設施工程。是故，在與其他經理人合作行事時，風險管理人應隨時注意組織的需要，及其每一部門的需要暨該部門員工的需要。

第四節　風險管理實施步驟5：監督與改進風險管理計畫

　　在作成風險管理決策，選定可行的風險管理策略後，應有效執行，檢討執行成果，隨時監督與改進風險管理計畫，以達成風險管理的效能。圖5-4即說明監督與改進風險管理計畫之兩大主軸：(1)目的；(2)控制計畫，茲說明如下：

圖5-4　監督與改進風險管理計畫

一、目　的

　　一旦風險計畫付諸執行，就需要予以密切監視管制，以確保其達成預期的成果，而若損失風險有變化，或風險管理策略或成本有異動時，則應調整計畫以便因應這些變化。

二、控制計畫

一般而言,監視與調整過程需要動用到一般管理中之「控制」功能的每個要素,亦即:

　　1.設定可接受之績效標準。

　　2.比較實際之成果與標準。

　　3.採取糾正行動或修改不切實際之標準。

㈠設定可接受之績效標準

風險管理人長久以來就有一個共識,那就是因風險管理績效的好壞並無一致的標準,以致使其功能及地位一直沒有受人肯定與認同。所以難怪幾乎沒有一位風險管理人或學者,會對一位風險管理人在某一年的表現打出相同的評語,因績效的評定總會涉及很多隨機事故的突然湧現;而若以風險管理人如何執行各項特殊的活動來評定其績效,則又失之「見樹不見林」的偏頗。而正由於績效評估的這種兩難局面一直無法完全解決,故評定風險管理之好壞的最佳標準,就是同時注重成果與所做的活動,亦即,評定的標準最好是綜合成果的評定標準與活動的評定標準,易言之,考評時不只是要看成果而且也要看活動的內容與過程。

1.成果的標準

風險管理人常喜歡指出其工作很有成果,例如,火車公司的風險管理人會樂於報告在其努力下,其公司之火車出軌的頻率與幅度已顯然下降,且載貨的責任損失也已降低,同時其部門的行政預算也已縮減。但這些成果在單獨予以考慮時,卻須視不可預測的事故而定,易言之,風險管理人的績效,應以其所做之工作的品質予以評估,而不必去管其公司某年或某幾年的損失記錄為何。

是故,當風險管理人被稱賀已為公司減低了意外事故的頻率與幅度,或已為公司降低責任保險之費率,或提高公司的自留額之額度,而節省了財產保險的成本時,其就有「啼笑皆非」的感覺,因其深知「好運」不會年年有,是故,若今年因碰上好年頭而被賀喜,萬一來年碰上壞年頭,則儘管其所做的努力與去年完全一樣,亦將會被批評的「體無完膚」,因「壞年頭」是很容易出現一些無法預測且無法掌握的重大意外事故。

2.活動的標準

風險管理人都很明白其在「壞年頭」與在「好年頭」，均同樣對其組織貢獻其最大的心力與努力，然其更明白，其對組織的功用在損失嚴重時會顯得更有價值；因此，風險管理人就一直在找尋與不可控制之損失記錄無關的績效評估標準，這些獨立的標準主要著重於風險管理部門之工作的質與量。

不過，這種凸顯風險管理人能直接控制事物的活動標準，卻有一個大弊端，那就是它們與用以評估其他部門之工作績效的財務標準，或其他標準，並無直接的關係存在著。準此，凡追求以其活動而非追求以其對組織之最終結果的影響為績效之判斷的風險管理人，可能會在組織之高級主管的心中產生一種錯誤的信念，那就是風險管理活動不但不適用於同一標準來評價，而且也不會像其他經理人的活動那樣會對組織有所貢獻，而像這種錯誤的認知差異，當然會損及任何組織的風險管理計畫。

㈡比較實際之成果與標準

評估績效的合適標準必須載有預定的活動水準或成果，或者至少須載有所要的變動方向。例如，就防止火車出軌次數來表示，或者至少須以第一年與第二年間的出軌次數減少數來表示。同理，有關防止出軌的「活動」標準，亦可以每年每行駛多少公里就須檢查與修理一次來表示，或以每隔多少公里就須檢查與修理鐵軌來表示。

㈢採取糾正行動或修改不切實際之標準

凡表達得很合適的風險管理績效標準，也都同時在暗示不合標準的績效應如何改進。是故，一位能幹的風險管理人會知道，若安全檢查的次數低於標準的次數，則檢查的次數須予以增加。同理，若所自留的損失愈來愈增加，則自留的額度及風險控制的程序，就須予以重新檢討。因此，若績效的標準選得很合適且表達得很好，則不合標準的績效自會糾正得很迅速。

不過，若標準定得不好或不合適，則此時風險管理計畫就必須針對損失風險的改變而修改，同時，標準也必須予以重新檢討，而若整個風險管理計畫的大環境也發生改變，則此時績效的評估標準就可能有修改或改變的必要。例如，通貨膨脹、業務之量或質的劇變、保險市場景氣循環或長期波動及貨幣市

場的循環大波動等，都會促使績效評估標準須予調整以便因應這些變動。

　　雖然風險管理的績效標準，絕不能因暫時或過渡性的原因而來修改，但其修改的必要性與連續性卻是不容忽視的。因此，最好或最合適的風險管理績效標準應予以明示的界定，且應不時地配合實際的情況予以檢討評估，以便適應新的情況，而不是一成不變的死守「金科玉律」。

第 五 節　風險管理之成本與效益

　　意外事故損失的風險——不論是實質的損失風險還是潛在的損失風險，都會增加組織及整體經濟社會的成本負擔。這些成本可以分成三大類：(1)財產、收入、生命及其他有價值之財物的毀損滅失；(2)潛在之意外事故損失的經濟損失（即本來可賺得的淨利，但因被認為風險過大而致不能賺得的損失）；(3)為因應意外事故損失而所投入的資源（這是一種機會成本，因若沒有意外事故損失的可能性及損失風險，則資源就可用於其他用途上）。

　　對個別組織及整體經濟社會而言，上述的第三類成本就構成了所謂的「風險管理成本」（Cost of Risk Management），而前兩類成本的減除就構成了所謂的「風險管理效益」（Benefits of Risk Management）。是故，對組織及整體經濟社會而言，適當之風險管理計畫的目的乃是在使這三類的成本極小。而若把風險管理的成本與效益予以個別的考量，則更能看出其對組織及整體經濟社會的重要性。

一、風險管理成本與效益對組織的重要性

　　凡面臨損失風險或有損失風險之虞的組織，都必須：(1)承擔實際意外事故與潛在意外事故損失的「風險成本」（Cost of Risk）；(2)會被阻斷獲利的機會 —— 因由這些機會所獲得的利潤，還不夠支付為賺取這些利潤所承擔的「風險成本」。是故，一套好的風險管理計畫，不但應能使組織之目前活動的「風險成本」極小，而且還應促使組織不會去從事不經濟的「風險成本」活動。

㈠抑減目前活動的風險成本

對任何組織而言，其既定資產或活動的風險成本乃是其若沒有意外事故損失風險時，就不必承擔的會計成本總額（易言之，其既定資產或活動的風險成本，乃是其有意外事故損失之虞時所必須承擔的會計成本總額）。此一風險成本係由前述第一類與第三類的成本所構成的，亦即其係包括因實質意外事故所致損失的價值總額，以及用以處理該資產之風險，所投入資源的成本。

詳言之，與一特定資產或活動有關的風險成本，係包括如下的成本或費用：

　1.保險公司或第三方團體未予以賠償的意外事故損失成本。

　2.保費或付給第三方團體的類似支出。

　3.為預防或抑減意外事故損失而所採取之因應措施的成本。

　4.風險管理的行政成本。

由於風險管理的目的乃是在抑減組織整體的風險成本，故其必然會增加組織的利潤或減低組織的預算。茲舉前述的火車公司為例予以說明，該火車公司所載運的是有危險性的化學品，而此一活動的風險成本則包括：(1)未投保之財產損失及責任理賠的成本，因火車公司既然載運這些化學品且未投保，則這些成本理所當然由其來承擔；(2)其為這次運輸而所投保之財產及責任險所支付的保險費；(3)為防止與化學品有關之意外事故而為的防護措施之費用；(4)風險管理部門的部分營運費用。

卓越的風險管理人所想努力抑減的，正是上述這種長期的整體風險成本。因安全與生產力乃是完備之風險管理的主要目標，而這實有賴於影響組織的活動愈少愈好，而且用以處理損失風險所需投入的資源也愈少愈好。

㈡抑減經濟損失的影響

害怕未來會有損失之虞，常會減弱主管人員的銳氣，從而使他們不願意去從事在其心目中具有「高風險」（Risky）的活動或業務，結果使組織「坐失」彼等敢於冒險時所能賺得的利益。而這些「坐失」的淨利益（即敢於冒險所能賺得的利益減去成本後的餘額）係為一種損失，此一損失亦即為前述第二類的成本（即風險管理之成本與效益中的第二類成本）。

卓越的風險管理人應能抑減這種有未來損失之虞的經濟損失影響，亦即應能使這些損失：(1)變得較不可能發生；(2)變得較不嚴重；(3)變得較可預測。而這種抑減至少會給組織帶來兩個具體的利益：

1.緩和或減輕經理人對潛在損失的恐懼心理，從而增進其敢於冒險的精神，而不畏懼不明朗的事物。

2.使組織成為一個較為安全的投資機構，從而能吸引較多的資金來擴充。

事實上，只有在較佳的意外事故損失防止方法及彌補方法已能抑減不確定性時，新產品與新製程才會具有吸引力。因此，除非藥劑公司或彈藥公司的主管已能確定其新產品可以安全的生產與上市，否則其公司是不會生產並上市新藥劑或新化學品的。

然就像公司之握股主管尋求安全保障一樣，股東或其他所有權人，也會尋求其投資的安全保障及其未來收益的安全保障，同理，債權人也一樣會尋求其出借之資金及其利息收入的安全保障。然這些人所尋求的保障多少都是依靠他們對公司將會繁榮的信心，而不大會去考慮到公司會遭逢什麼不測的意外事故，因此，公司吸引資金的能力就端視其風險管理計畫是否具有如下的效果而定：(1)能保護投資人的資金免於受公司財產之意外事故損失之害；(2)不會受未來收入中斷之害；(3)不會受民事責任判訴之害；(4)不會受重要人員損失之害。

二、風險管理成本與效益對整體經濟社會的重要性

整體經濟社會，也會有風險成本及未來損失之虞，前者係包括因意外事故損失或為防止意外事故損失而所耗費的資源。而後者則會引起資源的分配不當，從而使一般的生活水準下降。

(一)抑減資源的耗費

就一既定的時點而言，一國的經濟必然擁有一定量的資源可以生產財貨與勞務，以滿足其國內每一個人的需求。然而若發生意外事故，如發生一場大火或地震並摧毀一座工廠或一條高速公路，則該國的整體生產資源根本就是一種耗費，因沒有人因此資源的耗費而得到好處或利益。而更糟的是，在發生意外事故後，該國必須把一部分的生產資源用來從事復建及預防與補償的工作，結

果，一般人的生活水準會再次往下降，甚至資源又會被耗費掉。

因此，只要意外事故損失有可能會發生，則該國的資源就必須投入一部分為整個經濟社會做預防意外事故的工作——即風險管理的工作。其中，風險控制乃是在防止意外事故所造成的損害。是故，使一國之風險管理計畫所耗用的資源能極小，就類似於使一公司之風險管理部門所耗用的營運成本極小一樣。不過，儘管負責處理意外事故風險的人實在值得予以重視，但在經營風險管理系統時——不論是全國性的風險管理系統或個別公司的風險管理系統——其資源應妥善分配，而不容許浪費。

㈡改進生產資源的分配

一般而言，只要個別組織的不確定性能抑減，則整體經濟社會的生產資源分配就能獲得改進。申言之，卓越的風險管理人會促使那些擁有或經營組織的人，較願意去從事有風險的活動或業務，因此時他們有較佳的因應策略，來保護其對抗這些活動或業務所可能產生的意外事故損失。也因此，主管、工人及資金供應人，均可更自由的去追求最大的利潤報酬、最高的工資以及最大的投資報酬，亦即整個經濟社會往較有獎賞報酬的方向前進，而這種移轉將會提高整體經濟社會的生產力，從而提升每個人的生活水準。

一、試說明風險管理策略之兩大主軸？

二、試說明風險控制策略之意義及相關策略？

三、試說明風險理財策略之意義及相關策略？

四、試說明損失預防（Loss Prevention）與損失抑減（Loss Reduction）之意義與內容？

五、試說明非保險之風險控制之契約性移轉之種類與內容。

六、試說明自己保險之定義與成立要件？

七、試說明專屬保險之定義與優缺點？

八、何謂新興的風險移轉（ART），請說明有哪些市場常見的新興風險移轉工具？

九、試說明選擇最佳的風險管理策略之標準？

十、試說明執行所選定風險管理策略之兩大主軸？

第六章

風險管理計畫之建立

學習目標

本章讀完後，您應能夠：

1. 設定風險管理計畫的目標。
2. 界定風險管理人之基本職責。
3. 清楚風險長所面臨的職責與挑戰。
4. 分辨風險管理計畫之組織。
5. 瞭解風險管理資訊系統的重要性。
6. 說明風險管理計畫之管制。
7. 明白風險管理政策說明書與風險管理年度報告的重要性。

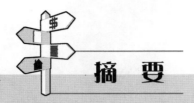

摘　要

　　風險管理計畫要能發揮功效有賴於高階決策主管之支持，因此風險管理人應設計出一套能幫助組織達成整體目標之風險管理計畫，以獲得領導階層之重視。

　　風險管理計畫之目標可分為損失預防目標如營運之經濟性、可忍受之不確定性、合法性、人性管理等，以及損失善後目標如生存、繼續營運、獲利、盈餘穩定、成長及企業形象等之營運目標。風險管理人對組織之風險管理計畫負有基本責任，其工作重點為處理整體之風險管理計畫，運用風險控制策略及運用風險理財策略。風險管理人雖身負組織安危之重任，然其在組織內之角色及在職務上定位，則視高階主管對潛在風險標的損失之重視程度而定。

　　風險管理部門之內部組織視實際需要及領導階層重視之程度而有小型、中型及大型部門之結構，然部門無論大小，風險管理計畫如要能順利地推動，則除了須與組織內之全體員工行一般性之配合外，也需與其他部門如會計、資料處理、人事生產及行銷等單位，依其特有之損失風險而行特殊性之配合。除了部門間之配合溝通外，所有資訊之出入風險管理部門，也是部門間合作推動管理計畫所不可或缺之重要因素。

　　企業所面臨之風險和各種不確定性，隨著經營活動大幅成長而增加，因此風險管理人之功能與高階主管之經營管理政策息息相關。風險管理人應配合組織之經營哲學、目標與政策訂立「風險管理政策說明書」，並每年製作「風險管理年度報告」，以利風險管理之推行。

第一節　風險管理計畫之目標

　　有效的風險管理計畫必須有高階主管及所有權人的支持才行，而為了取得這些人的支持，則風險管理人就應設計出一套能助長組織之整體目標或使命的風險管理計畫。而有了這種認知之後，則風險管理人就能擬出風險管理計畫的詳細目標，來因應其損失善後目標（Post-Loss Objectives）及損失預防目標（Pre-Loss Objectives）。

　　一般說來，可能的損失善後目標——如生存、繼續營運、獲利力、盈餘的穩定及成長等——係指在發生可預見之最嚴重的損失後，上述這些目標情況仍為高級主管或所有權人認為可接受而言。而可能的損失預防目標，如經濟、可容忍的不確定性、合法性及企業形象等，則在說明一套完備之風險管理計畫所應具有的效果。而至於組織的實際損失經歷則在所不同。因此，損失善後目標可稱為「或有損失的目標」（Objectives in the Event of Loss），而損失預防目標則可稱為「或無損失的目標」（Objectives Even if No Losses Occur）。

一、損失善後目標

　　風險管理計畫的損失善後目標大多具有相互取代的連續性，亦即，從最基本的善後生存，一直到最雄心壯志的成長等，可說是應有盡有，而由如下對各目標的說明再配上圖6-1，則不難看出凡善後目標愈雄心壯志，則愈難達成，且欲達成所致的成本也愈大。

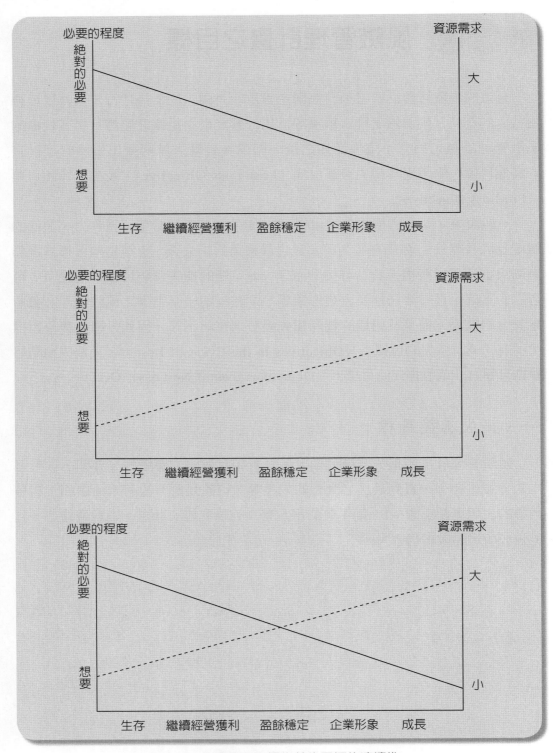

圖6-1　風險管理之損失善後目標的連續性

㈠生存

在發生重大的意外事故損失後（如發生火災、洪水、颱風、飛機墜毀及盜用鉅額公款），組織的首要目標就是生存下去。一般說來，在意外事故發生後，組織可能須歇業一陣子，然後再重新開幕營業。

就風險管理的目的來說，組織可視作是一個有組織的資源系統，是由機器、原料、人員及管理，才能所組合而成的有機系統，且此一系統是以生產能滿足人們需要的財貨與勞務，來為其員工及所有權人賺進所得。故就此意義而言，若損失並不會造成組織永久性的停止生產並賺進所得，則組織當能度過意外事故損失。一般說來，生產乃意指組織即使在發生重大的損失而致須暫時歇業後，其生產要素依然完整無缺而言，不過，其需要新的領導人，且可能需要重整或與人合併才能繼續生存下去；然就風險管理而言，「生存」並不是一個法律觀念，而是一個營運觀念，亦即，儘管組織因被合併或購買而喪其法人資格，但卻依然以一個生產單位的身分來繼續生存下去。

組織生存的必要條件可以分成四大類，而其中的三大類則相當於任何組織所不可或缺的那三個企業機能：即生產、行銷及財務，至於第四類必要條件，則是使此三個機能能發揮作用的管理機能，是故，只要意外事故損失嚴重到會使組織的領導才能無法發揮其生產、行銷及財務之機能時，則其必會威脅到整個組織的生存。

又第四章中所說的那四種損失——即財產損失、淨利損失、責任損失及人身損失，在某些情況下也會使組織無法生存下去。例如，整棟辦公大樓或工廠的毀損，就會使公司關門倒閉。而就算其在長期歇業後「能」重新開幕營業，然其顧客也早已被競爭對手搶走，從而其所能擁有的市場根本就無法支撐其生存。又不利的法律判決也會迫使組織關門倒閉：蓋不論是支付判決的損害賠償或庭外的和解賠償，都可能會耗竭公司的現金與信用資源，從而公司就不能繼續產銷財貨與勞務。此外，若管制機構以立法來禁止公司生產產品，或強制公司必須改變生產方式與製程，則這都會有迫使公司關門的可能；又重要主管或技術人員的死亡或殘障，也會使公司喪失重要的領導才能及專精的專業知識，從而會危及公司的生存。

(二)繼續營運

儘管生存的必要條件是，不管損失多嚴重都不能造成組織永久性的關門歇業，但對繼續營運而言，則此一必要條件更是絕對必要。易言之，若想繼續營運，則在任何可見的時間內都絕不容許損失來中斷公司的營運（所謂「可見的時間」，乃是一個相對而非絕對的觀念，這完全要看所生產之財貨與勞務性質而定，因此，有些公司甚至連一天的歇業都無法容忍，而有些公司則可以忍受一、兩個月的歇業）。是故，當公司的高級主管把繼續營運定為公司的目標之一時，則風險管理人就必須清楚且透澈的去瞭解，有哪些營運作業的繼續性是絕對必要的，以及其所能容忍之最長的中斷時間為多長。

例如，以XYZ醫院為例，其開刀房或心肺機在使用時的電力供應絕不允許中斷（即這些設施在使用中絕對不能容忍任何電力供應的中斷，但啟動備用之自動發電機所需的那數秒鐘則例外）。因此，為了預防病人受傷或死亡，這些設施的電力供應必須以備用連線的發電機予以確保持續不斷，這樣在電力公司停電時，這些設施仍舊可以繼續使用。

然該院對病床床單之清潔服務的中斷，則可以容忍較長的時間。申言之，若該院之病床床單的清洗均由一家洗衣店來承包，然該洗衣店之唯一的蒸氣鍋爐卻發生爆炸，而因此不得不暫停營業以便修護蒸氣鍋爐，則此時該院可能會容忍此段時間內之該店的暫停服務。而若該店與另一家洗衣店定有互惠使用設施的協議，則在修理其蒸氣鍋爐的這段時間，就可使用另一家洗衣店的蒸氣設施繼續清洗該院的病床床單，從而其對該院的清潔服務也就不會中斷。

是故，對任何組織來說，若繼續營運對其係屬絕對必要，則其就必須做特殊的計畫，並承擔額外的費用，來預先防範無法忍受的關門歇業。至於特殊的計畫應如何做，其步驟如下：

1. 先辨認無法忍受的中斷活動。
2. 其次辨認會使這些活動發生中斷的意外事故。
3. 接著決定可立即用來因應這些意外事故影響的備用資源。
4. 安排備用資源以便情況發生時可馬上派上用場。

其中，步驟4，即安排備用資源，可能會增加組織的費用負擔。也因此，維持繼續營運比維持生存的目標要更花錢。不過，對重視繼續營業的組織來說，

為維持繼續營運而多增加一點成本，總比中斷歇業「所省的成本」要划算多了。

　　除了生存與繼續營運外，組織至少還有三個與其財務狀況有關的損失善後目標，那就是獲利力、盈餘的穩定及繼續成長。這三個目標一個比一個更需要一套周密的風險管理計畫。

(三)獲利力

　　公司的經理人除了會關心意外事故對公司之營運的實體影響外，也同時會關心其對公司獲利力的影響。一般說來，公司所有權人或經理人都會定出一個最低的利潤水準，以作為當年的營運目標，且此一利潤水準的訂定並沒有考慮可能的意外事故損失，亦即，此一利潤水準絕不容許任何意外事故損失予以減低。因此，為了達成此一最低利潤水準，風險管理人就必須訴諸保險，以及其他損失風險暨財務損失的移轉方法，以便使實際的財務成果，能在事先所訂的利潤範圍內或符合其他的財務標準。是故，這種公司常會比能容忍一時之會計損失的公司，更能花較多的錢，來做風險控制與風險理財的工作。

(四)盈餘的穩定

　　雖然大多數的公司都是奮力在追求最大的盈餘，但有些公司卻極重視其長期成果的穩定。因此，對後者而言，其不但極注重可預測的風險管理成本（主要為保險及損失預防成本），而且也較偏愛成本能在長期中穩定的風險理財策略，又就此公司對重大之損失所能自留的程度來說，其泰半會著重損失準備，以便把所自留的損失分散在數個會計期間予以承擔。

(五)成長

　　注重成長，如擴大市場占有率、擴大業務或產品的規模與範圍，以及擴張資產，會對風險管理計畫有兩個截然不同的影響。至於影響的大小或程度，則端視經理人與所有權人對意外事故損失之不確定性的容忍程度而定。例如，若追求擴充會使所有權人及經理人願意接受較大的不確定性，來交換極小的風險管理成本，則公司的外在風險管理成本就可能相當的低。然其風險管理人可能會覺得難以取得足夠的預算，來保護其公司對抗擴充的損失風險。再者，若此

公司萬一遭受其尚未做好「準備」的嚴重損失，則其真正的風險成本——更精確的說，應是沒把風險管理好的實際成本——可能會很大。

反之，若成長公司的風險管理目標是保護其擴充的資源，好使其擴充路線不會被重大的意外事故損失所阻撓或扭轉，則其風險管理成本也泰半會很高，蓋其所追求的是盈餘的增加，而不僅是生存或最低的盈餘，或盈餘的穩定而已。是故，其對無法預期的自留損失較無法容忍，而因此會訴諸風險控制與風險移轉策略。

㈥企業形象

意外事故損失甚少只影響所有權人與經理人而已，因任何意外事故損失的影響多少都會波及到員工、顧客、供應商及一般民眾。是故，有社會良心或道德責任感的所有權人及經理人，均會設法使意外事故損失對他人的影響能減至最小。又凡是想維持良好之企業形象的公司也會這麼做，易言之，上述這種企業形象目標會受到此種公司強力的支持。

事實上，公司可以用一套風險管理計畫，以實現其社會責任目標及有利的企業形象，而這種實現當然是靠其風險管理計畫，來保護其顧客、供應商、員工，及一般民眾免於因其發生意外事故而遭受池魚之殃。

㈦損失善後目標的連續性

上述這些損失善後目標，不管是營運的或財務的，都可以兩種標準予以排列（詳圖6-1）。若就第一種標準，即必要的程度來看，則生存的排名當屬第一，蓋無法生存則其餘的目標也就不可能實現或存在，「皮之不存，毛將焉附」；而排名殿後的則為成長，因此一目標只是理想而非絕對必要。而如以第二種標準，即風險管理所需投入的資源來看，則生存所需的資源最小，而成長或盈餘穩定所需要的資源則最多。

上述這兩種標準分別繪在圖6-1中的左右兩直軸上，其中，必要程度的標準從「絕對必要」逐次降至「想要」，而風險管理所需的資源準則從「大」逐次降至「小」。至於前述之各損失善後目標，則依此兩種標準的排列順序予以繪在圖6-1中的橫軸上。

由圖6-1中的實線與虛線可看出，愈絕對必要的風險管理目標其所需投入的

資源就愈少。然應注意的是，圖6-1所展示的只是一般關係，而不是精確的數量，同時各座標軸所標示的只是相對的金額意義，而不是正確的金額。然更應注意的是，本表中之實線與虛線的斜率並無任何意義，且兩線的交點也沒有什麼意義可言，因公司不同，則這些線的位置與斜度也會不同。此外，本表只適用於損失善後目標。至於損失預防目標，則因其重要性不僅各公司不同，而且變化的差異很大，因此無法以繪出如圖6-1這樣的圖表予以表達。

二、損失預防目標

每一個組織不管其損失經歷為何，都會有其自己的營運目標，因此，其風險管理活動自應以助長這些目標為目的。然大體而言，其風險管理活動都具有如下的四個目的或目標：營運的經濟性（Economy of Operations）、可忍受的不確定性（Tolerable Uncertainty）、合法性（Legality），以及人性管理（Humanitarian Conduct）。

㈠營運的經濟性

有一個大家所共同認同的組織目標，那就是營運的經濟性。因此，風險管理應有效率的經營，即為所取得的利益不應承擔不必要的成本。有不少方法可用來衡量風險管理計畫的效率，其中最普遍常用的方法，就是把一組織的風險管理成本與類似組織的風險管理成本做一比較，這樣就可看出其風險管理有無效率。不過，此一方法也會有行不通的時候，因有些組織會把全部或部分的風險管理成本看作是製造費用，而另有些組織則會把這些成本予以分配給利潤中心來承擔。因此，只有在兩家組織的費用或成本分配制度相類似時，則上述這種成本比較法才會有效。

㈡可忍受的不確定性

另一個常見的損失預防目標，就是使高階主管及經理人對意外事故損失的不確定性，其看法能保持在可忍受的水準，亦即，使意外事故損失的不確定性能保持在可接受的水準或程度上。是故，經理人應有效地制定及執行決策，而不應因擔心害怕意外事故損失而「裹足不前」。這樣一來，員工在看到經理人

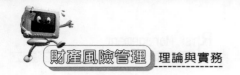

已注意到工業安全、防火及工作安全等問題後,自會更有效率地來執行其工作。因此,一套好的風險管理計畫,不但應能促使有關的人員去注意潛在的損失風險,而且也應能保證這些風險,會被有效地予以處理,亦即以風險控制防範措施及風險理財計畫予以處理。

㈢合法性

幾乎所有的組織都必須在法定範圍內來營運,為此,風險管理人必須注意與其組織有關的法令,並應與他人密切合作以確保不違法。一般而言,與組織有關的法令實在很多,如職業安全法、產品標示法、有害廢棄物處置法及勞動基準法等。

若違法或不遵守法令則自然是一種損失風險,因違反法令被罰款、判刑或勒令停業,所造成的損失也就相當嚴重。又忽視個人的安全及對他人造成傷害等,都有可能使組織必須承擔民事責任。是故,不僅是風險管理人應關心合法的問題,就連為組織工作的每一個人都應去關心其行為是否合法。

㈣人性管理

此一損失預防目標與前述之損失後目標中的人性管理目標一樣,均是要組織去善盡其社會公民的義務。因整個社會不僅會受已發生損失之影響,而且還會受可能發生損失的威脅及影響。因此,組織在意外事故沒發生前就應採取防範措施來預防,這樣才會對社會的安全有所助益與貢獻,又可維持良好的企業形象。

三、目標間的衝突

損失預防目標與損失善後目標是彼此互有關聯的,是故,組織可能會發現它不可能同時達成所有的這些目標。因有時候損失善後目標彼此間並不一致,況且,損失之善後目標常會與損失預防目標相衝突,同樣,損失預防目標彼此間也常會相爭不下。

例如,欲達成任一個損失善後目標都需要花錢,這自會與損失預防目標中的經濟目標相衝突,而且損失善後目標愈雄心壯志則花錢愈多,因此這種衝突

就愈大。又損失預防的經濟目標，也會與可忍受之不確定性的目標相衝突，申言之，為了「高枕無憂」，風險管理人必須相信，某些損失善後目標將會被達成，而這種相信是需要花錢的，即花錢來購買保險、花錢來裝設機器的防護設備以防止意外事故，以及花錢來保存備份以防原檔案毀損等，而這自會與損失預防的經濟目標相衝突。

又合法目標與人性管理目標也會與經濟目標相衝突。因某些外界所加諸的義務，如建築法規所規定的安全標準，是不可協商而必須去做的，而這自會與經濟的目標相衝突。畢竟，法律義務是必須授受的。又講求人道在短期內會增加成本的負擔，但長期間來看，卻會帶來一些好處或利益。因此，在與他人合作解決這些目標衝突的問題時，風險管理人不僅須注意各風險管理策略的可能影響，而且也須顧及到組織的風險管理計畫對各團體之利益的影響。

第 二 節　風險管理人之基本職責

一、風險管理人的基本責任

「風險管理人」係包括任何對組織之風險管理計畫負有基本責任的人，就較大的組織而言，凡擁有「風險管理」頭銜或「損失控制」頭銜的主管，以及其他主管（如副總裁、財務長、主計長、秘書及其他重要主管等）均是須對風險管理計畫負起責任的人。然就較小的組織而言，則其風險管理功能是由高階主管來執行，或委由外界人士如保險經紀人或風險管理顧問來執行。

由於風險管理人必須對組織的風險管理負起責任，故其在風險管理決策過程中的每一步驟就被賦予明確的職責與義務，即其必須運用管理的功能 —— 策劃、組織、用人、指導與控制 —— 來作如下的決策工作：認知及分析損失風險、檢視各風險管理策略、挑選最佳的策略、執行所選定的策略，以及監視執行成果。（關於這些請看表6-1的風險管理矩陣。）

除了很小的組織外，沒有一個風險管理人，能獨自執行上述這些職責所要求的全部工作，是故，有一部分的工作必須分配給其屬下來做。準此，有許多

管理損失風險的工作，才會成為經理人及其他員工的日常工作，而這也難怪安全專家會在以前就一再呼籲「安全是每個人的事」，而這種呼籲對風險管理更有其必要，因風險管理豈止於安全而已，因此，風險管理人的日常努力大多著重於取得其他經理人及員工的自願合作與配合。

不過，事情雖可由別人來代勞，但責任卻仍然要由風險管理人來承擔，因此，風險管理人必須親自決定，或與其他高階主管共同決定應如何處理損失風險；而承擔此種決策的重擔，乃是風險管理人從事風險管理計畫的基本職責。這種明確且不可分授的風險管理職責，雖然各公司不盡相同，但其大體上都離不開如下的工作重點：(1)處理整體的風險管理計畫；(2)運用風險控制策略；(3)運用風險理財策略。

(一)整體風險管理計畫之處理

組織的風險管理人應比其他主管、員工或外界的顧問更瞭解其組織的風險管理計畫，因此，整個計畫的結構及其執行的成果，自然就須由風險管理人直接負責與照料。風險管理人理當為組織內的其他人做好風險管理方面的服務，亦即，他必須處理如下的工作：

1.指導高階主管訂定組織的風險管理政策。

2.規劃、組織及指揮風險管理部門的資源。

3.協助高階主管建立整個組織的風險管理溝通管道及責任範圍。

4.與其他經理人共同界定每個人在風險管理計畫中的職責與行動，並激勵每個人的行動士氣。

5.把風險管理計畫的成本分配給各個部門，然分配的方式必須能公正反映損失風險的差異，以及提供最適當的風險管理誘因才行。

6.使風險管理計畫能因應情況的改變，並調整風險控制暨風險理財策略的成本變動。

(二)風險控制策略之運用

組織所可採用的風險控制策略計有風險標的避免、損失防阻、損失抑減、風險標的隔離，以及風險控制的契約性移轉等。雖然各公司之風險管理人的工作不盡相同，其運用的風險控制策略也並不一致，但其運用這些風險控制策略

的目的則大致如下：

　　1.向高階主管進言應怎樣鼓勵及獎賞員工的安全績效，以及應如何糾正風險控制的缺點。

　　2.統籌每個人的力量或提供財貨與勞務，來認知災源並採取適當的控制措施。

　　3.告知每一位直線經理人應怎樣執行預防意外事故之基本職責。

　　4.協調解決各直線經理人在執行有效風險控制措施時的衝突，並促請最高主管訂定因地因時制宜的風險管理政策。

　　5.採用風險管理計畫所賦予的任何權力控制風險，特別是在發生緊急意外事故時更應如此。

　　6.衡量與控制各風險控制策略的成本與效益，以便擬出最具成本效益的風險控制計畫。

　　由於風險管理人對風險控制活動有發布命令的權力，即不但可對風險管理部門內的人員發令，而且也可對非該部門的人發令，並可於必要時對抗令者加以制裁，故有些組織就將風險控制工作全權交給風險管理人來做，並賦予全權決定最適當之風險控制措施的權力。然有些組織則是把風險控制的職責予以分散給數個部門的人員來做，例如，生產與人事部門的主管直接負責員工安全的工作，而生產人員則專責品質控制的工作，至於法務部門則專司法律事件的工作。

　　由於有不少的組織一直很注意員工的安全問題，且其各部門的風險控制工作，也一直走在風險管理統籌工作之前，因此，其風險管理人泰半會覺得，其他的經理人已擁有很大的風險控制權力與職掌，且他們都不願意放棄這些權力與職掌，既然這些經理人均很專精其範圍內的風險控制工作，所以風險管理計畫唯有獲得經理人及全體人員的支持才能有成效，因此，凡「識時務」的風險管理人都會去配合與協調這些經理人推動風險管理計畫，而不會「自討沒趣」的去強攬整個風險控制的工作。

㈢風險理財策略之運用

　　風險管理人所可採用的風險理財策略可以分成兩大類，即風險自留（Risk Retention）與風險移轉（Risk Transfer）策略，其中，風險自留策略係包括以

當期的收入償付損失、以未基金化的準備金償付損失、以基金化的準備金償付損失、以借錢償付損失，以及以專屬保險公司承擔損失等；而風險移轉策略，則包括商業保險及風險理財的契約移轉。在選擇風險自留策略時，風險管理人所著重的是組織本身的資源，亦即其必須確保在可預見的時限內，當組織需要償付其所自留的損失時，則其所需的資金能從計畫好的內部來源處及時取得；而在選擇風險移轉策略時，風險管理人也是著重上述資金之及時性，亦即，其必須確保當組織需要償付損失時，則所需的資金能從安排好的外界來源處及時取得。然不論上述哪一種情況，其所需的策劃、協商、記錄及行政技巧完全一樣。

然風險管理人採用風險理財策略的目的總不外乎：

1.與財務主管及其他高級主管，共同決定應自留與移轉多少的潛在風險標的之損失幅度。

2.一旦合適的自留／移轉「幅度」已確立，則接著決定，應以何種的自留策略及移轉策略來融通潛在風險標的之損失。

3.與組織內外的合適人員或公司，協商如何執行所選定的風險自留策略及風險移轉策略。

4.當損失發生時，馬上執行已決定的自留計畫或移轉計畫。

5.衡量與控制各風險理財策略的成本與效益，以便擬出最具成本效益的風險理財計畫。

儘管所有的風險管理人幾乎都有上述的這些職責，但其為執行這些職責，所需做的日常工作，則會隨組織的不同而不同，而且也還會隨風險的不同而不同，同時更會隨風險管理策略的不同而不同。是故，欲把每位風險管理人所應做的各個工作，予以詳細地列出乃為不可能之事，就算能列出一張「具有代表性」的職責工作表，也不能保證其不會產生誤導作用。不過，在檢討其日常的工作時，每位風險管理人還是能清楚知道，其每項工作均與其風險控制活動或風險理財活動有關。

二、風險管理人的提報層次

雖然風險管理近年來普遍受到重視與肯定，但其重要性卻因組織而異，且

須視各種不同因素而定。因此，風險管理人往上報告的層次及其所能擁有的頭銜，泰半須視高階主管是否關心潛在的風險標的之損失而定。

一般來說，風險管理人往上報告的層次，大抵須視組織的基本使命而定。例如，以醫院為例，因醫院的基本使命就是醫治疾病，故其風險管理人須向醫院的最高行政主管報告其工作與成果；若是市政府則其風險管理人須向市長報告其工作與成果；若是銀行，則其風險管理人須向副總裁報告其工作與成果。然在中大型的公司裡，風險管理常被視為是一個風險理財機能，因此，其風險管理人就須向財務長、主計長或財務副總裁報告其工作與成果。

風險管理人往上報告的層次，也須視高階主管對潛在風險標的之損失的重視程度而定。例如，組織的領導階層對責任賠償的風險很重視，則其風險管理人就須向風險長（CRO）報告其工作與成果；又如，組織的領導階層很關心工程的失火風險，則其風險管理人就須向工程副總裁或首席工程師報告其工作與成果。此外，有些組織的風險管理人，可能須同時向數位重要的主管（生產、行銷及財務主管）報告其工作與成果。

第 三 節　風險長的職責與挑戰

當風險態樣愈來愈複雜，所造成的損失對企業的傷害不容忽視時，企業開始尋思如何以更嚴密與周全的方式控制風險，風險長於是應勢而起。

風險長（Chief Risk Officer, CRO）一詞始於1993年8月，由當時任職於奇異公司（GE Capital）的James Lam提出，當時對風險長的職能定位，為管理信用風險、市場風險與作業風險，同時將風險管理的任務提升到高階執行管理者階層（Executive Level），讓組織中的成員對風險達到共識。

Lam所希望的，現在似乎已逐漸成型。根據Deloitte在2004年所公布的Global Risk Management Survey調查結果，風險管理最高責任單位38%為董事會，21%是與董事會同等級之風險委員會，16%是風險長，5%是執行長。此份調查對象為北美、南美、歐洲與亞太地區等國的國際性銀行。2002年時，這些受訪的銀行當中有65%設立風險長；2004年的調查結果顯示，81%的受訪銀行已設置風險長一職。

其中調查結果亦提及，30%的風險長須對董事會負責，12%的風險長須對與董事會同等級之風險委員會負責，33%須對執行長負責，三者總和為75%，與2002年的調查結果三者總和為66%相較，高階管理階層對風險管理的重要性日益重視，設立專責的風險管理部門，並委任風險長已是常態。

上述的調查結果，僅為金融機構的部分；根據Economist Intelligent Unit於2005年5月，針對137位跨國企業的風險管理部門主管，所進行調查結果顯示，45%的受訪企業已經設立風險長或類似職能的管理者，其中這些已設立者大部分都是集中在金融產業；不過，在非金融產業的部分，風險長的設立對他們來說是極有可能的，全數受訪企業中有24%表示，在未來兩年內將計畫設立風險長，而這些受訪者有半數是來自金融產業，另外半數來自16個非金融產業。

大部分的美國企業表示，他們設立風險長的首因，是為了因應日益趨嚴的法令，他們需要設立一個跨部門的專職風險管理的單位，來確保組織的活動符合法令規範。僅次於法規遵循的風險，Economist Intelligent Unit的調查結果指出，風險長的主要目標還包含聲譽風險、監控新風險的發生，同時也必須將管理風險的工作納入企業的整體策略考量：

一、風險長——風險管理的舵手

組織內的不同事業單位，面臨不同的風險，用各自的方式來因應。但當風險態樣愈來愈複雜，所造成的損失對企業的傷害愈不容忽視時，企業開始尋思如何以更嚴密與周全的方式控制風險。風險長的任務，就包含如何建立完整的風險管理架構，以辨識、衡量、監控風險，追蹤與檢討風險管理的執行情形，以及如何推動企業的風險管理文化，讓不同的風險觀點，用相同的語言溝通。

二、風險長——風險政策的溝通者

風險長在組織的風險管理流程中，扮演著承上啟下的溝通者角色，對上包含協助董事會與執行長的風險目標與策略的擬定，以及執行成果的回報；對下包含將風險管理的目標與執行方式，落實至各事業單位。

企業的風險管理政策，與該企業所能接受的風險胃納有絕對的關係，所以，風險長必須確定企業的風險政策。因此，風險長需與董事會或執行長溝

通，讓董事們瞭解企業面臨哪些風險？決定企業能夠承受的風險程度有多少，是否要冒險？萬一風險造成損失後，又該如何承擔？風險長的職能不單只是在管理風險，而是要將點、線連成面，將散落在企業各層面的風險整合起來，用更系統化的方式呈現風險的訊息，以作為決策參考。

各事業單位是日常面對風險的人員，必須對其所應管控的風險負責，風險長並非為企業所有風險的責任者，而是溝通與協調者。

因此，風險長可視為企業風險的溝通平台，風險長須協助各事業單位導入風險管理機制，不同的事業單位，例如資訊部門、銷售部門、財務部門等，都分別面對不同的風險，各部門對其所存在的風險也是最為瞭解，因此風險長須擔任風險溝通平台的角色，將所有風險共同比較，進而才可進行資源分配等問題。

三、風險長——風險制度的推行者

風險管理的推行，首要為風險管理文化的塑造。組織成員可能尚未具有風險管理的意識，或是仍待喚醒，風險長必須讓組織成員瞭解，每一個人都是風險管理者。

風險長須建立組織的風險管理架構，以監測風險的發生、建立風險衡量與計算的模型，確保風險管理的分工與風險資訊的傳遞能暢通無阻，並且還須視外在與內在風險環境的變化，調整風險管理的架構。在與董事會確定風險管理的目標與政策後，風險長必須依據企業所能承受的風險胃納，分配各事業單位所能接受的風險限額，同時也必須協助各事業單位風險管理的推行。

風險管理的主要目的不在於辨認風險，與找出企業可能遇到的風險有哪些，前述僅是風險管理的過程；風險管理的目的，應是在透過各種風險控制活動後，尋思如何處理與改善管控活動後仍存在的剩餘風險。

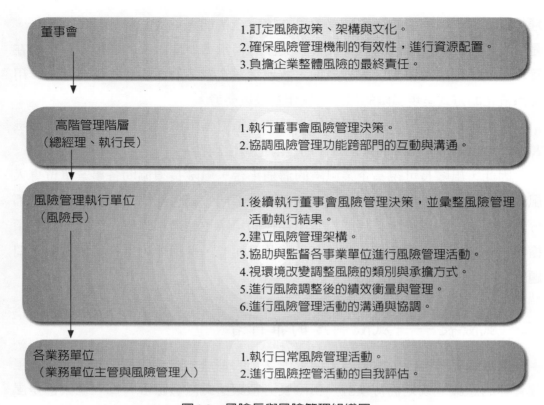

董事會	1.訂定風險政策、架構與文化。 2.確保風險管理機制的有效性,進行資源配置。 3.負擔企業整體風險的最終責任。
高階管理階層 (總經理、執行長)	1.執行董事會風險管理決策。 2.協調風險管理功能跨部門的互動與溝通。
風險管理執行單位 (風險長)	1.後續執行董事會風險管理決策,並彙整風險管理 　活動執行結果。 2.建立風險管理架構。 3.協助與監督各事業單位進行風險管理活動。 4.視環境改變調整風險的類別與承擔方式。 5.進行風險調整後的績效衡量與管理。 6.進行風險管理活動的溝通與協調。
各業務單位 (業務單位主管與風險管理人)	1.執行日常風險管理活動。 2.進行風險控管活動的自我評估。

圖6-2　風險長與風險管理組織圖

資料來源:莊蕃安編輯,風險長——企業風險管理的舵手,會計研究月刊,239期,2005年10月1日,p.32。

四、風險長——執行成果的監督者

對於風險管理的實行成果,可以透過自我評估制度的方式來衡量。組織中的每一成員必須自行評量其負責的業務,其風險程度為何?風險管控的活動是否發揮功能?透過風險的管控,剩餘的風險程度為何?風險長除了須彙整各事業單位風險管控的結果,判斷是否達到風險管理的目標,並分析導致與目標間差距之原因,並呈報董事會作為決策參考。

風險長還須進行風險調整後的績效衡量與管理(Risk Adjusted Performance Measurement/Management, RAPM)。風險管理的積極功能,就是在風險最高的容忍程度內,追求企業最大的獲利可能,透過RAPM的方式,將績效的評估放進風險的考量,使企業的資源可以更有效率的分配。

五、風險長——風險資訊的揭露者

在財務報表的表達中，風險長必須協助風險資訊的揭露。國外企業的財務報表附註中，風險資訊的揭露是非常詳細的，長達數十頁；而國內企業對風險資訊的揭露，卻是常常付之闕如。完整的風險資訊可以使財務報表的閱讀者更清楚企業可能存在的風險，便於預估企業未來的價值；況且風險並不等於損失，一項重大投資固然存在許多風險，但也可帶來可觀的獲利。

目前國內一般企業，如製造業，其風險管理部門的任務範圍，多僅限於環境安全、環境保護、生產流程設計等，到近年來的產品品質、資訊安全等；亦或是較偏向內部稽核的功能；以企業整體風險為任務範疇者，而有設置風險長之企業，目前國內只在金控公司或保險業。

企業在到處充滿風險的經營活動中，必須透過風險的預防與控管，減少任何可能侵蝕利潤的危機所帶來的影響。以金融業為例，其本身就是追逐風險的行業，高報酬往往伴隨著高風險，銀行總不能為了絕對安全，將所有的錢全部投資政府債券或存入定存。金融機構必須將風險管理盡力發揮到極致，風險管理愈好的，獲利的可能就愈大。因此，風險管理可說是協助企業價值最大化的基礎。

因此，微利時代的當下，隨著商業環境的變化莫測、法令規定日趨嚴謹，身為企業掌控風險的舵手——風險長將面臨更多挑戰，其職能發揮也將日益受到重視，以期能透過持續不斷地偵測與預防可能的風險，建立周全的風險管理機制，並將風險管理與企業的策略、營運、財務規劃結合，持續保持組織對風險的應變能力，積極協助企業創造短期績效並維持長期競爭優勢。

第 四 節　風險管理計畫之組織

欲把能適用於所有情況的風險管理計畫予以組織起來，並無一「放諸四海而皆準」的方法。當然，若有現成且能適用的方法，則風險管理人自會予以採用，然可惜的是，大部分的情況是，現成的方法只能適用一部分，而其餘的部分則須靠其自己去發展。因此，在其發展前，應對組織的營運作業、目前的活

動及業務,以及現有風險管理人員的能力須有透徹的瞭解,這樣他才能採取行動把風險管理計畫的組織方法予以因事、因時、因人、因物而制宜。

一、風險管理部門的內部組織

在小組織裡,其風險管理部門通常只有一個人(即是一人部門),而當組織日漸成長且所需管理的損失風險日益增多時,則該部門就需要增加人手。而至於人手增加的順序與速度,則須視組織業務的性質與其領導階層對「擴編」所持的態度而定,為此,有些組織喜歡以精簡的總部人員,來為各分權部門服務;而有些組織偏愛較龐大的人手,並予以集中起來執行各部門的工作。然擴增人手,應以實際的情況來判斷有無必要,而非以建立「理想」的組織結構予以判斷。

(一)小部門

當風險管理部門脫離一人部門時,其通常從設置安全暨損失預防主管及理賠事務主管來開始增加人手(圖6-3),然應注意的是,人手的增加是要給該部門帶來新的專業人才,而不是「新人只會做或接替做舊人的工作」。

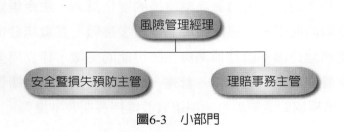

圖6-3　小部門

(二)中型部門

當風險管理部門再往前成長或當其重要性日益受到重視時,則此時就應考慮再予增添人手。然一般來說,此時將需要較多的保險人才、安全暨損失預防人才,以及理賠人才,是故,在增加這些人手後,整個風險管理部門的組織結構會像圖6-4所顯示的。

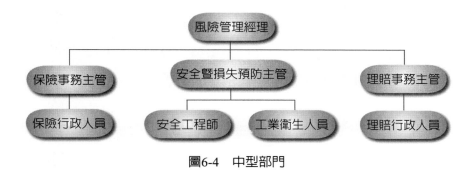

圖6-4 中型部門

(三)大型部門

　　負責大部門的風險管理人較少去做風險管理的技術面工作，蓋其此時的工作重點乃在於規劃活動、指揮手下、預算收入與費用，以及與其他部門的主管溝通等管理工作，而此時為協助其管理工作的順利推行，必須在其下面設置一個風險管理分析員，且此一人員係直接向其報告。

　　又此時，必須要更多的人手來做安全暨損失預防、保健衛生及理賠等行政工作，因此，整個風險管理部門的組織結構會像圖6-5所顯示的。

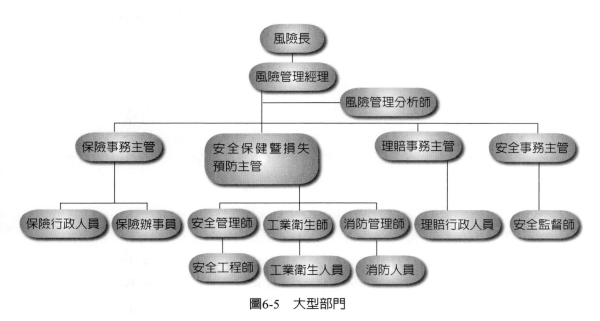

圖6-5 大型部門

㈣另一種可行的部門結構

風險管理部門沒有包含安全、保健及監督等職掌時,則其通常係按照風險或保險的類別來予以組織,像圖6-6就是最佳的例子。

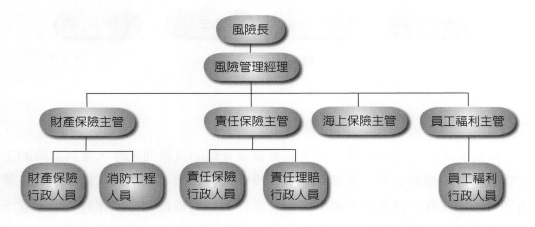

圖6-6 沒有安全、保健及監督單位而加進員工福利單位時的部門

二、與其他部門合作

㈠一般性的合作

風險管理計畫如欲順利推行,則需要全體員工予以配合,並處理其活動中所產生的損失風險,因這些風險不僅會危及其自身的工作而且也會波及別人。由於許多風險管理部門並無預算可用來做實體的風險改良,或採購風險管理所需的防護設備,因此,風險管理人需要有特殊的才能,向組織的其他人員推銷其建議,以便獲得他們的自願合作與預算的支援。

然需要合作與支援的例子實在不勝枚舉,例如,產險公司通常需要被保險標的有關的資料,則此時其風險管理人,唯有借助各部門的合作與協助才能取得這些資料。又如,若風險管理人確定複製乃是合適的風險控制措施,則財產或活動須被複製的部門,必須願意合作才能使此措施得以順利實行。是故,為了取得合作,風險管理人應盡力與其他經理人及主管做直接的接觸與溝通;因若無他們的積極支持,則任何風險管理的建議將沒有付諸實施的機會。

(二)與特殊部門的合作

上述之取得合作的一般性原則乃在暗示，風險管理人在與特殊的部門溝通時，必須採取特殊的行動，才能獲得最有效果的合作與支持。而這些行動的真正目的，則在於使每個部門成為風險管理人的資源，並且使風險管理部門，在其他部門有意外事故損失之虞的情況下，依然能協助它們達成彼等的目標。

詳言之，此種合作應著重於：(1)管理各部門的獨特損失風險，期使損失不會阻礙或干擾其目標的達成；(2)從各部門汲取資訊與其他資源，期使風險管理人更能處理整個組織的風險。以下茲說明一般組織各部門的特殊風險或獨特風險，以及這些部門所能協助推動風險管理計畫的方法。

1.會計部門

會計記錄除了可用來處理來自於會計作業的損失風險外，尚載有關係著組織生存的資訊，此外，其也能提供有用的資料以評估財產與淨利損失的潛在嚴重性。當然，為保護這些資料，必須複製一份儲存在另一個隔離的地方。又會計部門另一個不容忽視的風險，就是盜用公款或其他有價值的財產，而其預防與控制之道，則在於確實做好實物與會計的控制工作，關於此點應由風險管理人員與會計人員共同研擬控制的方法與策略。

會計記錄是以歷史成本為基礎，因此在估計損失的現值時必須予以調整，但以這些記錄為依據的眾多基本資料，卻是確立風險管理價值所不可或缺的資料。例如，不動產及動產的評價記錄，乃是風險自留計畫中之財產價值的決定基礎。又如，若營運因故中斷而須估計中斷的損失，則財務記錄能提供必要的數據。

此外，會計記錄也能提供決定保費所需的數據——如員工的薪酬、產品責任險暨營業中斷險之保費，以及額外費用險的保費等。

當有損失發生時，則收付金錢融通損失的復原，自會透過會計功能予以完成，因此，大多數的風險管理部門，都是直接與會計人員共同處理財產、責任及員工福利的理賠問題。又凡依靠「準備金」來融通損失的企業，其會計部門通常會建立並保存這些準備金。

2.資訊部門

現代的企業營運愈來愈依賴高價值的電腦與龐大的資料庫，以及複雜的管

理資訊系統，因此經理人不論是執行業務或作決策，都須仰賴能快速處理大量資訊的可靠工具。是故，資訊部門能增強及協助風險管理人解決問題的能力。

資訊部門的損失風險是個重要的問題，因不論硬體或軟體其價值不但昂貴，一旦有所損失就很難重建，就算能重建則必花費很多的時間與金錢。因此，電腦中心的受損，不可避免地會造成重大的財產損失與淨利的遽減，同時還會引發對第三人的責任問題（假如硬體或軟體是向別人租用或者是與他人共用）。這些潛在的損失風險，正是風險管理人與資訊人員必須共謀使之極小化，甚或消除的風險。像這種合作當然是借助資訊人員對軟硬體的專業知識（如「當機」或「易於受潮短路」等），而風險管理人對上述損失風險所引發之問題應予進行瞭解。

電腦也能協助風險管理人處理非資訊部門的損失風險，其之所以有此能力，乃因其能迅速編纂及分析組織之營運及損失風險的資料，且能模擬各種損失的影響並作趨勢延伸預測，同時也能把各風險控制暨風險理財策略的成本與效益加以比較，並蒐集能展示整個風險管理計畫之成果。是故，電腦成為現代的管理工具，它不但能使風險管理人跟上時代，而且還能使其更有效地執行其職責，同時更能增強風險管理人的能力。

3. 人事部門

人事記錄乃是風險管理人在處理重要人員的損失風險時，所不可或缺的資料。申言之，在辨認「身懷絕技」且「失而不可復得」的重要員工時，則人事部門所建立並保存的職位說明書，就是最好的辨認工具。然更重要的是，人事部門應能從人事檔案及職位說明書辨認可能的人事更替，並挑出適當的人選並預先施以訓練，以便萬一重要的人員殘障或離職時，可以作為臨時或永久的替補人選，這正是風險控制的措施之一。

員工及其家人也會因負擔家計者的死亡、殘障或失業而面臨重大的損失風險，故大多數的雇主有鑑於此均會提供員工福利計畫，而此種計畫通常係由人事部門策劃執行，風險管理人則只從旁協助其策劃與執行。

此外，人事部門也會有自己的風險問題，如檔案記錄受損、機密資料或文件被竄改或偷竊；又不當的使用人事資料可能會使公司招致「侵犯員工隱私」的官司。面對這些風險，風險管理人與人事部門人員應共同研商解決或防範之策。

4.生產部門

生產部門是整個組織中最常且最易出事的地方，這句話雖有點誇大，但卻凸顯了生產部門的損失風險就比其他部門多的事實。例如，生產工人會有遭受職業傷害之虞，生產作業可能會因部分生產措施的受損而有作業中斷之虞，整批產品可能會有因品管人員或生產人員之疏忽而有「整個泡湯」之虞，甚至會使公司捲入「產品責任」的官司。因此，風險管理人應與生產人員密切合作，來辨認會造成上述這些損失的風險因素，並設法予以抑減或消除，同時並透過成本會計、產品訂價暨風險管理成本分攤，適當地承擔這些損失的成本與原因。

5.行銷／銷售部門

行銷部門的主要風險問題就是產品責任問題，亦即，誇大產品或勞務的用途與利益（或產品與勞務的效用與事實不符合，即被推銷人「言過其實」），都可能會使公司捲入「產品責任」的官司。因此，銷售程序與產品文案（如使用說明書等），應由行銷人員及法務人員共同予以檢討與修訂。

行銷活動能提供有關產品之風險的資料，並暗示處理這些風險的方法。例如，消費者的抱怨，儘管不見得會導致法律訴訟與理賠，但其卻說明了有應予調查及糾正必要的風險存在。事實上，勤於提供安全之產品與勞務的有力記錄，乃是在為「產品責任」訴訟辯護時最具說服力的證據。為此，當產品或勞務的使用者，因使用產品或勞務而受傷害時，則風險管理人與法務人員就應共同指導行銷（銷售）人員（包括獨立的經銷人員）如何為自己及公司辯護。

三、風險管理部門的資訊流程

溝通，包括所有資訊的「進出」風險管理部門，乃是部門間合作推動風險管理計畫所不可或缺的要素。此種溝通不僅應達於組織的每個角落，而且從圖6-7也可看出，此種溝通不論是「進出」風險管理部門或是「進出」整個組織，都會涉及風險管理決策過程之五個步驟中的任何一個。同時，圖6-7也讓我們有一個基礎以依據如下標準而將資訊流程予以分類。

	組織內部	組織外部
流進風險管理部門	I	III
來自風險管理部門	II	IV

步驟：1.認知與分析損失風險
　　　2.檢視各風險管理策略
　　　3.挑選最佳的策略
　　　4.執行所選定的策略
　　　5.監視執行的成果
　　　　・其範圍是否只及於整個組織或還及於組織的外部。
　　　　・其方向是流進風險管理部門還是流出風險管理部門。
　　　　・其最直接推動的是風險管理過程中的哪一個步驟。

圖6-7　風險管理溝通矩陣

　　例如，就認知與分析損失風險來說，型 I 的資訊 —— 即從組織內部流進風險管理部門的資訊 —— 通常係包括各部門對其損失風險所做的定期報告，至於報告的時間與格式則由風險管理部門訂定。型 II 的資訊 —— 即由風險管理部門流進組織之其他部門之資訊 —— 通常係包括新損失風險或已加劇之損失風險的情況報告，再加上提醒注意這些風險的指示或命令。

　　至於型III的資訊 —— 即從組織外部流進風險管理部門的資訊 —— 則包括有關學會與政府機構所發表的報告文件，以及從研討會與其他教育活動所蒐集到的資訊，風險管理人則可由這些報告及資訊，汲取一些可用來找尋及評估損失風險的事實或方法。而型IV的資訊 —— 即由風險管理部門流到組織外部的風險

資訊——則包括該部門向有關學會或政府機構所呈遞的報告資料，或是該部門人員在專業會議中所發表的報告與資料，以及其在風險管理刊物發表的有關文章。

除了認知與分析損失風險外，其餘的四個風險管理過程的每一個步驟都會涉及圖6-7的四個資訊流程中的一個或數個。例如，就以風險管理過程的最後一個步驟——監視執行的成果——來說，其所涉及的資料流程型態計有型Ⅰ、型Ⅱ、型Ⅲ及型Ⅳ，其中，型Ⅰ係包括各部門的事故與意外報告，以及各部門之事故率及風險管理成本的定期摘要表；型Ⅱ則包括風險管理部門對其他部門應如何報告與分析事故，以及應如何編纂風險管理成本資料等所作的指示；型Ⅲ則包括政府對安全、消防或工業衛生等標準所定的法規；至於型Ⅳ則包括組織向管制機構所呈遞之「已依法行事」的證明書或其他證明文件。

然儘管圖6-7的格式很能用來分析及改進風險管理的資訊流程，但溝通所涉及的資訊可能橫跨好幾型而不是只有一型而已。例如，事故報告（主要的目的是在監視成果）可能也會促使風險管理人去注意新的損失風險，又如，政府的管制可能會要求這些事故報告，也應成為呈遞給管制機構之定期報告的一部分，而若是如此，那此資訊流程就為Ⅳ型。然應注意的是，有一個重要的風險管理文件，那就是風險管理年度報告書，此一報告書通常載有推動五個風險管理步驟所需要的資訊，由於此一報告書是如此重要，因此，有愈來愈多的風險管理部門均主動編製此一報告書，或是應其上司的要求而編製此一報告書。不過，大多數的風險管理人均認為，有必要編製一種能詳載目前之風險管理計畫，以及提出其修改之道的風險管理年度報告書。

第 五 節　風險管理資訊系統

風險管理最主要的功能是在作決策，而資訊是作決策時重要的依據，風險管理人最關心的是精確和及時之風險管理數據。風險管理資訊系統（Risk Management Information System，簡稱RMIS）是一個存在資料庫中之數據資料。風險管理人可利用這些資訊與資料來分析與認知損失風險，並可預測未來的損失情況，以便選擇最佳的風險管理策略。

　　RMIS的功用很多，對分析與認知財產損失而言，企業資料庫中的財產數量，以及這些財產的性質（建築等級、年限、折舊）明細表、財產保險明細表、損失和索賠記錄表，對風險管理人在作財產風險管理決策時是很重要的資訊。

　　風險管理部門怎樣彰顯其在企業內的重要性？風險管理部門是成本中心，而非利潤中心，因此風險管理部門遠比其他部門更加難以表現其存在的價值。風險管理部門推算出風險數據必須轉化為有意義的資訊，建置為風險管理資訊系統，提供給相關部門使用，才能彰顯出在企業內存在的功能。

　　風險管理資訊系統的架構通常包括四種功能：

一、風險管理資料庫

　　風險管理資訊系統必須具有一完善的資料庫，包含企業內、外部與風險有關的可供分析的量化數據，可有效反映企業的實際運作，隨時提供管理者督導整體風險的功能。

二、風險分析工具

　　風險分析工具能將大量的抽象數據，轉化為較簡單且容易應用的資訊，加深使用者對風險的瞭解。

三、風險決策支援系統

　　將專家的知識和經驗融合在決策的過程中，使管理者在企業風險的運作中，能作出最優質化的決策。

四、訊息溝通與傳遞

　　風險管理資訊系統所產生的資訊，要能有效傳遞給有需要的部門，並且迅速處理來自其他部門的回饋，以達到雙向的有效溝通。

第 六 節　風險管理計畫之管制

風險管制計畫之管制其所著重的是：設立績效標準、比較實際績效與標準，以及採取糾正行動。

一、設立績效標準

任何活動的管理都有兩種管制標準，一為成果標準（如100萬元的銷貨額），一為活動標準（如每天做五趟有意義的推銷訪問）。其中，成果標準所著重的是成就，而不管其努力為何；而活動標準所著重的則是所投入的努力，即為產出所欲之成果而須投入的努力。一般說來，風險管理人及其幕僚均應會使用這兩種標準。

㈠成果標準

風險管理的成果一般可以金額、百分比、比率或損失與理賠的次數予以衡量，這些衡量工具均可以絕對的數字表示，或以占銷貨的百分比、占薪資（總額）的百分比等予以表示，或以其他的衡量尺度予以表示。例如，若組織的風險成本目前是為銷貨的0.65%，則其此一成本的明年標準可定為占銷貨的0.64%。

㈡活動標準

有不少風險管理部門的績效係以其活動予以衡量，即以其為達成所定之目標而所投入的努力予以衡量。例如，組織的領導階層可能會要求一些風險管理人員，每年至少應親自檢查所有的設施一次；而有些組織則可能會要求至少應親自檢查三次，並於每次檢查後應與所有有關的人員開安全檢討會。

二、比較實際績效與標準

不論是成果標準或活動標準，均應以可衡量的尺度予以表示，這樣實際的績效，才能與標準作有意義的比較。而這種比較會產生如下的任一種結果：

(1)實際績效符合所定的標準；(2)實際績效低於所定的標準；(3)實際績效超過所定的標準。然更重要的是，比較的結果都可能會導致要求改變績效或改變標準。不論做任何的改變，都應由高階主管、風險管理人，以及績效被評估者共同決定。

若績效符合所定的標準，則我們自然會認為績效與標準均很妥當而無予以改變的必要，然儘管一般情況常是如此，但精明的風險管理人卻可能會覺得，一個不能「激出」最佳績效的標準，並不能促使組織再進步。

若實際績效低於所定的標準，則此時就須採取糾正行動。糾正的行動有兩種，第一為落後的績效必須予以提升到既定的標準，第二為若未達標準顯係要求過高所致，則應降低標準或定出較切合實際的標準。事實上，降低標準會激勵員工更努力去達成這個新標準。

若實際績效遠超過所定的標準，則這表示標準定得太低或太鬆。但也有可能是標準的確很妥當，只不過該績效是個例外的績效，結果就造成了績效遠超過標準的局面，因此，若欲這種超績效能繼續下去，則就必須給予額外的獎賞。不過，只重視員工的績效面而忽略其工作面，終究是不完整的控制管理。

三、採取糾正行動

採取糾正行動的目的乃是要改進未來的績效，而不是在批評或挖苦那些過去績效不好的人。然採取適當的糾正行動已儼然成為一種藝術，因其必須能切合實際的情況，否則，會被視為是在「找麻煩」、「挑毛病」。此時需要考慮的因素有：未被達成之標準的種類與其重要性、績效不佳人員的職責與個性，以及達到可接受之標準的可用方法。例如，若產品的責任損失驟然增加，且此一增加可追溯至某一個產品、某一個產品線，或某一個有瑕疵的製程，則此時糾正的行動，就應列出有關的產品設計與製造人員，並徵得他們的合作才能進行。又如，若績效不佳是出自於積壓過多的訂單，且這些訂單拖得愈久就愈沒有利潤，則此時可採取以下兩種的糾正行動：一為增加人手處理；一為予以轉包出去。

若日益嚴重的竊盜損失可追溯至幾個所屬的零售店，則此時的糾正行動如下：由風險管理人與這些零售商店的經理及有關人員，共同設法減低店裡的現

款,如申請加入聯合簽帳卡商店組織,或貨款一到手便馬上轉存銀行等,這樣就可使這些零售店不致成為犯罪的目標。

第 七 節 風險管理政策說明書 與風險管理年度報告

當企業知覺所面臨之風險與不確定性愈來愈大,決定加強風險管理時,企業風險管理政策之釐訂愈顯重要,企業風險管理之績效與高階主管之管理政策息息相關,所以風險管理政策之釐訂,需與公司經營者之經營哲學、目標與政策相配合。

一、風險管理政策說明書之意義

當企業的高階主管與風險管理人共同探討內部條件、外部環境、產業結構和保險市場,從而決定其風險管理政策之後,下一步便應該將風險管理政策連同風險管理人員的職責明確地寫下來,成為一份「風險管理政策說明書」(Risk Management Policy Statement)。「風險管理政策說明書」,主要在規範風險管理人員之授權與職責的書面文件,以便將來執行任務時有所遵循。其主要係依據經營者的經營哲學與目標,來規範風險管理人員的授權範圍,以設定整個風險管理績效、衡量與控制之標準。在年度結束後,風險管理部門應該就過去一年的執行狀況向上級報告,提出一份「風險管理年度報告」。

二、風險管理政策說明書之優點

成長是現代企業管理最明顯的激勵因素,然而企業所面臨的風險和各項不確定性(Risk & Uncertainty),卻是阻撓成長的主要障礙;換言之,愈是期望大幅成長者,其所面臨之風險與不確定性就愈大。因此,風險管理的功能與高階主管之管理政策息息相關,所以風險管理政策之釐訂,須與公司經營者之經營哲學、目標與政策相配合。茲分別說明設定風險管理政策說明書之優點如

財產風險管理 理論與實務

下：

1.可改善高階主管對風險管理功能的瞭解與支持。

2.可強化風險管理部門與其他機能部門間協調或洽談業務時之地位。

3.可明確劃定風險管理人員之職掌與權限，以避免推卸責任。

4.高階主管無需時時監督風險管理部門之工作，可節省高階主管之時間與精力去從事例外管理之工作。

5.可強迫風險管理部門與企業體其他部門作密切的配合，共同努力防止風險的發生。

6.可使風險管理計畫及方案的執行，不致因風險管理人員的變遷而前後失調。

三、風險管理政策說明書之功能

風險管理政策說明書，也是風險管理人員的永久指導說明書，並且有了風險管理政策說明書，能使新進人員很快瞭解公司之情況。對風險管理人員而言，風險管理政策說明書之功能如次：

1.提供評估風險控制與風險理財職責的架構。

2.凸顯風險管理功能的重要性。

3.闡明風險管理部門在組織中的地位。

四、風險管理政策說明書之基本內容

風險管理政策說明書之釐訂，其內容可繁可簡，有些只列明大綱，有些則規定得十分詳盡，然各有其利弊。

由於每個組織的情況並不相同，因此，風險管理政策說明書之內容，應予個別調整以配合其實際情況與需要。

五、風險管理政策說明書的撰寫原則

風險管理政策說明書一開始，就必須先概述該組織的風險管理概況及其重要性。此種概述應包括說明風險管理部門在組織的地位、其報告的關係或層

次，以及其與其他部門溝通時的權力與義務之範圍。至於風險管理部門的內部結構則可不予概述。接著，應說明其管理階層使用風險控制與風險理財策略的目標。再接著，說明各風險管理策略使用的決策準則，亦即，說明在什麼情況或標準下將使用什麼樣的風險管理策略，而至於應說明到什麼程度則須視該組織的習慣而定。

六、風險管理年度報告之意義

　　企業的風險管理部門，根據風險管理的政策目標，從事各項風險管理活動，到了年度結束時，應該將過去一年所作的成果，向企業高階主管報告。風險管理年度報告的撰寫，除了說明事實之外，還可幫助風險管理人檢討過去，策劃未來。高階主管亦可根據此一年度報告，考核風險管理人的工作績效。

七、風險管理年度報告之基本內容

　　風險管理年度報告的結構和內容，視企業的性質和經營目標而有所不同。表5-4是華聯電子公司風險管理年度報告的摘要。報告中先說明企業年度的風險控制和風險理財的策略，其次報導過去一年發生損失之記錄，和損失的處理情形。鑑於最近的勞工工會興起與社會大眾對環保的重視，以及全球暖化引起之關注，風險管理部門特別將工會的活動和重大環保事件及全球暖化之危機，列為危機處理的項目，並在報告中說明。最後，報告中也分析過去一年該公司花在各種風險管理活動上的費用，並且檢討過去，策劃未來。

一、試說明風險管理計畫中之損失善後目標（Objective in the Event of Loss）之主要內容？

二、試說明風險管理計畫中之損失預防目標（Objective Even if No Losses Occur）之主要內容？

三、試說明風險管理人的基本責任及提報層次？

四、試說明企業風險長之職責及所應扮演的角色？

五、試說明風險管理部門內部組織的類型？

六、試說明風險管理資訊系統的架構之功能？

七、試說明風險管理計畫之管制，應設何種績效評估標準？

八、試說明風險管理政策說明書之意義與優點？

九、試說明風險管理政策說明書之功能及應有之基本內容？

十、試說明風險管理政策說明書的撰寫原則？

第七章

財產損失風險之分析

學習目標

本章讀完後，您應能夠：

1. 瞭解財產損失風險的意義與種類。

2. 歸納有損失之虞的財產價值。

3. 指出導致財產損失之風險事故。

4. 認清財產損失的財務影響。

5. 分辨遭受財產損失的法律個體。

6. 說出財產損失風險的發現方法。

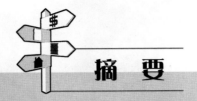

摘　要

企業之營運，如因意外事故而造成財產之毀損滅失，輕者影響財務之穩定及經營之績效，重者則危及未來之生存或發展。故近代企業隨著規模之日益擴大而愈能感受到財產損失風險之威脅。企業財產之損失型態主要可分為不動產之損失、動產之損失及無形財產之損失。

所謂不動產，一般係指土地及附著於其上之有價物如建築物、結構物及農作物等，而動產則指不動產以外之其他所有有形及無形之財產。有形動產是可以觸摸而有實體存在之財產如貨幣與有價證券、應收帳款、存貨、家具、物料、設備、資料處理之軟硬體及媒體、有價值之文件、帳簿及檔案記錄、機動財產等。無形動產則為法律權利並無實體存在之財產如商譽、專利權、商標、品牌、租賃權、執照、商業機密等屬之。

導致財產損失之風險事故大體上可分為自然風險事故和人為風險事故。雖然風險事故之分類可因「有所遺漏」而不完整，但仍能有助於財產損失風險之認知。財產損失之評估可依歷史成本、稅負費用、帳面價值、重置成本、再製成本、功能重置成本、市價、折舊重置成本及財產經濟價值等標準，以衡量風險之財務影響。

由法律利益之角度來看，企業在財產利益方面之損失風險則包括：所有權利益、擔保債權人利益、賣主與買主利益、受託人利益及承租人利益等。由於財產法規以及其所引發之財產利益問題與使用問題皆很繁雜，企業應重視此種損失風險及其處理方式。

第 一 節　財產損失風險的意義與種類

　　近代企業由於社會型態與經濟結構之轉變、科技之快速發展，不僅規模日益擴大，高價值器具設備及產品不斷推出，企業經營每因意外事故導致財產毀損滅失，而蒙受財務之損失，對財務之穩定、經營之績效，均有莫大影響，嚴重者甚至危及未來之成長或生存，故近代企業莫不體認財產損失風險之重要，均設專人加強管理，以期降低損失風險對企業之不利影響。

　　一般企業財產損失，主要分為三種型態：(1)不動產之損失；(2)動產之損失；(3)無形財產損失。

　　企業風險管理人不單要注意上述三種財產損失，更要注意與財產損失有關的法律利益，財產的法律利益可分為四大類：(1)目前的所有權利益；(2)未來的所有權利益；(3)目前的使用利益；(4)未來的使用利益。

第 二 節　有損失之虞的財產價值

　　風險認知的第一步工作，也是首要的工作就是找出「有損失之虞」的有價物或財產。然應注意的是，「財產」此一名詞因太過於普遍化且很空泛，故至今尚無一公認的制度與方法，可以據之區分各類的財產並予以歸類。為此，我們乃援用傳統的區分法，把財產分為不動產與動產兩大類，然後再依此兩大類的特性探討此兩大類上的各種財產。不過，在進行正式的探討之前，我們應先瞭解此兩大類財產的意義，申言之，我們應瞭解所謂不動產，一般均係指土地及附著於其上的有價物如建築物、結構物及農作物等而言；而動產則係指不動產以外的其他所有有形與無形的財產而言。

一、不動產（Real Property）

(一)未經改良的土地（Unimproved Land）

　　真正的不動產，係指「未經改良的土地」而言，而並不包括所有永久性的

財產改良在內。然我們之所以要把「未經改良的土地」獨自劃歸為不動產中的一類，其理由有兩個：

第一，其價值難以確定。

第二，能損壞「未經改良土地」的風險事故，若不是很獨特，便是很異常。

詳言之，「未經改良的土地」其價值之所以難以確定，乃在於這種土地可能包含有如下的東西：

1.水源或水域（如：湖泊、河流、小溪、噴泉或地下水等）。

2.礦藏資源（如：煤、鐵、石油、銅、鉀礦、建築用之砂石等）。

3.具有商業價值的天然物（如：景觀形成的岩洞、地熱噴泉或溫泉、歷史或名勝古蹟或半人工景物等）。

4.農作物（如：樹木、果樹，或牧草、牧場等）。

5.原本就住在該土地的野生動物。

㈡建築物及其他結構（Building and other Structures）

建築物及其他結構物可以細分成很多類，而彼此的損失風險，則泰半視彼等的建築形式、占用形式，以及地點或處所而定。然應注意的是，彼等的潛在損失會受風險控制措施所左右，例如，裝有自動防火噴水設備的大樓，其遭受大火損失的可能性，就比沒有裝此項設備的同類大樓要小多了。

二、動產（Personal Property）

㈠有形財產（Tangible Property）

有形財產乃是有實體存在的財產，亦即，其是可以觸摸的；而無形財產則係為法律權利，並無實體的存在。

1.貨幣與有價證券（Money and Securities）

「貨幣與有價證券」係包括所有的貨幣性資產在內，如現金、銀行存款、定期存單、證券、票券、匯票，以及債權證件或憑證等。

2.應收帳款（Accounts Receivable）

應收帳款記錄的有形財產，不論其是為文件或其他的憑證，均很容易遭受實體的毀損滅失或失竊。但這些有形文件或憑證的價值，在與彼等所代表的財產權利相比時，就顯得不重要了。是故，若應收帳款記錄或文件毀損滅失，則企業將會因無法重建這些記錄或文件，而致無法收取帳款，縱使其能重建這些記錄，但其所花費的成本常很大，整個損失就非常驚人。

3.存貨（Inventory）

對經銷或零售商來說，存貨係指立即可供銷售的財貨而言；而對製造商來說，則其存貨通常可細分為原料存貨、在製品存貨及完成品存貨。然由於存貨的價值可能會變化很大，故很難給予適當的評價，例如，在製品在每一生產階段所賦予的附加價值，常難以精確且迅速地計算，故其價值也就難以精確的確定。但更重要的是，存貨很容易因各種災害或風險而有損失或毀壞之虞，特別是當其由一地點移至另一地點時，更有可能會發生導致毀損滅失的各種風險。

4.用品、設備與供應品（Furniture, Equipment, or Supplies）

有許多動產可以權宜的將之劃歸為用品類、設備類及供應品類。例如，辦公家具、打字機、玻璃櫃櫥，以及櫃檯等可以視為用品類的動產；而文具、筆墨及印好的表格等，則可視為供應品類的動產；至於機械、製造器材及打包器材等，則可視為設備類的動產。

5.機械設備（Machinery）

機械設備應列入前述之家具、設備及物料等此大類的財產中，但因特殊的機械項目通常都擁有很高的價值，故才會予以單獨列出與探討。

6.電腦設備（Computer Facilities）

現代多數企業組織皆有電腦設備之裝置，此為性質較為特殊之設備系統，其中包括：(1)電子資料處理設備，此即所謂硬體（Hardware）；(2)電腦程式設計，此即所謂軟體（Software）；(3)設備系統中所有記憶體及磁碟（硬碟）等，總稱之謂媒體（Media）。電腦設備之價值甚高，大型電腦尤為昂貴。

7.重要文件、簿冊及檔案記錄（Valuable Papers, Books and Documents）

無論大小規模之企業組織，皆可能擁有大量之會計、財務及統計記錄。甚至有若干組織，其營運皆有賴於此等重要之簿冊、影片、地圖、設計圖樣、摘錄、契據、照片及其他文件等。例如醫生保留病患者之病歷，以便繼續進行其

診療工作；攝影師、建築師、工程師及新聞記者等必須保留過去工作之檔案記錄，作為目前工作設計之憑藉。即使風險管理人員本身，亦可能須有過去工作之重要記錄，以達成其任務。

8.流動財產 (Mobile Property)

流動財產，包括汽車、飛機、船舶、營造商所用之重型流動設備，以及其他流動性機器等。此類財產之價值皆非常昂貴，風險管理人員必須特別加以重視。流動財產所可能遭遇之風險事故，除與一般財產相同者外，主要尚有在行駛或運輸中之各種特殊風險因素，如碰撞、傾覆等。

(二)無形財產 (Intangible Property)

有些資產雖價值頗高，但無實質之存在，此即所謂無形財產。此等財產乃基於法律或契約所有之權利或利益，包括商譽、著作權、專利權、商標、租賃利益、許可證、商業機密及預收費用等。

此等資產之明顯特性，通常不易認知及評估。例如，假定某一企業組織與其他組織具有相似之實質資產，但其可能獲得較大利潤，因較大利潤之一部分，即由無形資產所產生。由有形資產所生之利潤率已難決定，具有特殊賺錢能力之無形資產，如何評估其價值，確為對風險管理人員一項具有挑戰性之工作。

第三節 財產損失之風險事故

引起財產損失之風險事故，為數甚多，不勝列舉。但為了方便說明，特將各種不同之風險事故予以分類，並對若干最明顯之風險事故加以解釋或敘述，或能有助於風險管理人員對財產風險之認識。

依照財產損失發生之原因，其風險事故可分為自然、人為與經濟三類，說明如下：

一、自然風險事故 (Natural Perils)

自然風險事故係指大自然的力量而非人為干預所致者（見表7-1）。

表7-1　自然風險事故分類表

塌陷	腐蝕	乾旱
地震	沖蝕	蒸發
土質變鬆	天然火災	洪水
流行疫病	冰雹	土地滑動
閃電、雷擊	隕石流星	霉（生霉）
長黴	氣溫驟降	晴空亂流
冰山	沙洲	森林大火
腐爛	靜電	地層下陷
風災	海嘯	潮汐
生鏽	冰雪	蟲害
火山爆發	水漬	山崩

　　2005年1月，歐盟將對二氧化碳和其他引起地球溫室效應的氣體強制實行限制措施，並且還就有害氣體排放權的買賣建立一套市場機制。同年2月16日開始，拖延多年為了二氧化碳減量而通過的《京都議定書》，也將正式開始實施。

　　但與氣候相關的風險仍然非常巨大。在現代社會所面對的十大風險當中，和氣候變遷相關的風險就占了三項：颱風、洪水、森林大火。而在可預見的未來，氣候變遷所衍生的風險將會愈來愈高。

　　在過去100年期間，嚴重洪水增多，而嚴重乾旱則減少，主要原因是全球變暖，海水因為暖化而上升10到20公分，而且地球暖化的速度，比科學家預估的還要快。各國政府間氣候變遷小組發現，在這個世紀結束前，全球溫度將上升1.4℃至5.8℃，這幾乎是5年前預估的2倍。

　　溫度上升，會直接導致颱風和洪水的強度和頻率都增加，而溫度如果升高3℃的話，可能導致一場災難性的冰川融化，帶來最致命的危機 —— 海平面上升，造成全球的海平面上升7公尺，而威脅到地處低窪的國家，例如馬爾地夫群島和孟加拉。

　　冰河融化的壞消息，不斷從全世界傳來。例如，秘魯的Qori Kalis冰川正在以每年200公尺的速度退縮，這一速度是1978年的40倍，而這只是正在消失的成百個冰川中的一個。瑞士阿爾卑斯山的冰河，更有可能在50年內消失四分之三。

颱風、洪水、森林火災等與氣候相關的天然災害,自90年代已造成經濟與保險損失三級跳。而2004年美國佛羅里達州連續發生的四個颶風,據國外統計資料顯示,至少造成560億美元的經濟損失。

聯合國環境規劃署財政部門官員還提出了關於惡劣氣候和天然災害可能給人類帶來的損失報告。起草報告的人大多來自保險公司,他們預估,到2050年,大氣層中二氧化碳含量會比工業化前的含量高出2倍。過去兩個世紀內,大氣層中二氧化碳含量已經上升了30%。在往後的50年內,如果大氣層中二氧化碳含量增加一倍的話,由此引發的天然災害將給人類帶來每年高達1,500億美元的損失。

二、人為風險事故(Human Perils)

人為風險事係指個人或小團體之行為所致者(見表7-2)。

表7-2　人為風險事故分類表

縱火	建築物倒塌	溫度改變
化學品洩漏	污染	電腦中毒
歧視(種族、性別)	塵爆	電力負荷過重
惡臭	賄賂	煙燻
人為錯誤	金屬熔化	環境污染
放射線污染	暴動	破壞活動
電腦駭客	音爆	罷工
恐怖攻擊	偷竊	堆高物件之倒塌
惡意行為	偽造、詐欺	震動
戰爭	爆炸	

曾是全球最大能源公司之一的美國恩隆公司(Enron Corporation)因長期有計畫地偽造財務報表,經各方控告虛報盈餘、內線交易、詐騙股東等罪,致名譽一落千丈,最後於2001年底宣告破產,其最高階主管或自殺、或病死、或坐牢、或賠錢,以及4,000多名人員失業,其員工及投資人一生積蓄、兒女教育基金及年金完全蕩然無存,成為美國有史以來最大之財務弊案。

三、經濟風險事故（Economic Perils）

經濟風險事故係指大團體因反映特殊情況而非事先協調所致者（見表7-3）。

表7-3　經濟風險事故表

消費品味的改變	徵用沒收	景氣衰退
通貨匯率變動	通貨膨脹	股市衰退
折舊	過時	技術革新

近年來，國際原油價格常超過每桶100美元，我國因屬能源輸入型國家，油價上漲將帶動企業營運成本上升，造成國內股市動盪。

對台灣而言，國際油價上揚難免對物價產生上漲壓力，可能造成景氣衰退式通貨膨脹，亦會對以出口為導向的台灣造成衝擊。由上表之經濟風險事故分類表可知，任何一種經濟風險事故都將會對企業帶來損失，此種風險事故不易事先評估及採取因應對策，乃企業風險管理人必須嚴陣以待的風險事故。

1970年代初期，世界能源危機，使美國吊扇業大發利市，紛紛投資擴廠，甚至把其他產品線停掉，改產吊扇。1981年後，能源危機解除，市場行情立即下跌，許多工廠存貨堆積如山，終於遭到停工歇業的命運。

前幾年我國百吉發機車公司，轉口貿易行銷大陸成功，因此負債擴廠增產，但突然外銷訂單中斷，立即停工倒閉。此一失敗案例，當此中小企業紛紛有意進軍廣大的中國大陸市場之時，更須引為殷鑑，作好風險管理。

第 四 節　財產損失的評估標準

在評估一財產損失風險的財務影響時，風險管理人必須用心去挑選合適的評估標準。以下所探討的評估標準，則計有歷史成本（Historical Cost）、課稅評估價值（Tax Appraised）、會計價值或帳面價值（Accounting or Book Value）、重置成本（Replacement Cost）、再製成本（Reproduction Cost）、功能重置成本（Functional Replacement Cost）、市價（Market Price）、實際

現金價值即「折舊重置成本」（Actual Cash Value or Depreciated Replacement Cost），以及經濟價值或使用價值（Economic or Use Value）等。這些價值標準泰半都能適用於各風險管理情況。

雖然風險管理人並非是一位「通才」專家，亦即其並非須精通與風險管理有關的所有學問不可，但其卻應擁有豐富的專業知識，瞭解風險管理的財產評估問題，並與經理人溝通財產的評價問題。

一、歷史成本（Historical Cost）

會計報表均是以歷史成本來表明大多數資產的價值。而一項財產的歷史成本，乃是指為取得是項財產所付的價格而言。

二、課稅評估價值（Tax Appraised）

課稅評估價值（即以所得稅為考慮重點的存貨價值或財產價值）對風險管理人來說，幾乎沒什麼用處可言，因此一價值乃係地方政府單位基於「量稅」目的所設定的價值。

三、會計價值或帳面價值（Accounting or Book Value）

會計價值或帳面價值，乃是指一資產的歷史成本減去其累計折舊後的餘額而言，而此計算的會計假設則為，過期部分的耐用年限（或使用年限），其價值已耗用掉，故應自整個年限的總價值中予以減除，以便反映還剩下多少價值可以繼續耗用。

四、重置成本（Replacement Cost）

從風險管理人的眼光來看，重置成本，乃是衡量財產損失之財務影響的最管用利器之一。重置成本乃是指以類似或相同之財產，取代被毀損滅失之財產，所需花費的金額而言。

五、再製成本（Reproduction Cost）

　　一動產項目或不動產項目的再製成本，係指使用與原物相同或可資比美的材料與技術來「全版」複製的成本。然應注意的是，若「全版」複製所使用的材料與技術完全與原物一樣，則整個再製成本泰半會超過所有其他的評價標準。

六、功能重置成本（Functional Replacement Cost）

　　一動產或不動產項目的功能重置成本，乃是指取得與原物有相同功能與效率，但卻並非與原物完全一樣的代替品（或重置品）而所花費的成本。此一評價標準已考慮了「堅持以重置成本來衡量潛在損失之財務影響」，所可能造成的高估現象，因損失的適當衡量物，乃為財產功能的價值，而不是財產的本身。準此，功能重置成本乃是評價「易受技術快速變遷所影響之財產」的最適當利器。

七、市價（Market Price）

　　一資產的市價乃是指在市場購買時所必須支付的價格而言。然由於買賣價格係相等的，故資產的市價亦為其在市場所可賣得的價錢（事實上，市價乃是「下一個進先出」之存貨評價法的另一個名稱）。然與前述評價標準所不同的是，市價在風險管理中並沒有其「一席之地」。

八、實際現金價值或折舊重置成本（Actual Cash Value or Depreciated Replacement Cost）

　　風險管理人所常使用的價值衡量物之一，就是實際現金價值，即實體折舊或過時所減少的重置成本。然應注意的是，在計算實際現金價值時，所使用的折舊係為「真正」的折舊（包括過時），而非為會計目的之折舊。雖實際現金價值承認了動產經濟使用年限的已過期（或已使用）部分，但真正的折舊則可能難以估計，特別是在動產保養得很好的場合，其真正的折舊更是難以估計。

九、經濟價值或使用價值（Economic or Use Value）

分析了各種財產的評價標準後，可進一步說明生產過程（Production Process）使用之財產項目的評價標準，一般說來，此種財產的評價標準係為其經濟價值或使用價值，此一評價的標準係以可歸因於該財產項目未來收益的價值為基礎。是故，本評價標準與前述評價標準的最大不同處，乃在於經濟價值或使用價值，並不會受財產項目的成本或其修理費用或重置費用所影響。

例如，製造金屬產品所使用的特殊鑽壓機，每年可產生值$5,000淨收入（已扣掉所有的費用）的產量，而若此鑽壓機預期還有10年的年限，則其經濟價值或使用價值就為未來10年內每年將賺得$5,000的現值。

就風險管理的目的而言，若企業對於動產或不動產的毀損滅失將不予以重置，則經濟價值或使用價值最適合用來衡量動產或不動產的損失風險，因經濟價值或使用價值所著重的是，這些財產的損失對企業未來淨利的影響，以及對整個企業價值貢獻的影響。

第 五 節 遭受財產損失的法律個體

企業財產損失風險另一個要考慮的要素，就是遭受財產損失的法律個體（Legal Entity Suffering Loss）。一般說來，與財產損失有關的法律利益可以分成四大類：一、目前的所有權利益；二、未來的所有權利益；三、目前的使用利益；四、未來的使用利益。茲說明如下：

一、目前的所有權利益

即一般人所稱的「所有權」，它賦予利益所有人有權於目前擁有財產，並有權將之用於任何法律用途上，以及有權將之出售。

二、未來的所有權利益

係指未來才能擁有的所有權利益。

三、目前的使用利益

　　賦予持有人現在占有或使用財產的權利，但此一占有或使用權利只限於指定或合理的用途，而且也只限於固定或確定的期間。

四、未來的使用利益

　　雖不賦予持有人現在擁有財產的權利，但卻保證持有人有未來占有或使用財產的權利。例如，財產可以遺囑贈與立遺囑人的寡婦，而在這寡婦死亡後，則其受贈的財產就又成為立遺囑人子女的財產。

　　在此例子中，寡婦對立遺囑人的財產擁有權利，故立遺囑人的子女在寡婦未死亡前，對立遺囑人的財產擁有未來的利益。不過，像此種未來利益也可以是一種使用利益，例如，若遺囑指定子女終生有權占有或使用遺囑人的財產，且子女死後整個財產將捐給慈善機構，則在此情況下，寡婦將擁有「目前的使用利益」，子女則擁有「未來的使用利益」，然慈善機構則擁有「未來的所有權利益」，而立遺囑人則擁有「現在的所有權利益」。

第六節　財產損失風險的發現方法

　　六個廣為人們所使用的企業財產損失風險認知方法，即：(1)使用標準化調查／問卷；(2)使用財務報表與有關會計記錄；(3)使用其他記錄及文件；(4)使用流程圖；(5)親自檢查；(6)請教組織內外專家。其中的每一種方法都有助於直接認知企業動產與不動產的損失風險，以及有形與無形財產損失風險。以下就分別詳述之：

一、標準化調查／問卷

　　大多數標準化調查／問卷所列的問題，均係針對有形財產項目而設計的。例如，原本由美國經營者協會所擬出，後來再由風險暨保險管理學會修訂的調查／問卷，就包含有如下八大類的問題：「建築物與處所調查」、「財產調

查」、「汽車風險調查」、「厚玻璃板調查」、「鍋爐與機械調查」、「犯罪調查」、「船舶與飛行器風險調查」，以及「傳統飛行器、直升機、輕氣球、飛彈及衛星調查」等。其中，「建築物與處所調查」係在探查不動產的風險問題，而「汽車風險調查」則在探查與汽車有關的風險問題。至於「財產調查」，因在前面已討論過了，故不再重述。一般說來，一份透澈之調查／問卷的各部分，常能使大多數有形財產項目（不管是動產或不動產）的風險暴露出來。

又此種調查／問卷的每一個問題，均只能顯示一個「有損失之虞」的潛在價值，然大體而言，一般的調查／問卷並不暗示或彰顯上述這些財產項目會有什麼損失風險事故，或哪些價值才與風險管理有關。亦即，其並不表明企業必須付多少金額，才能重置原財產或取得與原財產具有相同功能的類似財產。

又調查／問卷也只能暗示，而無法直接揭露重要的無形財產風險，如執照風險、翻譯權風險及租賃權風險等。雖然幾無一種調查／問卷能揭露出租人或承租人的利益風險，但只要有租賃情況出現，則有警覺心的風險管理人自應主動考慮與租賃利益有關的風險。

二、財務報表與有關會計記錄

一企業的資產負債表、損益表及現金流量表可用來認知其財產損失風險。例如，資產負債表上的各類資產均係代表風險管理人所最能瞭解的各種損失價值。是故，對每一項或每一類的資產，風險管理人均應探究如下的問題：(1)資產負債表上的價值係代表哪些財產項目；(2)會危及這些財產的風險事故（Perils）有哪些；(3)這些財產的風險管理價值為何，亦即企業將須花費多少金錢，來修復或重置這些財產。又當以損益表來找尋財產損失風險時，風險管理人常著重表上的收入項目，此時則會產生如下的重要問題：

　　1.企業以什麼勞務或產品來取得其全部或大部分的收入？

　　2.什麼資產會被用來產生這些收入？

一般說來，直接用來產生大部分收入的資產，係為企業最重要的資產，因若無這些資產，則企業的大部分收入將不復存在。而就此意義來說，則一資產的價值不僅來自於其原始成本或現時重置價值，而且也來自於其對企業收入的

貢獻。為此，在認知財產損失風險時，企業的風險管理人應特別努力去認清那些對收入具有最大貢獻的財產，而不去理會成本。例如，控制整座自動化工廠的電腦，就比工廠前院的人工園景更值得風險管理人予以注意，儘管後者的成本為\$50,000，前者零件的重置成本為\$5,000，亦改變不了風險管理人對彼等的重視順序。

　　在企業的現金流量表上，重要的財產風險泰半係出現在資金用途項目中，因此部分的項目能顯示企業是取得了新資產，或資產不變而增加了債務。像這種增加情況，自會促使風險管理人去注意來自這些新資產的新增潛在損失風險。反之，若企業係處置了某些資產，則這些財產自不會再有什麼財產損失風險可言。然應注意的是，財產損失風險並非是靜態的，故現金流量表所彙總的，乃是一般會計期間內之財產損失風險的變動情形。

三、其他記錄及文件

　　企業大都擁有很多的其他記錄與文件，如章程、檔案記錄、翻印權、商標、專利權，以及這些權利的原始圖案或手稿、其設施的建築圖案、董事會議記錄、重要營運會議記錄及與客戶往來的記錄等。

　　就某一層次而言，這些記錄的本身均是重要的財產項目，故值得作恆常的實體保護。例如，專利權雖為無形的財產，但若其持有人擁有專利權證件，則其就較可免於被竊或侵害。同理，擁有與過去顧客往來的記錄，則有助於留住他們的惠顧；同理，保留病人的醫療記錄，將能使未來的治療更有效果且更有成本效益。

　　除了文件本身的價值外，文件也能提供與其他財產有關的風險資訊。例如，董事會議記錄與其他主管會議記錄，會顯露取得或處置重要資產的計畫。此外，企業之特殊部門的記錄、備忘錄或往來信件也會顯露某些財產風險。例如，從採購部門的文件記錄可取得重要機械或存貨項目的重置資料；從維修部門的記錄可取得特殊財產經常故障或過快損壞的資料；從交通部門的記錄可取得車輛事故的資料。

財產風險管理 理論與實務

四、流程圖

　　以流程圖來描示實際生產過程，常能展示或暗示會出問題的生產階段及財產，因此，流程圖能揭露重要的財產風險。例如，建築、機械、原料及完成品存貨、維修設備暨備用零件儲存室、道路，以及原料輸送帶等，有心的風險管理人可用流程圖看出重要的財產風險。又流程圖可拓展到把供應商、顧客及整個流入流出之流程也列入的程度，像這種大範圍的流程圖，除了能顯示供應商與顧客之財產的重要性外，尚能顯示會使整個生產延緩或停頓之財產損失的重要性，以及企業與供應商或顧客往來交通工具的重要性。

五、親自檢查

　　有時只看流程圖是不夠的，尚需要風險管理人親自到現場檢查，亦即風險管理人不只須親自檢查企業的各個建築物與設施，而且也須親自去檢查重要客戶與供應商的設施與建築物。像這種檢查，不但能讓他發覺資產負債表或流程圖所沒顯示出的重要資產，而且也能讓他找出那些事實上已不存在但卻依舊被報導的資產。此外，檢查也能揭露生產過程中的某些安排潛伏著一個不可接受的財產損失風險，例如丙烷槽竟然設在極靠近穀物運送機的地方。又此種檢查也能讓風險管理人發掘那些沒人會想到報導的財產項目：如裝飾的灌木、地下的儲存槽、藝術品與其他有價值的內部裝飾品，以及儲放在員工辦公櫃內的員工財產。此種檢查也能使風險管理人更精確去解釋未來的書面報告、流程圖及其他所接到的設施資料。同時，也還能使他有機會與現場作業人員交換意見，俾更深入瞭解實際的風險情形。

六、請教組織內外專家

　　重要的內部專家之一就是現場或第一線的作業員，因這些作業員不僅對各機器的性能及臨時代用機器的性能瞭若指掌，而且也還知曉各機器的迅速重置來源或修理來源。

　　又在所有外界專家中，財產評估專家能協助決定某些特殊財產的重置成本，尤其是這些財產毀損滅失前，其更能有助於決定這些財產的價值。此外，

專精某行業之技術專家，也能有助於決定代用的資產或其重置來源，同時，這種專家也很瞭解即將突破的技術改革，會使哪些企業資產變得過時，從而降低彼等在財產損失風險中的重要性。例如，設有某建設公司擁有為數頗多的挖土設備，且其風險管理人知道，只要一有機會則將以較新且較有效率的挖土設備來取代，則風險管理人基於風險管理的目的，將不會把這批設備視作是企業未來營運所必需的設備。

一、試說明財產損失風險的意義與種類？

二、試說明有損失之虞的財產價值中有關不動產（Real Property）之相關內容？

三、試說明有損失之虞的財產價值有關動產（Personal Property）中重要的有形財產（Tangible Property）之種類？

四、何謂自然風險事故（Natural Perils）？試舉例說明之。

五、何謂人為風險事故（Human Perils）？試舉例說明之。

六、何謂經濟風險事故（Economic Perils）？試舉例說明之。

七、試說明財產損失評估標準的種類？並說明有哪幾種為風險管理人員所採用？

八、試說明企業財產損失風險另外一個考慮的要素——遭受財產損失的法律個體分為哪四大類？

九、申述財產損失風險的發現方法？

十、試說明有損失之虞的財產價值中有關無形財產（Intangible Property）之種類？

第八章

淨利損失風險之分析

學習目標

本章讀完後,您應能夠:

1. 瞭解淨利損失風險的意義與種類。

2. 歸納有淨利損失之虞的價值。

3. 認知引起淨利損失的事件。

4. 分辨遭受淨利損失的法律個體。

5. 認清淨利損失的財務影響。

6. 描述淨利損失風險的發現方法。

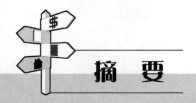

摘　要

　　企業之財產部分受損或全部損壞而導致營運失常或停頓時,將因收入減少而費用增加造成淨利損失。所謂收入減少,是指如租金收入損失、營業中斷損失、連帶之營業中斷損失、製成品淨利損失,以及應收帳款額損失等;而費用增加則可因如租賃利益損失、改良物損失,以及額外費用損失等因素而發生。

　　企業淨利損失之根本原因是正常生產過程之擾亂中斷。一般而言,企業可因財產損壞、法律責任,以及重要人員之人身損失等事件而導致淨利之損失。而由於淨利損失風險所牽涉到之變數很多,因此較難以衡量。為能有系統地衡量潛在的意外事故所致淨利損失對企業財務所造成之影響,可由歇業時間之長短、歇業之程度、歇業期間所減少之收入、歇業期間增加之費用,以及回復正常所需之額外時間等因素以評估淨利損失之幅度。

　　由於現代企業之經濟關聯性錯綜複雜,因此任何企業本身所遭受之意外事故,都會干擾與其有經濟相依存之個體,進而影響個體之員工,並對政府及整個社會造成損失。

　　由於企業之淨利損失風險較不易評估,風險管理人必須依據企業近幾年之經營計畫及損益表等資料,並參考財務會計部門之意見,以分析企業因財產或其他意外因素而導致毀損滅失時,所可能面臨之各種淨利損失,以作為規劃企業淨利損失保險之參考。

第 一 節　淨利損失風險的意義與種類

　　2005年5月1日勞動節當天，日月光半導體公司中壢一廠因鍋爐爆炸事件，引發一場大火，造成約新台幣85億元之損失，扣除10%自負額後，8家產險公司賠款金額約達76億5千萬元，是近年來我國企業火災風險事故繼華邦電、聯瑞、東方科學園區大樓後之巨大火災風險事故，損失金額巨大，幅度僅次聯瑞晶圓廠之100億元。

　　一場火災風險事故的經濟損失高達新台幣85億元，這可是天文數字；這些損失或許非由該企業全部承受，但無疑是社會成本的支出，是國家資源的浪費，亦造成日月光半導體公司當年度之淨利損失。

　　1970年代初期，世界能源危機，使美國吊扇業大發利市，紛紛投資擴廠，甚至把其他產品線停掉，改產吊扇。1981年後，能源危機解除，市場行情立即下跌，許多工廠存貨堆積如山，終於遭到停工歇業的命運。

　　前幾年我國百吉發機車公司，轉口貿易行銷大陸成功，因此負債擴廠增產，但突然外銷訂單中斷，立即停工倒閉。此一失敗案例，當令以出口外銷為主體的我國企業引為殷鑑，並加強作好風險管理。

　　財產部分受損或全部損壞，所帶來的損失，並不僅以財產損失為限，因為受損資產重新購置或再取得以回復到原狀之前，公司也會因無法如從前那樣使用該資產，導致營運失常或停頓，而使淨利（Net Income）減少，此種會使淨利減少之財產稱之為淨利損失風險標的（Net Income Loss Exposure）。因為淨利是由收入減去費用所組成，所以淨利損失之成因可區分為：(1)收入減少（Decreases in Revenues）；和(2)費用增加（Increases in Expenses）。因為牽涉到的變數甚多，淨利損失風險比較難以衡量，本節將分別介紹收入減少與費用增加所造成的淨利損失。惟應加以注意者為本節所稱之費用，廣義地包括了會計學上所謂之成本、費用與損失。

一、收入的減少

　　財產損壞導致公司「收入減少」而造成的淨利損失，其主要情況為：(1)租金收入損失；(2)營業中斷損失；(3)連帶的營業中斷損失；(4)製成品淨利損失；

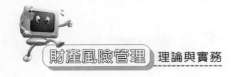

(5)應收帳款收現淨額減少之損失。以下分別加以說明。

㈠租金收入損失（Loss of Rent）

假設建築物意外受損，而且在受損期間，承租人不須支付租金，則出租人其租金損失為未收到的租金收入，減去正常租賃情況下出租人所必須負擔的費用。但是在租賃資產受損期間，承租人是否須支付租金，一般須視租賃契約而定。

㈡營業中斷損失（Loss of Interruption in Operations）

資產受損時，公司可能必須一部分或全部暫時停業、停工或減少產量。就買賣而言，辦公設備、倉庫或商品存貨受損，所引起的淨利損失，可從銷貨減少（Reduction in Sales）加以衡量。就製造業而言，廠房、機器、模具、原料及在製品受損的淨利損失，則可從產量減少（Reduction in Production）加以衡量。至於製造業製成品受損所引起的淨利損失，將另設一項加以介紹。

衡量營業中斷所引起的淨利損失時應包括：(1)如果營業不中斷，公司所能賺取之淨利；(2)雖然營運中斷，卻仍須支付的費用，例如員工的薪津、利息費用、未受損害但亦中斷運作的資產之折舊費與保險費等。在營運中斷期間，編製假擬損益表（Pro Forma Statement）是估計其淨利損失的有效方法。

㈢連帶的營業中斷損失（Loss of Contingent Business Interruption）

如果公司僅依賴單一之供應商供應商品或原料，則供應商之營業中斷，也會導致該公司之營業中斷損失，此種損失風險可稱為「供應商」風險（Contributing Company Risk）。同樣地，如果公司之產品僅能銷售單一之客戶，則客戶之資產受損引起營業中斷，亦將導致該公司之營業中斷損失，此種損失風險可稱為「客戶風險」（Recipient Company Risk），諸如此類之損失均可稱為連帶的營業中斷損失（Contingent Business Interruption Loss）。

㈣製成品淨利損失（Loss of Profits on Finished Goods）

製造業者製成品受損或滅失，所產生之淨利損失，為其若能銷售該製造品所能賺取之淨利。至於製成品之成本損失，則和原料或在製品之成本損失相

同，皆屬於直接財產損失。

㈤應收帳款收現淨額減少之損失 (Loss of Smaller Net Collections on Accounts Receivable)

　　如果公司與應收帳款有關的帳冊記錄遺失或被燒毀，必然使收帳工作極為艱難。一般說來，客戶的家數愈多，應收帳款的平均餘額又小，則收帳的困難程度愈高。縱然可從發票存根或出貨單等憑證，重新建立應收帳款記錄，但是額外的工作成本，仍然導致應收帳款淨收現額的減少，此亦為淨利損失風險常見之一例。

二、費用的增加

　　財產損害導致公司「費用增加」而造成的淨利損失，其主要情況包括：(1)取消租約；(2)不可拆回之改良物；(3)額外的費用。以下分別加以說明：

㈠取消租約 (Cancellation of Lease)

　　租賃契約可能規定在某些特殊情況下，例如建築物損壞達某一百分比以上，則租約自動無效或是任何一方有權取消租賃契約。此時若約定之租金低於同等建築物之市場租金，則該租賃契約因故取消時，承租人之淨利損失等於被取消租賃期間的市場租金與契約租金之差額的折現值。該折現值乃承租人在取消租賃期間，欲向市場上租得同等建築物，必須多支出的折現值。例如：設有某公司租用某建築物，依規定每月初支付25萬元之租金，但同等建築物之一般市場租金為35萬元。後來因故於契約屆滿之四年前，取消該契約。因為承租公司每月所付之租金為25萬元，比一般市場租金35萬元少10萬元，因此承租公司之損失為每期約10萬元，48期之折現值。假若市場年利率為6%，則承租公司之損失為：

$$\sum_{i=0}^{48} \frac{\$100,000}{(1+0.06/12)^i} \text{ (0.06/12代表每月之利率)}$$

　　其計算情形如表8-1：

表8-1　每月初支付1元（年利率6%，連續48個月）之年金現值表

月份	差額	折現因子	折現值
1	$100,000	1.005^0	$100,000
2	100,000	1.005^{-1}	99,500
3	100,000	1.005^{-2}	99,000
/	/	/	/
46	100,000	1.005^{-45}	79,900
47	100,000	1.005^{-46}	79,500
48	100,000	1.005^{-47}	79.100
			$4,279,300

在年利率為6%時，連續48個月，每月初支付1元之年金現值為42.793元，所以上例的折現為$100,000×42.793=$4,279,300。

㈡不可拆回之改良物（Irremovable Improvements or Betterments）

租賃改良物是指對承租財產所為之改良，例如租用大樓，在其內部裝設電梯。改良物可能依契約或法律規定無法在租約期滿時，由承租人拆回。如果不可拆回的改良物遭受損壞，則承租人之損失為何呢？

若租約規定係由出租人負修護之責，則承租人之損失，僅為修護期間喪失改良物的使用價值。此損失可歸屬為營業中斷損失。

若改良物不能拆回，且承租人依規定須對建築物及改良物之損壞負責，則修護改良物之成本，為整個建築物財產損失風險之一部分。當然亦有修護期間之營業中斷損失。

如果租約未明確規定修護改良物之責任屬誰，則在承租人願意修理改良物的情況下，修護成本仍屬於財產損失風險，而修護期間，不能使用改良物之損失，則屬於營業中斷損失。若承租人不願修理改良物，則淨利損失可依比例分攤之基礎加以計算，而略去折現價值之考慮。例如：某10年租約，在租賃開始時，立即投入成本15萬元之改良物，若改良物於第6年底損壞，則淨利損失為6萬元，亦即15萬元應分比例攤於4年尚未完成之租賃期間。此6萬元可視為公司欲於未來4年租用具有改良物效能之同等財產，所必須支付之租金。

(三)額外的費用（Extra Expenses）

某些類型的公司，如果因財產受損而不能繼續營運，則客戶將轉向其他的競爭者，而有喪失大部分客戶之虞。此類公司為保持營運不輟，其風險管理人必須與各部門人員擬定應變計畫，俾於意外發生時，有謀求繼續營運之道。該應變計畫可用以合理地估計為達成繼續營業不輟，公司所必須投入的額外費用。此額外費用之項目，例如：遷移至臨時辦公處所之支出；臨時辦公處之額外租金；臨時性設備之租金；緊急採購原料、物料或商品所必須提高的價格；增加的運輸費用，以及較高的工資成本。

第 二 節 有淨利損失之虞的價值

欲評估潛在的淨利損失需要先預測未來的「正常」收入與費用，所謂「正常」收入與費用，係指沒有意外事故損失干擾的收入與費用而言。由於企業的財富會因與意外事故損失有關的原因而改變，故其未來的「正常」淨利也就容易受此種改變所影響。也為此，有了淨利損失風險後，有損失之虞的價值才能被預測，亦即預測的未來收入減去預測的未來費用，而兩者的差額就為預測的淨利。

現以百得利餐廳為例，說明有淨利損失之虞的價值。據其資料顯示，該餐館雖然仍受該地區的民眾所喜愛與光顧，但其利潤在過去一年來卻因不明的原因而下降，而為扭轉這個頹勢，該餐館已決定要改變菜單，以便讓人有耳目一新的感覺，並吸引新顧客，同時也計畫用廣告來配合此一改變。其目的則是想藉此把損益兩平的營運，改變為能產生15%稅前利潤的營運。然為達成此一目標，則其銷貨必須增加30%以便收回廣告成本。又此一銷貨的增加有一部分可用菜單價格提高10%來達成。

該餐廳之去年營業成果如下：

食品與飲料銷貨	$1,000,000
銷貨成本	$1,000,000
利潤	$ 0

而依據新菜單及廣告的配合,則該餐館之來年的營運成果可預測如下:

食品與飲料銷貨	$1,300,000
銷貨成本(不含廣告)	$1,000,000
廣告	$ 150,000
利潤	$ 150,000

這些預測可能很具體但亦有可能不很具體,不過,在預測的過程中,該餐廳可能已診斷出其問題之所在,並已想好合適的補救之道。若果真如此,則該餐廳將會達成其15%稅前利潤的目標,然要是其廣告並沒有發揮促使銷貨增加的作用,則將會造成營運虧損的下場。但不論怎麼說,這些都是該餐廳在追求利潤的正常企業活動過程中,所必須要面對的企業風險(Business Risks)。

由於風險管理所著重的是意外事故損失風險,而不是與景氣循環、消費品味及其他會影響企業財富之因素等有關的不確定事物,故風險管理人在估計潛在的淨利損失時,常會忽視企業風險。易言之,除非有很強的理由認為收入與費用將會改變,否則風險管理人會認定未來的收入與費用將與過去相一致,而若有明顯的通貨膨脹或業務量的增減,則自當做一些調整。因此,假若某一企業自今日起「歇業」12個月,則其所損失之淨利的價值通常被認定係等於其在前12個月所賺得的淨利價值。若欲預測更短期的淨利損失價值(如「歇業」3個月、一季或半年所損失的淨利價值),則前12個月所賺得之淨利的四分之一或三分之一或二分之一,倒不失為是短期淨利損失價值的最佳估計數。是故,若企業的活動係有季節性,則其潛在淨利損失的最佳估計數,就為其在前一年之同一時段所賺得的淨利。

又百得利餐廳的淨利損失風險,將來自於任何會干擾其計畫的意外事故,準此,若該餐館推出新廣告的第一天就有一場大火發生在其鄰近處,則其淨利損失為何?又由於其去年的淨利為零,故其淨利損失是否亦為零?或者是,因其廣告很成助,故其淨利損失應為$150,000?抑或其預測過於保守,故其淨利損失將大於$150,000?說實在,對於這些問題並無「正確」的答案,因沒有人能確切知道潛在的損失實際為多少(此乃因評估均係依據預測之故),再者,歇業的時間長短也會影響損失的嚴重性。其次,即使該餐廳能重新開幕,則亦須

花費一段時間，才能使其營業額回復到每年$1,000,000的水準，更遑論回復至預測的$1,300,000的水準。再其次，有些企業之歇業並非真的就是全面休業，易言之，儘管餐廳通常若不是開業中，便是全面歇業，但其他企業受創後，可能會保持一部分的營運而不會全面歇業。

第 三 節 引起淨利損失的事件

本節的主題之所以使用「引起損失的事件」（Events Causing Loss），而不使用「引起損失的風險事故」（Perils Causing Loss），乃是要凸顯淨利損失的根本原因，係為正常生產過程的擾亂中斷而不是實體的損壞。一般說來，有三種事件會導致淨利的損失，那就是：(1)財產損壞；(2)法律責任；(3)重要人員的人身損失。凡是會引起這些事件的風險事故，也會引起淨利的損失。

一、財產損壞

企業之正常生產活動所使用的財產，不論為動產或不動產、有形或無形財產、自有或非自有財產，若有發生損壞，則將會損及整個生產活動甚或使之停頓，從而引起企業的淨利損失。而凡其損壞會引起淨利損失的財產，可分為兩大類：一為企業所能控制的財產；一為非企業所能控制的財產，如大供應商與大客戶的財產、「具有吸引力」的地點場所，以及公共設施或政府的服務設施等。

(一)企業所能控制的財產

當財產被企業所擁有或租用或使用時，則我們可以合理地認定其具有生產價值。

(二)非企業所能控制的財產

即一企業的生產過程通常須依靠遠離企業之建築物，而為他人所控制的活動。而控制此一財產或活動的人，則有：(1)大供應商；(2)大客戶；(3)「具有吸

引力」的處所；及(4)公共設施或政府的其他設施等。

二、法律責任

凡面臨實際或潛在法律責任的企業，通常須花費金錢予以處理，如花錢請律師辯護、支付訴訟費用、花錢履行民事判決或罰鍰，以及花錢採取糾正行動，以便使未來潛在的損害賠償（如收回產品等）能極小。由於這些法律費用之支出，常會耗用企業可投入正常生產活動的資金，故彼等自會使企業的產量與收入減少，從而使淨利跟著減小；反之，若企業並不需要做這些法律費用之支出，則其產量與淨利當會較大。

三、重要人員的人身損失

當企業的重要人員死亡、殘障、退休或辭職時，則企業便會失去這些擁有特殊才能與技術之人員的繼續貢獻與服務，從而會使企業遭受人身的損失。然企業的人身損失不只會使企業遭受收入的損失而已（如因重要的銷售主管遽亡而致業績突降），而且還會使企業承擔額外的費用（如其餘員工的效率減低，花錢找尋勝任的替補人選，花錢訓練替補人選，以及付高薪挖角等）。是故，人身損失與淨利損失並無二致，兩者均是透過收入減少與費用增加而來的。所以就此意義來說，人身損失可視作是一種特殊的企業淨利損失，因所損失的價值係為重要人員的特殊才能，而不是財產。

第四節 遭受淨利損失的法律個體

在發生任何意外事故損失後，必會有「餘波盪漾的影響」，首先，損失會先落於遭受損失的個體，接著就像擲石入水中所激起的漣漪一樣，此一損失會逐漸擴及與該個體有關的其他個體，如顧客、供應商、員工，以及政府管轄機構等。然由於現代社會的經濟關聯性錯綜複雜，故任何特殊事件的結果，若不是難以預測，便是根本不可能預測。不過在分析淨利損失風險時，上述這些連漪效果或影響實在非常重要，因任何降臨企業本身的意外事故，都會干擾與其

有經濟相依存之個體所能賺得的淨利。是故，風險管理人應仔細分辨那「乍看之下」似乎只會傷及他人的事故，是否會大大地影響其企業的生產過程。

　　而為探究這種錯綜複雜的關係，以下將探討任何單一意外事故會怎樣引起企業的淨利損失，然後再怎樣引起其他個體及整個社會的損失。

一、企業本身

　　一般最可能受意外事故所影響的個體，就是毀損滅失之實體財產的所有人或使用人，以及被提出法律訴訟的個體，或其重要人員死亡、殘障、退休或辭職的個體。

　　由於直接財產損壞與淨利損失間有很密切的關係，所以大多數的風險管理人就常著重此一風險，而較不注意來自法律責任或人身損失的淨利損失可能性。又當引起損失的事件發生在有關個體的建築物時，或對該個體的財產造成損壞時，則兩者間的關係更易於觀察與瞭解，這也是風險管理人常偏重此一損失風險的原因之一。

二、其他依存的個體

　　任何一個企業，其相關個體的營運是彼此相互依存的，例如，一家家具公司因故而中斷營業且無法再進料，則專門承作其家具用之紡織品的那個紡織廠將會跟著停頓；同理，若該紡織廠因故中斷營業，則該家具公司在缺乏必要的紡織品下將無法繼續其家具的製造。由此可知，儘管意外事故首先會降臨某一個體的身上，但其接著會擴及到與此個體相依存的其他個體上，並進而擾亂甚或中斷這些個體的生產活動。

三、受影響之個體的員工

　　員工們均無法免於不受淨利損失之「餘波盪漾」所影響。例如，一家家具公司僱有一位重要的推銷員，且此位推銷員的業績占該公司之整年銷貨額的20%，若此推銷員因故無法繼續為該公司效力，則失去這位重要人物的貢獻將會迫使該公司減產甚或裁員。易言之，失去這位重要人物可能會造成家具公司的

淨利損失,並且也還會影響家具公司的其他員工,而這些員工可能會因裁員而損失彼等的薪水與福利。

四、政府及整個社會

當企業活動受到干擾時,則有管轄權的政府將會遭受淨利損失,因此時的稅基會惡化且稅收會減少。又此時中央政府也會遭受淨利的損失,因而使整個稅收目標將無法達成。此外,由於普遍的薪資均縮減,整個社會之消費活動也將會減少,並將造成整個社會的損失,因其不但損失了受影響之個體所能提供的產品與勞務,而且也損失了被裁員之員工的購買力。事實上,有許多社區或團體均是依靠一公司或一產業來過活,亦即,較小的社區或團體是依靠大雇主而生存,因此,若大雇主歇業,則許多靠這位大雇主吃飯的行業或團體也會跟著歇業,從而全區內的每一個人都會遭受淨利損失,甚至整個社區會因而沒落。

第 五 節　淨利損失的財務影響

有系統地衡量潛在意外事故所致淨利損失的財務影響,以便使混淆及可能的誤差至最小。為此,我們應仔細辨認並考慮會影響淨利損失之幅度的每一個因素,這些因素是:

1. 歇業時間的長短。
2. 歇業的程度(如全面歇業或部分歇業)。
3. 歇業期間所減少的收入。
4. 歇業期間所增加的費用(包括持續費用、額外費用,以及趕建的費用)。
5. 回復損失前之收入與活動水準所需的時間。

上述這五個因素中的每一個均很容易得到大家的想像與理解,也很容易以財產損壞的淨利損失來加以討論,而它們的運用也是一致的;亦即,它們均能決定一意外事故之淨利損失的幅度,且不管此一意外事故所涉及的是財產損失

或責任賠償或人身損失。

一、歇業時間的長短

　　能決定淨利損失大小的重要因素之一，就是回復中斷之生產過程所需的時間。然應注意的是，風險管理人所關切的是生產過程的恢復，而不是財產的回復，因回復受損之財產雖可能是回復正常營運的先決條件之一，但有時卻並非如此。易言之，儘管直接且輕微的財產損壞會造成可怕的淨利損失，但大財產的損失有時並不會損及整個生產過程，從而也就不會引起什麼淨利損失。

二、歇業的程度

　　歇業的程度乃是決定淨利損失之財務影響的第二個變數，一般說來，一意外事故若不是造成企業全面的歇業，便是造成其部分的歇業。因此，若一企業的營運在意外事故發生後，尚有部分能持續下去，則其淨利損失自沒有全面歇業的淨利損失那麼嚴重。

三、歇業期間所減少的收入

　　當生產過程受到干擾時，則風險管理人可從三種合適方法中選取一個來計算所減少的收入，申言之，對銷售自己並不生產之業務或產品的公司而言，衡量淨利損失風險的最好方法，就是預測銷貨收入減少之金額；而對製造商來說，衡量淨利損失風險的最好方法，就是所損失之產量或生產的價值；至於對尚未收到投資報酬的投資人而言，則衡量淨利損失風險的最好方法，就是預期的收入。然應注意的是，這三種方法的每一種都可能會難以使用與計算。

四、歇業期間所增加的費用

　　一企業在意外事故發生後，該企業可能必須關門歇業，或者是有能力繼續部分的營運或全部的營運。然不論是哪一種情況，費用將一定會成為其淨利損失的一部分。因儘管該企業必須歇業，但其仍將必須承擔一些必要的費用如所得稅、利息費用與某些員工的薪資等，而企業於意外事故後繼續營運，則其多

半會因艱困而必須承擔某些額外的費用。又不管該企業歇業與否,其可能會選擇加速復原,以便儘早恢復正常的營運,為此,其勢必要作一些額外的支出,而這些支出就是所謂的趕建費用。以下就逐一分述之:

五、回復正常所需的額外時間

一般說來,復原所需的時間,可能不止於企業遭受淨利損失的那段時間而已。因在重新開幕後,亦需一段的時間方能回復正常的生意量。此處所謂的正常生意量,乃係指沒有營運中斷時所能賺得的收入量而言。然此一正常生意量,並不一定是指意外事故發生日的生意量,而係指重新開幕時,預期會賺得的收入量而言,例如,若一意外事故使一企業在淡季中被迫歇業,然其在旺季中重新開幕,則其正常的營運量就為旺季的營運量。

第 六 節　淨利損失風險的發現方法

有六種廣為人們所使用的資料來源,能用來發現一企業的淨利損失風險。申言之,這些資料來源可用來確定各種會造成淨利損失之意外事故的頻率,以及這些淨利損失的潛在幅度。以下就分述之:

一、調查／問卷

儘管大多數標準化的調查／問卷均係為保險導向(亦即著重於可保的風險),但一般的調查／問卷(或具有代表性的調查／問卷),卻都載有數個工作底稿,可用來回顧並透視有損失之虞的淨利價值,其中的一個工作底稿通常被稱為「營業中斷保險工作底稿」,此底稿的格式主要係在記錄整個企業之一段時間的收入與費用,但只要稍加修改,則亦可用來記錄企業之任一部門的整段時間內的收入與費用。一般的調查／問卷,也載有如下的「必要之額外費用決定表」,此表可用來詳盡探究一企業不顧意外事故損失,而繼續營運時,所必須承擔的額外費用。「營業中斷保險工作底稿」可用來表明企業被迫歇業(全面歇業或半歇業)時的淨利損失價值,而「必要之額外費用決定表」,則

可用來表明不顧意外事故而繼續營運的淨利損失影響。由於淨利損失風險係為未來的價值，故由這些底稿與表格所提煉出來的資料，就必須予以預測至未來。

　　除了上述這些稿表外，一般的調查／問卷也能辨明產生收入的每一個企業處所（所謂收入係包括租金收入在內），同時也還能指明這些收入，係為年收入或定期的收入。是故，這些資料可用來辨認其營業中斷可能會引發重大之淨利損失的依據。

二、財務報表及其他會計記錄

　　分析淨利損失風險的另一個重要工具就是企業的財務報表。其中，損益表所列的是歷史的年收入與費用，而年度預算表所列的則是未來年度的收入與費用，故最能用來預測淨利損失。易言之，雖損益表係在報導過去會計期間的歷史收入與費用，而年度預算表則在反映高階主管對未來收入與費用的估計，但兩者合在一起卻能顯示經理人預測實際成果的精確性。這些資料也能用來決定預測的預算能否有效衡量未來會計期間有損失之虞的淨利價值。此外，財務報表所顯示的記錄，也能用來辨認過去的事故是如何引起淨利損失。因這些記錄能顯示淨利受各種意外事故影響的程度；為此，類似的事故，可預期會對未來的淨利有類似的影響。

三、其他記錄

　　由於淨利損失風險會直接且精確的呈現在財務報表與會計記錄上，故其他非財務記錄對淨利損失風險的分析就較不重要。不過，風險管理人應密切注意其他記錄與文件所隱含的淨利損失訊息。這些記錄與文件計有企業董事會的會議記錄與其他報告書，以及其他有關產品組合之改變計畫、生產方法之改變計畫及供應商與顧客之改變計畫的會議記錄。由於這些改變會影響未來之收入與費用的「正常」流量，故風險管理人應有責任預先加以防範。又意外事故、保養與修理記錄，也能凸顯正常營運的過去「毛病」與未來的潛在「毛病」，而這些毛病都可能會是潛在的營運「中斷」來源之一。

四、流程圖

意外事故的幅度與隨之而來的淨利損失幅度間的關係，實難以界定，因小的財產損失也會造成巨大的淨利損失，而大的財產損失則不見得會造成大的淨利損失。雖然如此，流程圖還是能凸顯製程中有可能會引發大「中斷」或「干擾」的關鍵地方。

五、親自檢查

親自至現場檢查將能洞察任何損失風險，亦即，親自檢查能讓風險管理人具體掌握真正的風險。易言之，在檢視過調查資料、財務報表及流程圖後，風險管理人就能把其注意力集中在製程中有問題的地方，並親赴這些現場，以瞭解實際的情況，從而辨認出他人所忽略的風險。

六、請教企業內外專家

有一群人很能協助分析淨利損失風險，這群人就是會計人員（包括企業自己的會計人員與外界的開業會計師）。因此，為取得有關企業財務營運的細節資料，他們當然是最好的請教人選。又向企業之高階財務或企劃主管請教，也常能深入瞭解企業財務計畫主要收入與費用來源。此外，向律師請教，則可瞭解租賃與其他契約的實際情況。

由於預算對未來淨利損失風險的預測很重要，故風險管理人應向與預算有關的人員請益。又向營運經理人請教，則也能深入瞭解源自各該部門潛在的淨利損失風險情形。

此外，向外界的專家，如建築師、工程師、建築承包商、設備供應商及大供應商等請教，則有助於瞭解受損之設備與存貨的必要修理或重置時間。為此，這些外界專家所估計的建築計畫前置時間，與設備暨存貨之重置的前置時間，應予以併入企業的復建計畫中。

自我評量

一、試說明淨利（Net Income）損失風險的意義與種類？

二、試說明會引起淨利損失的事件？

三、試說明會引起淨利損失之企業所能控制的財產種類？

四、試說明會引起淨利損失之非企業所能控制的財產種類？

五、財產損壞導致企業「收入減少」而造成淨利損失的種類有哪些？請說明之。

六、財產損壞導致企業「費用增加」而造成淨利損失的種類有哪些？請說明之。

七、試說明任何單一風險事故造成企業的淨利損失及引起其他個體及整個社會的損失？

八、試說明企業淨利損失所致財務影響應考慮的因素？

九、試說明企業因意外風險事故導致歇業期間所需增加的費用之種類及內容？

十、申述淨利損失風險的發現方法？

第九章

責任損失風險之分析

學習目標

本章讀完後,您應能夠:

1. 瞭解責任損失風險的意義與種類。

2. 歸納責任與賠償型式。

3. 說明企業的民事責任。

4. 分辨過失責任主義、無過失責任主義與抗辯的不同。

5. 解釋損害賠償之結構、原則、方法及範圍。

6. 指出現代企業幾個重要責任問題。

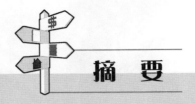

摘　要

　　企業責任風險是指企業在生產及行銷之經營過程中,造成員工或他人身體財產之損害,而在法律上應負民事賠償責任之風險。隨著科技的創新、社會的變遷,以及權益觀念的演變,使企業之責任風險愈形複雜。故現代企業之經營者,莫不重視企業責任風險標的之分析,以避免意外損失,穩定企業之經營。

　　現代企業所應負之賠償責任通常來自契約責任及侵權責任。所謂契約責任,是指當事人之一方不履行契約義務或不照契約履行對他方所負之責任,而產生對他人應負之賠償責任。而侵權責任則指因故意或過失,不法侵害他人權利或利益而產生對他人應負之損害賠償責任。因侵權行為所致之民事賠償責任,則是企業風險管理人所最重視之責任風險。

　　侵權行為及債務不履行所產生之責任合稱為民事責任。而民事責任之賠償係受損害之一方依據民法規定,向行為者請求賠償或其他適當之作為,使損害終止並回復原狀。現行法律所規定損害賠償之基本原則乃為損失填補、損益相抵、刑事責任與民事責任獨立、故意與過失責任相同,以及不考慮當事人之經濟狀況而按實際損失程度賠償。

　　企業所面臨之法律責任包括雇主對內之職災責任、雇主對外之員工侵權責任、產品責任及公害責任。故企業應考慮內外部之法律與社會因素以行風險管理,才能降低企業之責任風險。

第 一 節 　責任損失風險的意義與種類

隨著時代的進步及科技的創新，開拓了企業經營的領域，相對地也帶來了新的風險標的（Exposures）。其中又以財產風險及責任風險最為主要，惟財產損失看得見且容易評估，而責任風險卻因社會變遷、科技翻新，風險因素亦愈形複雜，故其損失額尤難確定。且企業規模愈大，發生風險的機會也愈高。再加上近代侵權責任（Tort Liability）觀念演變，人們對自身權益的保護，使企業面臨更多潛在的風險，若稍一不慎發生事故，不僅企業本身受到損害，與其相關之人亦會受到傷害，甚至波及無辜之他人。

2011年3月11日下午1點46分，東日本發生規模9.0之大地震，造成15,843人死亡，5,890人受傷，3,469人失蹤，房屋全倒110,848間，半倒134,954半間，部分受損488,138間，經濟損失高達2,400億美元。

此次東日本的9級大地震，引發地、水、火、核四大災難複合式齊發，讓人怵目驚心。其中最讓人憂心忡忡的還是福島第一核電廠機組的接連爆炸及放射性物質外洩事件。這事件既是天災，又有可能是人禍，所以引起了全球核能發電是否安全的廣泛重視。

2011年3月11日發生東日本的9級大地震，除了造成上述龐大生命財產損失外，並引發了超級大海嘯、核電廠輻射外洩、全球產業關鍵零組件供應鏈暫時中斷及經濟影響的災難。這種由強震所引起的「複合式災難」，超出先前人類日常運作所能思考的範疇，值得我們深思。這個事件也喚醒世人思維——一個國家的災難不僅只對災難當地產生不利後果而已，它所帶來予人類一直有個內在的啟示。

由於經濟發展經常帶來可怕的外部性問題，即是污染（Pollution）；然而，空氣、水源和土地污染在短期和長期所產生的影響，均受到世界的普遍重視。企業運用風險管理的原則可以減輕污染的某些不利影響，但是只要污染的全部邊際成本沒有內化到由污染者承擔，經濟誘因就會誘導產生更多的污染。人們可期待政府在消費者要求有效治理污染的壓力下，運用更多的風險管理與保險來解決這類的問題。

法國著名企業家及經濟學家艾伯特（Michel Albert, 1930-）曾說：「未來民

主國家一切重大的政治社會論爭都離不開保險的主題。」以近年來國內發生搭乘捷運乘客在車站遭到電扶梯割裂頭皮事件、病死豬肉及其他黑心食物、千面人下毒食品遭消費者誤食、熱心同學背負玻璃娃娃同學因跌倒致死引發鉅額損害賠償案例，以及國小生在教室嬉戲被破裂玻璃穿刺心臟致死等震驚社會大眾之消息，艾氏所言確實有其參考價值。

在環保意識逐漸抬頭，人們愈注意其居住環境是否安全，企業對其工業安全的防範措施，尤應強化。據統計大多數的公害糾紛皆源於企業本身不當的處理所致。故現代企業經營者，為避免意外損失，穩定企業經營，莫不重視責任企業之責任風險標的分析（Analyzing Liability Exposures）。所謂「責任風險」，乃指企業在經營過程、產品生產及產品在市場上販賣的過程中，所導致員工或他人身體或財產之損害，法律上所應負之民事賠償責任之風險。

為了防範風險，應先對風險所帶來之法律責任有充分瞭解，故晚近風險管理已成為一門重要的科學。不論如何，風險管理專家必須負有保護企業的責任，故其必須加入企業組織體的決策階層，使組織體能夠完全地遵循法令所賦予義務及責任，藉著「服從策略」計畫，使組織各階層人都能瞭解其在不同法令下應盡之責任，以避免風險之產生。所謂「服從策略」之計畫，其步驟有四：(1)與企業所需之法令並進；(2)定義企業組織體對該法令所應盡之義務；(3)教育企業內的人們應如何遵循法令；(4)監督受僱者，確定他們是否切實服從法令。就風險管理的觀點而言，去順應一特定的法令將會比堅持更多合理不成文標準要來得容易。當法令明確時，一個企業將會很明確的知道它的需求是什麼，即使它是不合理的；但當法令不明確時，一個企業將會面臨更多的不安，故其必須參考習慣、法理及判例，並視行政機關如何施行法令，以及法院如何合理地判決。本章所探討的，為目前企業所面臨之法律責任（Legal Liability）風險問題。主要可分為：(1)雇主對內責任 —— 勞災責任；(2)雇主對外責任 —— 員工侵權責任；(3)產品責任；(4)公害責任。

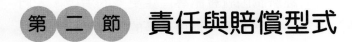

第 二 節　責任與賠償型式

基於法律對於違法行為所賦予之法律效果，不外為刑事上之刑罰及民事上

之損害賠償兩者。前者係違反社會上應負之義務，為犯罪行為，而受到國家起訴者稱為刑事責任（Criminal Liability）；後者係違反特定之個人應負之義務，由受害者循法律程序提出適當賠償請求者，稱為民事責任（Civil Liability）。而「民事責任」如前所述並不以法律有明文規定者為限，其主要者有：(1)契約責任；(2)侵權行為責任。所謂契約責任係指當事人一方不履行契約義務，或不照契約履行對他方所負之責任；而侵權行為責任則包括其他所有違反對特定人所應負之義務，致他人受損害所生之責任而言。

　　就賠償型式而言，民事責任之賠償係受損害之一方依據民法規定，向行為者請求賠償或其他適當之作為，使損害終止並回復原狀（詳細將於本章最後討論）。刑事責任之賠償則係依刑法或相關法令對行為人追訴審判，使行為人坐牢服刑或罰金。而企業管理者所關注者為民事責任所生之賠償責任，其中又以侵權行為責任尤為重要。

第 三 節　企業的民事責任

　　民事責任依被侵害權益之不同，遭受損害之被害人，其所能主張損害賠償之主要法律基礎有二，一為契約責任，一為侵權責任。契約責任以當事人間有契約關係為前提，惟不論被害人與行為人間是否有契約關係，均得依侵權行為之規定請求損害賠償；依其情形，並可能發生契約責任與侵權責任競合之問題。

一、企業的契約責任

　　所謂契約者，乃以發生權利義務之取得、變更及移轉為目的，而由兩個以上對立的意思表示所合致之法律行為而言。當事人雙方訂立契約時，依據契約自由原則，修訂契約內容或限制責任範圍時亦同。惟近代大規模企業勃興，此等企業所用之契約漸次定型化與團體化，各種契約所訂之條款莫不由企業之一方決定，在需要人（相對人）方面，實無討價還價之餘地。因之近來不僅限制契約自由之理論高唱入雲，而現行法上限制契約自由之規定亦屢見不鮮，至於

要訂立一個有效契約，其要件分述如下：

(一)雙方意思表示一致

當事人一方提要約，他方同意而為承諾。且當事人雙方間必須有真正意思表示一致，不能有詐欺、脅迫、虛偽表示或錯誤等情事而影響契約的效力。

(二)當事人雙方必須有行為能力

當事人之資格不能有未成年人、心神不健全或其他原因而被禁止者。惟限制行為能力人未得法定代理人之允許所為之契約經法定代理人承諾後仍生效力（民79）。

(三)適法之報酬

報酬是交換承諾的一種有價值的東西，它可以是財產、金錢、作為或另一個承諾。且它不須與承諾有相當之對價。

(四)適法的目的

契約不能違反法律規定，亦即不能違反強制或禁止規定，且不能違反公共秩序或善良風俗（民71、72）。

(五)合於法定方式

契約原則上僅依意思合致即可成立，並不限於任何方式，唯有些契約法律特別規定其須依一定方式時，則其必須符合法定方式始生效力。

所謂契約責任，係指當事人不履行契約上義務而生之債務而言，其型態為給付不能、給付不完全或給付遲延，概稱為債務不履行。原本當事人應依契約之本旨及誠實信用方法實現契約之內容，惟在契約關係的發展過程中，常因可歸責於債務人之事由，未依契約本旨以為給付，致生所謂債務不履行狀態。依民法規定，因可歸責於債務人之事由致給付不能、給付遲延或給付不完全（尤其是加害給付）者，債權人得請求賠償。而其構成要件如下：

㈠須有歸責事由

債務不履行，須有可歸責於債務人之事由，始可成立。關於給付不能及給付遲延，民法設有規定（民225、230），給付不完全（民227），亦屬瑕疵給付之一種，自須有可歸責於債務人之事由，始能成立。原則上債務人應就其故意過失負責。

㈡須有違法性

債權侵害必須具有違法性。一般而言，任何契約上義務之違反，除有違法阻卻事由外，即構成不法。

㈢須有因果關係

債務人須基於其作為或不作為違反契約上之義務而致債權人遭受損害。債務人之行為與義務之違反與損害之間須有因果關係（Proximate Cause）。所謂契約上之義務，係指債權人基於契約得請求債務人從事之一切義務而言。債務人尤應避免從事任何行為，以危害契約之目的。

企業因契約責任而應負損害賠償責任，主要者有勞動災害及產品瑕疵責任。例如雇主因未提供良好工作環境致受僱人於工作時受到傷害，又因企業產品具有瑕疵致買受人使用後受到傷害，皆為企業典型之契約責任。

二、企業的侵權責任

在民事責任中除契約責任外，另一主要者為侵權責任。何謂「侵權責任」，其涵蓋之範疇甚廣。一般而言，係指因故意或過失不法侵害他人之權利或利益，而應負損害賠償責任之行為。企業風險管理人所最重視的責任風險，即是因侵權行為所致的民事賠償責任。依現行民法之規定其構成要件有：

㈠須有加害行為

侵權行為之成立以加害行為為第一要件，蓋一切後果皆肇端於此，倘無加害行為，則其餘之問題根本不會發生。原則上個人僅對自己之行為負責，對於他人之行為不負責，即所謂「自己責任原則」，惟自己之行為並不以行為人自

身之行為為限，即以他人為機械所為之行為亦不失為自己之行為。例如甲以乙之手握刀傷人，則此傷人之行為非乙之行為，仍為甲之行為。且自己之行為並不限於積極之作為，消極的不作為亦包括在內。

(二)須有不法行為

所謂不法，乃指違反法律之強行規定或違背善良風俗而言。按加害行為原則上莫不違法，惟有時因某種事由可阻卻其違法性，如正當防衛、緊急避難、自助行為（民法149～151）等，故若有此等阻卻違法事由存在時，雖其行為不法，法律上亦不科以任何責任。

(三)須有權益受侵害

侵害之對象須為權利或利益，民法上侵權行為所保護者，專指私權而言，公權原則上不包括在內。私權以其標的為標準可分為人格權及財產權。前者如身體權、生命權、健康權、名譽權、自由權、信用權、隱私權及貞操權等（民法194），後者如債權、物權、準物權、無體財產權等，此等權益一被侵害，即構成侵權行為之要件。

(四)須致生損害

民事責任之目的在乎填補被害人之損害，故非有損害之發生，雖有加害行為亦不能成立侵權責任。換言之，侵權行為無未遂問題。所謂損害，乃於財產上或其他法益受有不利益之謂。損害可分為財產損害與非財產損害，又可分為積極損害與消極損害，然不論何者，皆必須現實的發生損害，始得請求賠償。

(五)須有因果關係

因果關係者乃加害行為與損害之間，有前因後果之牽連是也。惟某一結果之發生，必非基於單一原因，而其一原因又未必發生單一之結果，故不可不確定其界限以資適用。關於因果關係，學者之通說採「相當因果關係」（Doctrine of Proximate Cause），一稱緊接原因原則，或稱主力近因原則。即某原因僅於現實情形發生某結果者，尚不能斷定其有因果關係，必須在一般情形，依社會通念，亦能發生同一結果者，始得認有因果關係。亦即須「若無此行為，則

不生此結果；若有此行為，通常即生此損害」而言。例如甲毆乙成傷，送醫治療，而醫院失火乙被燒死，則乙之死亡與甲之毆打即無因果關係，蓋乙雖因甲之毆打而入醫院，但一般情形，因傷入醫院治療當不至於被燒死，故縱有此行為（毆傷），通常亦不生此結果（燒死），故其並無因果關係。但若乙送醫後，因感染破傷風而死亡，則甲之毆傷與乙之死亡，即有因果關係。

㈥須有故意或過失

侵權行為之成立，以行為具有故意或過失為原則。惟何謂故意（Intention）？何謂過失（Negligence）？民法上並無明文規定，惟在刑法第13條及14條對故意、過失皆有詳細定義，故現今民法上之故意過失亦採刑法上之規定來解釋。因而故意在侵權行為上即應解釋為：「行為人對於構成侵權行為事實，明知並有意使其發生；或預見其發生，其發生不違背其本意」者。而過失在侵權行為上即應解釋為：「行為人雖非故意，但按其情節應注意並能注意而不注意，或對於構成侵權行為之事實，雖預見其發生，而確定其不發生」者。故意、過失之意義在民刑法上雖屬相同，但其價值在民刑法上則有不同。刑法以處罰故意為原則，處罰過失為例外（刑12）；而民法上故意、過失同其價值（民184），惟有時亦非無差異，例如以背於善良風俗之方法加損害於他人者，以故意為限（民184）。侵權行為固然以故意或過失為成立要件，但近代法律思想亦因經濟發展與社會結構之改變，而趨向於採無過失主義，其所著重的不在行為人的「意識」（有無過失），而在行為的「結果」。關於此點將於下節再行探討。

㈦須加害人有責任能力

責任能力者，侵權行為人能負損害賠償責任之資格也，故亦稱侵權行為能力。侵權行為者必須有此資格，否則不負損害賠償責任。然此能力之有無，將依何標準以定？一般以識別能力（意思能力）之有無定之。蓋在過失責任主義之下，既以故意過失為侵權行為之主觀要件，自應以有識別能力之存在為前提，否則對於行為之違法若毫無認識時，即無故意或過失可言。故非有識別能力者，即不應使之負賠償責任。惟在無過失責任主義之下，則一有損害（結果）之發生，行為人即須負責，故責任能力之問題，對於無過失責任而言，即不具有任何意義。

三、契約責任與侵權責任之競合

　　現代法律均為抽象規定，並從各種不同角度規範社會生活，故常發生同一事實符合數個規範之要件，致該數個規範皆得適用同一事實，學者稱之為規範競合。民法上之規範競合，實務上最常見者有契約責任（債務不履行）與侵權責任之競合。例如廠商製造具有瑕疵之產品出售，致消費者使用後遭受損害，則廠商依買賣契約應負債務不履行之責，而依瑕疵產品致他人受損害而言，又須負侵權行為之責。

　　契約責任係指債務人不履行契約上義務而生之債務，而侵權行為是指不法侵害他人權利之行為。若債務人之違約行為同時構成侵權行為之要件時，即發生此二者責任競合問題。就其法律效果而言，二者均以損害賠償為給付之內容。惟契約責任之優點，在於法律因鑑於當事人有特別信賴關係，對於債權人（被害人）之保護較為周到，例如各國法律多規定出賣人就買賣標的物之瑕疵，應負擔保責任；而其主要之缺點，在於免責條款的廣泛使用，剝奪或減少了被害人請求賠償機會。而侵權責任之優點，在於被害人得向肇害原因事實應負責之人，主張其權利，不受契約關係之限制；其缺點在於採過失主義之國家，被害人對於加害人之行為，因須負舉證責任，較不易有獲得賠償之機會。

　　同一行為得構成侵權行為及債務不履行，惟二者均以損害賠償為給付之內容，故債權人不得雙重請求，固屬不爭之論。但此二者間之關係為何？一直是學說或判例爭論的焦點。因時而別，因國而異，如何解決，迄無定論：(1)有謂僅適用其中一種法律規範；(2)有謂契約關係及侵權關係二個法律規範均能適用，並產生兩個獨立並存之請求權，債權人得擇一行使；(3)有謂契約關係及侵權關係二個法律規範雖均得適用，但僅生一個請求權，具有二個法律基礎。此三項理論在學說上簡稱為：(1)法條競合說；(2)請求權競合說；(3)請求規範競合說。我國實務上，原採嚴格的法條競合說，認為：因侵權行為而發生之損害賠償之責，乃皆當事人間原無法律關係之牽連，因一方故意或過失之行為，不法侵害他方權利而言。即認為侵權行為之成立，以當事人間無契約關係為前提，若當事人間存有契約關係，則縱債務人之行為合於侵權行為之要件，亦不成立侵權行為。惟目前實務上已修正，認為若採法條競合說則對當事人之保護，勢必受到限制，為求符合立法旨意及平衡當事人權益起見，應認為債權人得就其

有利之法律關係主張。即學說上所謂請求權競合說，亦簡稱選擇說。2000年5月5日施行民法債篇修正案，在第227條之1規定：債務人因債務不履行，致債權人之人格權受侵害者，準用第192條至195條及第197條之規定，負損害賠償責任。此新法條之規定，業已解決上述之爭論。

第 四 節　過失責任主義、無過失責任主義與抗辯

　　民事責任有過失責任與無過失責任之分，前者乃因故意或過失加損害於他人者應負損害賠償之責；後者乃加害人縱無過失，但因其行為或其他情事，加損害於他人時，亦應負損害賠償責任。近代法律上係採過失責任主義，但因大規模企業發展之結果，風險事業日益增加，損害事件比比皆是，致過失主義已不足以適應現代社會之需要，於是乃有無過失主義之倡行。過失不再是用來評價行為人責任的基礎，「實害」才是評斷責任的標準。在這觀念下，受害人之損害為行為人的結果，則不問是否有過失，行為人必須負損害賠償責任。

一、過失責任主義（Negligence Liability）

　　侵權行為之成立，採取過失責任主義之原則下，以行為人具有故意過失為要件。企業因故意侵權責任，實不多見，故於過失責任中最重要者乃指因過失而須負責之責任。按過失責任之成立要件有：

(一)須有注意義務

　　由於人類謀社會生活之群體關係，為了使大家安全，每個人均須負有相當注意義務，以避免危害他人，這種責任是附隨社會群體關係，且不一定以法律明文規定之義務為限。

(二)須未盡注意義務

　　行為人對於義務之履行應盡合理之注意義務，若未盡應注意之義務，則為

有過失。注意義務因不同情況而有不同之標準，解釋上，有償行為之行為人注意義務，應以善良管理人之注意為標準，即學說上所稱之抽象輕過失；如為無償行為之行為人，應以與處理自己事務注意之標準，即學說上所稱具體輕過失。

㈢須有因果關係

即損失之發生係直接由於行為人之行為或疏忽所致。即其間須有因果關係存在始可。

㈣須無抗辯事由

原則上所有合理之權益，皆應受法律平等之保障，但這些權益有時會相互衝突而無法兼顧，解決之道，唯有視何者有優先權了。又按加害行為莫不違法，但有時因某種事由而產生抗辯性，則其行為亦不構成侵權行為。抗辯事由可分為二範疇，一為優先權（Privilege），一為阻卻違法性（Immunity）。前者是一種權利，即當二權益相衝突時，唯有選擇較優先者，例如生命權益與財產權益相衝突時，生命權益較財產權益優先受法律保障。後者是一種免責權，即是對某一特定人之不法行為，法律上准其免負擔責任，例如檢察官行使對犯人之逮捕權（公務員依法令之行為），正當防衛、緊急避難或自助行為等。（民法第149-151）。

二、無過失責任主義（Strict Liability）

近世企業發達，其結果使人類生活因之而日趨文明，但其對於人類附帶之損害，亦日益加多。且損害之發生，企業未必有過失，例如製造硫酸之工廠，因其煙囪所排放之氣體有害於附近之農作物，但現代之科技尚無法防止。若依過失責任主義，即無法令該企業賠償。且有時損害之發生雖出自企業之過失，然「有過失」此點須由被害人舉證。法諺云：「舉證之所在，敗訴之所在。」可見負舉證責任者，在訴訟法上處於不利之地位。因之近來乃有無過失責任之倡行，以謀補救。再加上現代企業規模宏大，工廠內部莫不機械化，因此對勞動者平添無數新的災害，例如手足被機械切斷，無過失責任主義遂適應社會之

需要而生，各國或於立法上加以採用，或於解釋上予以援引。

我國民法原則仍以過失主義為原則，但有關於故意過失之舉證，亦多設有補救之方法。例如過失之推定（民184Ⅱ）、舉證責任之轉換（民188Ⅱ、188Ⅰ但）等，此種情形，倘加害人不能就其無過失舉證時，即應負損害賠償之責任。惟民法以外之其他法律，例如礦業法、工廠法、民用航空法、核子損害賠償法等，在立法上已採無過失主義。故採無過失責任主義，已成為民事立法上的一種新趨勢。所謂無過失責任主義，乃指法律所賦予之責任，只要有損害即應負責任，不考慮行為者之故意或過失。且主要是針對大規模企業所造成之損害所產生的法律責任。況且企業的發達乃是無過失責任主義之濫觴，一部無過失主義之發展史亦可說是一部企業之發展史。今後企業風險管理人在分析責任風險時，務必注意到此一趨勢。

三、抗辯與責任限制

責任係由行為而產生，自亦能由行為而消除，被害人對加害人之損害賠償請求權，亦可以因下列理由之提出，而使責任受到限制：

㈠與有過失 (Contributory Negligence)

當事人對自己之財產或安全未盡注意義務而造成傷害或損失，為與有過失。被害人對損失之發生既與有過失，加害人自得主張過失相抵，所謂「過失相抵」者，係指「損失之發生或擴大，被害人與有過失者，法院得減輕賠償金額或免除之」（民217）。蓋損失之發生或擴大，既由被害人所促成，故對損害賠償，自不能由義務人負擔，因而遂生過失相抵問題。所謂相抵，並非指以意思表示所為之抵銷（民334）而言，乃法院於裁判時，得依其職權減輕賠償金額或免除之謂（最高法院1996年台上字第1756號判例）。

㈡自甘冒險 (Assumption of Risk)

如被害人明知有風險之存在，又甘願置於危險中，因而發生之損害，加害人自得主張減輕賠償責任，甚至主張免除賠償責任。例如在劇烈的運動比賽中（拳擊、橄欖球等），運動員對運動之傷害風險明知並自甘冒險，則因此所致

之運動傷害，不能請求賠償。

(三)被害人同意（Consent）

權利人原則上得自行處分其權利，故容許他人侵害自無不可。故被害人對於侵害若事前允許，自亦限制了侵權行為者之責任。例如土地所有人允許鄰居小孩經過其土地去上學，小孩子之行為就不構成侵入（Trespass）。惟同意既為一種意思表示，故不得違反強行法規（民71），或違背公序良俗（民72），否則其同意無效，不得成為侵權責任之抗辯。例如受被害人之囑託或得其承諾而殺之，在刑法上仍屬犯罪（刑275），在民法上也構成侵權行為。且侵害若超出同意之範圍，對於因此所致之損害自必負責。

第 五 節 損害賠償之結構與基本原則、方法及範圍

一、損害賠償之結構與基本原則

侵權行為及債務不履行所生之責任，合稱為民事責任。就其法律效果而言，兩者均以相同的給付為內容，即發生損害賠償責任。何謂損害？乃指因權利或法益受侵害時，所受之損失。換言之，損害發生前狀況與損害發生後之狀況比較，被害人所受之損失，即為損害之所在。損害依其性質，可分為財產上之損害與非財產上之損害。前者亦稱有形的損害，後者亦稱無形的損害或精神的損害。此兩種損害非必單獨發生，亦有相伴而生者，例如破壞他人之物，固發生財產的損害，若該物為傳家寶物時，則又造成精神之損害。就現行法律規定之損害賠償法則而言，其主要者有：

(一)填補損失

損害賠償最主要在填補被害人所受之損害，故被害人不得請求超過損失之賠償。若非如此，則人人希冀受害，容易產生道德風險；且受損害並非中獎，

198

不得藉受侵害而意外得財。此亦即所謂禁止得利原則。

(二)損益相抵

即損害賠償請求權人因同一賠償原因，受有利益時，應將其所得利益，由所受之損害中扣除，以定賠償範圍，如傷人之身體（侵權行為），致未能依約赴某地表演，而失卻報酬，但因此而免往返旅費，則加害人於賠償時應扣除。蓋損害賠償之目的，在乎填補所受之損害，非在乎使被害人更受利益，故基於賠償原因之事實，被害人受有利益者，不能不予扣除，以期公允。

(三)刑事責任與民事責任獨立

同一行為不法侵害他人，可能同時構成民事責任與刑事責任。現代刑事責任、民事責任嚴格區別，討論民事責任時，並不受該行為是否應受刑罰而影響。

(四)責任與損害

原則上，賠償責任並不因故意或過失而有不同。蓋民事責任以填補當事人所受之損害為目的，並非應報主義，亦非懲罰主義，故不考慮行為者的心理狀態是故意或過失。唯例外者，被害人與有過失時可主張過失相抵（民217）。又損害非因故意或重大過失所致者，如其賠償致賠償義務人之生計有重大影響時，得酌減賠償金額（民218）。

(五)當事人資力

原則上並不考慮當事人雙方之資力，而按損失之程度賠償。例外情形如因賠償義務人生計關係而酌減（民218），或受僱人因執行職務致他人受損害，法院得斟酌僱用人與被害人之經濟狀況，令僱用人負全部或一部之損害賠償（民188Ⅱ）。

二、損害賠償的方法及範圍

損害既分為財產上之損害與非財產上之損害，則其賠償的方法及範圍，自亦有不同。茲列圖9-1說明如下：

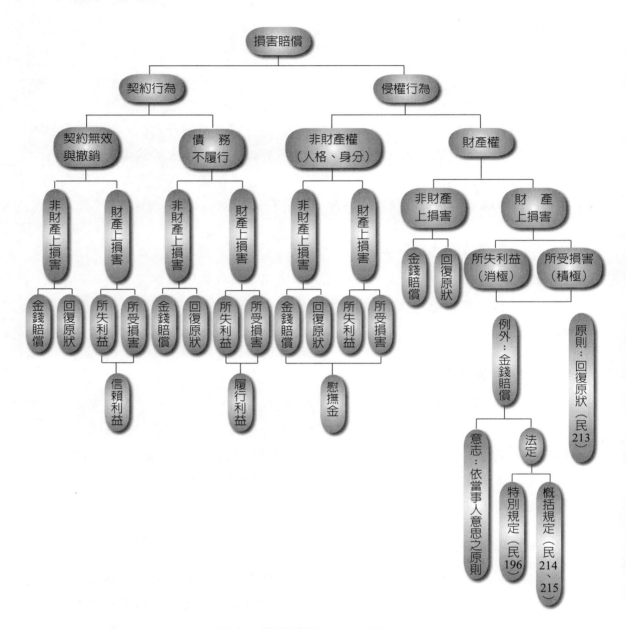

圖9-1　損害賠償的方法及範圍

損害賠償之目的在填補被害人所受之損失，而其方法則有回復原狀與金錢賠償兩種。前者是指回復損害發生前之原狀，例如打破茶杯，償還同樣之茶杯；此種方法極合損害賠償之目的，但有時不便或不能。後者是指依損失之程度支付金錢，以填補損害；此種方法便於實行，但有時不合損害賠償之本旨。

我國立法上以回復原狀為原則，以金錢補償為例外。「負損害賠償責任者，除法律另有規定或契約另有訂定外，應回復他方損害發生之原狀」（民213 I）。申言之，除法律有特別規定外（民214、215）或當事人間有契約約定外，權利人僅得請求回復原狀，而義務人亦當然應回復原狀。

損害賠償，除法律另有規定，或契約另有訂定外，應以填補債權人所受損害及所失利益為限（民216 I），故以契約約定損害賠償之範圍者，稱為意定賠償範圍，而依法律規定賠償範圍者，謂之法定賠償範圍。

㈠意定賠償範圍

依當事人意思自由原則，損害賠償之範圍自得由當事人任意約定。其有於損害發生前，即將未來賠償之範圍，加以約定者，如訂立契約時預先訂定違約金；亦有於損害發生後，由當事人以合意約定其賠償範圍。至其內容如何，除有違背公序良俗外，自應從其約定。

㈡法定賠償範圍

賠償範圍除前述契約另有訂定外，以填補債權人「所受損害」及「所失利益」為原則。「所受損害」指既存權益因有歸責原因之事實，以致減少之謂，亦稱積極的損害，例如身體之傷害、醫藥費之支出。而「所失利益」乃指若無歸責原因之事實，勢能取得之利益，而因歸責原因事實之發生，以致喪失之謂，亦稱消極的損害。惟此種消極損害，其範圍究不如積極損害之較易確定，倘無明文以定其標準，則難免附會牽強，紛爭不已，因而法律特明定：「依通常情形或依已定之計畫設備或其他特別情事，可得預期之利益，視為所失利益。」（民216 II）。

至於賠償金額之計算，若是財產上損害，則因其較具體，能以客觀方法估定，除少數特殊物品上，一般皆依交易價格定之。至於非財產上之損害（精神上），其計算因無客觀之標準，法院只得於賠償請求權人要求之賠償額內，斟酌雙方之身分、地位、財產狀況及被害權益之種類，以及其他情事予以相當之判定。

第六節 現代企業幾個重要責任問題

社會的變遷，改變了人類的價值觀，而這些觀念往往對企業有很大的影響。另法律規章的改變，亦影響到企業的經營。故企業在制定內部計畫詳細內容時，亦應考慮配合外部之法律與社會因素，才能有適應環境的能力。

現代企業所面臨之主要法律責任風險問題已略述於前，本節將討論企業法律責任風險中四個較重要的課題。它們是企業法律責任的典型代表，而這些也是法律責任風險管理專家應考慮的問題，尤其對一個跨國企業而言，在不同的管轄區域，將會有數以百計不同的法律要遵守。惟本節所探討者主要是以我國現行法律規定為標準。此四種法律責任是：

一、員工因工作而造成之傷害或疾病 —— 雇主對內責任。

二、員工因執行工作對他人所造成之侵權責任 —— 雇主對外責任。

三、因公司之產品或服務對使用者所造成之侵權責任 —— 產品責任。

四、因生產過程所造成之環境污染 —— 公害責任。

一、雇主的對內責任——勞災責任

員工執行職務遭遇意外傷害或罹患職業病，是現代的重要社會問題。自18世紀工業革命以來，科技的進步，除了以機械為最主要之工作工具外，員工常置於高溫、噪音、毒氣、輻射線等危險的環境中，意外事故劇增，損害嚴重。因此，如何改善工作環境及解決勞災救濟問題，乃成為現代企業之重要課題。

任何一個雇主或老闆，基於下列兩項原因，都必須致力於減少工作災害和提高員工之健康：(1)基於人道的立場和員工之福利，公司有責任提供員工一個安全健康之工作環境；(2)基於成本的考慮，因為維持一個不會發生意外事件的工作場所所須投入的成本，遠低於因工作意外事件之傷害或職業疾病所帶來之時間、物質、金錢的損失，因為此類損失亦為一種成本，故維持一個沒有意外事件發生的環境，自然會顯得較為經濟。

早期雇主對員工之勞動災害，完全是以「過失責任主義」為基礎之侵權

行為法處理之。但自19世紀末期迄至今日，社會責任思想發達，工會運動興起，各國政府為保護勞工，以謀社會安定，乃積極設法解決。大體言之，係分二方面進行，其一為改進侵權行為法，其二為創設勞工補償制度（Workmen's Compensation），其中以德、英二國法制之發展最具創設性及模式性，為世界上大多數國家所仿效。此後，員工因工作所致之傷害，不論雇主有無過失，皆可獲得賠償。

我國對勞工災害之救濟亦採雙軌制，除民法上之侵權行為法外，勞工法規亦設有明文。我國現行勞工法規中，最早的是工廠法，1929年公布，1931年8月1日施行，然後陸續制定者有工廠法施行細則、勞工保險條例、勞工安全衛生法、工廠檢查法、勞動基準法等，並所有「受僱從事工作獲致工資之人」概稱為「勞工」（勞安法2）。基此，員工因執行職務而致傷害或職業疾病時，雇主依法應負之補償及賠償責任有：

㈠勞保給付與賠償

受害之員工或其家屬可以請求勞保給付，如果雇主不依規定替員工投保，致員工無法獲得勞保給付，雇主就此應負賠償責任（勞保法72）。惟此項給付金額因雇主於投保時為減省保費，通常皆壓低投保金額，致此項給付或賠償金額不大。

㈡勞基法上的補償責任

1984年7月勞動基準法公布施行後，勞工因職業災害而致死亡、殘廢、傷害或疾病時，雇主縱無過失亦應依勞基法之規定予以補償。其方式有醫療補償、工資補償、殘廢補償與死亡補償。如雇主已依法辦理勞保，員工已受領勞保給付，則雇主可免付該勞保給付之部分（勞基法59）。

㈢民法上的損害賠償責任

如果員工受傷害，雇主有過失時，亦必須負民法上「侵權行為」的損害賠償責任。惟主張侵權行為請求賠償，員工必須證明雇主有過失。證明雇主有過失，對勞災傷害而言，有時並不難；蓋「違反保護他人之法律者，推定其有過失。」（民184Ⅱ）而所有的勞工法規都是保護勞工的法律，要推定雇主有責

任，並不困難。此點企業應須特別注意。

如前所述，員工執行職務遭意外事故，依其情形一方面得依侵權行為法之規定向加害人請求賠償，一方面得依勞基法之規定請求災害補償。惟侵權行為之基本思想在於填補損害，使被害人能夠回復損害發生前之原狀，反之，勞災補償係以維護勞動者之生存權，旨在保障勞工最低必要之生活。請求損害賠償必須證明雇主有故意或過失，並得適用過失相抵原則；而請求勞災補償，則不必證明雇主有故意或過失，且不適用過失相抵原則。但侵權行為得請求之範圍較廣，除財產上之損害外，並得請求非財產上之損害；而勞災補償給付，僅限於財產上之損失且給付金額較有限。並依勞基法之規定，雇主之「補償金額」得抵充「賠償金額」（勞基法60）。至侵權行為之損害賠償與勞災補償間之關係如何，深受各國勞災補償制度、給付水準、經濟發展程度之影響。

歸納言之，計有四個基本類型：(1)以勞災補償取代侵權責任；(2)選擇；(3)兼得；(4)補充。就我國目前之立法原則而言，係採補充方式（勞基法59、60）。所謂「補充求償」，係指被害人得同時主張勞保給付、勞災補償及損害賠償，但不得超過其所受之傷害。

經由以上分析，我們知道，現代企業對員工之勞災損害，往往須負多重法律責任。因此，我們建議企業應：

1.提供一良好、安全、適當的工作環境，以保障員工健康，減少傷病死亡；並進而促進工作效率。

2.灌輸員工正確的安全觀念，使他們知道安全措施有哪些及其必要性與重要性。

3.選任適當人員從事適當的工作，並提供顯著的危險警告，以促其注意。

4.儘量遵守勞工法令，以免被推定有過失而須負損害賠償責任。

5.除依規定辦理勞工保險手續外，並應重視投保雇主責任保險，以分散風險。

二、雇主的對外責任——員工侵權責任

現代企業興起後，僱用他人從事企業活動，已屬必然。然而，若受僱人於執行職務之際，不法侵害他人權益時，應由何人負擔賠償之責？就理論言，行

為人僅對自己之行為負責（自己責任原則），損害之發生，既係基於受僱人的行為，則被害人只能對受僱人（加害人）請求賠償，惟受僱人通常資力較薄弱，向其請求，恐無實益。再者，僱用人因僱用他人擴張其活動，其責任範圍亦隨之擴大。基此理由，現代國家莫不規定僱用人就其受僱人，因執行職務所加於他人之損害，負賠償責任。

僱用人就其所僱之人因執行職務所加於他人之損害，應負賠償責任，為現代法律發展的共同趨勢，惟關於僱用人責任的構成要件及法律效果，則各國略有不同，茲說明如下：

㈠在英美法上

僱用人對其受僱人從事於職務時，因侵權行為致他人遭受損害，應負賠償責任。係屬一種無過失責任，僱用人不得主張選任或監督已盡相當注意而免責；僱用人雖無過失，仍應就受僱人之行為負責。

㈡在德國法上

僱用人對其受僱人因執行職務不法侵害他人權利所生之損害，僅在其本身於損害發生時具有過失，即對受僱人的選任、監督未盡必要注意時，始須負責。

㈢在我國

依民法188條之規定：「受僱人因執行職務不法侵害他人權利者，由僱用人與行為人連帶負賠償責任，但選任受僱人及監督其職務之執行已盡相當之注意或縱加以相當之注意而仍不免發生損害者，僱用人不負賠償責任。如被害人依前項但書之規定，不能受損害賠償時，法院因其聲請，得斟酌僱用人與被害人之經濟情況，令僱用人為全部或一部之損害賠償。」故知我國關於受僱人之侵權責任的立法精神，乃介於英美法與德國法之間，一方面遵守過失主義的基本原則，但在他方面為使被害人多獲賠償機會，除仿照德國法規定，推定僱用人選任、監督有過失，藉以免除被害人積極舉證困難外，復規定僱用人舉證成功後，法院仍得因被害人的聲請，衡平地令僱用人為一部或全部之賠償。

原則上受僱人因執行職務，致他人受損害時，僱用人應與之負連帶賠償，

蓋受僱人通常多無資力，法律為保護被害人並警戒僱用人起見，乃使之負連帶責任，而其成立要件為：(1)行為人須為僱用人之受僱人（員工）；(2)受僱人之行為須已構成侵權行為；(3)須受僱人因執行職務所為之侵權行為。有此三項時，僱用人之連帶責任即已成立，法律並推定僱用人在選任、監督上有過失，被害人不必舉證。僱用人欲主張免責，則必舉證其在選任、監督上並無過失。而在較具規模之企業，其所有人對所有員工自為選任、監督，就企業管理的理論與實務言，實屬不可能，故多採分層負責制度。若強令企業者對所有員工因執行職務所生之損害，皆應負責，於情於理上皆不妥適，故實務上皆斟酌企業管理情形，改採雙重舉證免責方式。即企業者必須證明：(1)其對高級職員之選任、監督已盡相當注意；(2)該高級職員對肇事之低級員工選任、監督亦無疏懈。亦即斟酌企業分層負責制度及衡量當事人利益採折衷方式。

現行民法關於僱用人責任規定，係過失責任主義支配下所產生的制度，惟又創舉證責任之轉換與衡平責任兩項規定，使整個制度趨於複雜。時至今日，無過失責任的理論已普遍被接受，僱用人役使他人擴張自己活動範圍，責任範圍宜隨之擴大，應承擔受僱人職務上行為危險性，實屬當然。故大多數的法學者皆認為，在立法上應確立無過失責任。時代不斷的在進步，侵權責任之觀念亦進步，企業經營者尤須特別注意此一趨勢，以作為未來經營策略的參考。為此企業應：

1. 嚴格選任、監督員工業務之執行，以避免損害之發生。
2. 提高所供給產品或勞務之價格，以分散其負擔。
3. 最重要者要投保合適之雇主責任保險，以分散風險。

三、企業的產品責任

由於消費者意識抬頭，產品因具有缺陷肇致損害，已成為舉世關切之問題，亦是現代企業須面臨的另一重大課題。而經濟快速成長，商品種類激增，勞務供給亦日益豐富，逐漸形成大量生產及大量消費的社會。商品具有瑕疵肇致損害，乃現代大量消費社會勢所難免之事。且消費者之保護已成為現代社會之基本任務，各國莫不加強此一觀念，況現代產品因採大量製造，一旦有瑕疵，其所造成之損害已非少數之個人，而係多數之大眾。例如有名的「沙利竇

邁度」事件（孕婦服用安眠鎮靜劑造成畸形兒）受害者遍及全球；而前幾年台灣米糠油含多氯聯苯事件，受害者亦多達千人，均為顯著之例。而前者之損害賠償金額及其他善後費用，合計高達73億日圓，故現代企業經營者，莫不應有產品責任觀念，瞭解產品責任之所在，以便採取因應措施，減少損害。

關於商品瑕疵肇致損害，所發生的民事責任，有稱產品責任，有稱商品責任。概念用語雖有差異，但討論的內容，基本上並無差異。法制發展初期及實務上，雖多以商品製造人為主體而討論，但目前已擴大其範圍，泛指遭受損害之消費者（包括買受人、使用人及第三人）對於產銷者得依法請求賠償之法律關係，其關係如圖9-2所示：

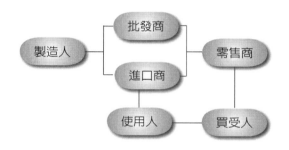

圖9-2　消費者與產銷者間請求賠償之法律關係圖

產品責任之法律關係，可分為二類，一為遭受損害之消費者與產銷者（尤其是零售商及製造人）具有契約關係，一為遭受損害之消費者與產銷者不具有契約關係。當事人間若具有契約關係，被害人得依契約關係主張權利。惟不論被害人與商品製造、銷售過程中之任何人是否具有契約關係，均得依侵權行為法之規定，請求損害賠償，依其情形並可能發生契約請求權與侵權行為請求權競合之問題。而主張契約責任者，必當事人間有契約關係存在，主張侵權責任者則不必。而二者之成立要件與其競合之法律關係，已於第三節「企業的民事責任」中說明，茲不再贅述。在此將有關產品責任之問題，再補充說明如下：

(一)契約責任

一般皆指被害人（消費者）與零售商（出賣人）間之關係，批發商或進口商通常與被害人並無契約關係，故原則上無主張契約上權利之餘地。而與商品製造人通常亦無買賣關係，因而亦無從主張契約上之請求權。惟對產銷一體之

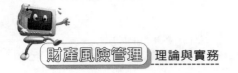
商品製造人而言，其亦須負擔契約責任。

(二)侵權責任

零售商就其所出售之商品有瑕疵所生之損害，應負侵權之責，依目前實務上見解認為：要看其是否已盡交易上必要之注意而定，至於其注意程度則應視實際情況而定。而批發商與進口商是否負侵權責任，亦應視其是否已盡交易上必要之注意而定。製造人就其所製造具有瑕疵之商品，一方面須向進口商、批發商或零售商負責（主要是契約責任），一方面須就消費者所受之損害負賠償之責（主要是侵權責任）。因此，製造人責任，在某種意義上，可謂產品責任之「焦點」或終局的負責人，在實務上最為重要。

產品責任由過失責任演變為無過失責任，係各國法制共同趨勢。英、美各國均已採無過失責任制度，我國現行之侵權行為法，以往原則上係採過失責任主義，惟對於一些特殊的侵權行為，如僱用人責任、動物占有人責任、工作物所有人責任等亦有採過失推定責任、連帶責任、衡平責任等以謀救濟。但有關「其有瑕疵之商品」肇致之損害，則未設規定，因此僅能適用民法侵權行為一般規定。惟2000年5月5日施行民法債篇修正草案，第191之1條即為加強對消費者保護，參考各國判例、學說和立法，對產品責任增設如下規定：「商品製造人因其商品之通常使用或消費所致他人之損害，負賠償責任。但其對商品之生產、製造或加工、設計並無欠缺或其損害非因該項欠缺所致或於防止損害之發生，已盡相當之注意者，不在此限。前項所稱商品製造人者，謂商品之生產、製造、加工業者。其在商品上附加標章或其他文字、符號，足以表彰係其自己所生產、製造、加工者，視為商品製造人。

商品之生產、製造或加工、設計，與其說明書或廣告內容不符者，視為有瑕疵。商品輸入業者，應與商品製造人負同一責任。」即產品製造人要主張免責，則須負舉證商品之生產、製造、設計並無任何瑕疵，否則即須負責。此項法律一旦訂定後，再加上消費者保護法第7條有關無過失責任主義，目前企業之產品責任更為加重。基此，企業更應重視下列各點：

1. 採取更積極之措施，以提高產品之安全性，減少損害之發生。

2. 健全產品檢驗、品質控制制度，期能防患於未然。

3. 加強投保產品責任保險，蓋產品責任保險可以分散風險，不使損失集中

一企業，藉由大眾共同分擔，以達損害賠償社會化之目的。

四、企業的公害責任

最後所要探討的是「企業的公害責任」，由於工商活動頻繁，經濟發展快速，環境品質破壞，環境污染已經到了使人們無法忍受的程度。對於廠商為減低成本而忽略了污染防治的行為，已不再認同。公害污染問題，亦如同產品責任一樣，已成為現代企業必須面臨的一個最新、最重要課題。所謂公害（Public Nuisance），係指因人為活動所生相當範圍之水污染、空氣污染、土壤污染、噪音、振動、惡臭、地層下陷或其他類似現象，致人之健康、財產或生活環境所受之損害。

根據統計，台灣地區目前較嚴重的公害污染依次為空氣污染、惡臭、水污染及噪音。而公害污染源最重要者為製造業者。就某一角度而言，公害乃科技活動必然之產物，有其相當之必然性及無可避免性，但經濟活動者，特別是企業者大量的使用空氣、水等自然資源，乃是使公害益形嚴重之主因。由於環保意識抬頭，人們對會影響到其生存之環境權益，已不再沉默。由較早的鹿港反杜邦、鹽寮反核四到李長榮化工廠圍堵事件、反五輕、六輕運動，尤其最近的林園事件，在在都帶給企業重大的衝擊，公害防治責任已成為現代企業刻不容緩之待決問題。

在法律的體制上，公害也是一種侵權行為，是一種侵害他人權利或破壞社會秩序的行為。惟就其侵害型態及內容觀之，卻又大異於傳統的侵權行為，此即通稱的「公害特性」，茲說明如下：

㈠公害之不平等性

指公害當事人所處法律地位不平等而言。按傳統侵權行為之當事人，係置於對等互換之地位，但公害之情形，其加害人往往為具有特殊經濟能力及地位之企業團體，而受害人常屬欠缺抵抗能力之一般國民。

㈡公害之不確定牲

指公害發生之過程而言，公害之原因事實、危害發生之程度、內容及其經

過期間之關係，往往甚不明確。欲就其彼此間尋求單純、直接、具體之關係連鎖，頗為困難，因果關係之推定論，即導源於此一特性。

(三)公害之延長性

公害造成之損害，常係透過廣大空間，甚至是多種因素複合累積之後，始告明顯，受害人往往在不知不覺中遭受損害，故侵害何時存在？加害人究在何處？加害人是否有故意過失？往往很難認定，故公害責任之消滅時效應否延長，即導源於此一特性。

(四)公害之合法性

傳統之侵權行為，其原因行為本身即屬違法，但公害之原因行為，例如傾倒廢棄物、流放廢水等，其本身往往是各種積極有用之社會活動所必須附隨的行為，故從法律價值判斷而言，公害雖係侵害他人權益之現象，但同時具有相當程度的「社會妥當性」，性質上本係一種「可容許的風險」。故有關公害之防治法律，無論是行政管制、取締、民事救濟，甚至刑事處罰，均常披上濃厚之「利益衡量」或「政策抉擇」色彩。

(五)公害之綜合性

公害造成損害時，常係同時侵害多數人之生命、身體、健康、財產及其他各種生活上利益，且除同時侵害多數人之多種權益外，同一公害根源，甚至同時產生多種公害現象，故公害特重於防治，其因在此。

公害所侵害者乃人類生存之環境權，在傳統侵權行為法，均採過失責任主義，並要求受害人證明加害人之行為與損害間具有相當之因果關係。由於公害之發生往往徐徐緩緩、長年累積並經多重孕育始告形成，故要證明公害之因果關係及過失，至為困難，若仍維持傳統理論，即無異否認受害人之賠償請求權，故必須突破傳統理論，另闢一途徑以為救濟之道：

(一)無過失責任規定之適用

依傳統過失責任主義，被害人如欲求得賠償，必須證明加害人有過失始

可。惟公害乃現代工商發達下必然的產物，且依前述公害之不平等性可知，公害之加害人往往是具有特殊經濟能力及地位之企業團體，公害賠償若仍依一般過失原則以求救濟，對受害人而言，無寧過苛，故公害賠償應適用無過失責任主義在社會環境需求下逐受肯定。在日本方面，甚至發展出一種「忍受限度論」理論。所謂「忍受限度論」，即損害之發生，如超越一般人所應忍受之限度者，即不問加害人之主觀上是否具有預見或迴避損害發生之可能，即認定過失行為成立，加害人須負損害賠償。亦即，過失乃係結果義務之違反，違反及過失是否成立，乃依客觀情事所為法律上價值之判斷，再加以比較衡量之結果，至於行為者個人之心理狀態等主觀因素如何，對過失是否成立，不具決定性的作用。故其性質上係屬一種高度而成熟的事實無過失責任主義。

(二)因果關係之推定

侵權行為責任之成立，須侵權行為與損害間有相當因果關係，受害人請求賠償須證明此一因果關係存在。公害糾紛最困難者，即為因果關係之認定，蓋公害之形成，往往須經廣闊的空間與長久的時間再加上多種因素複合累積而成，故要證明其因果關係，實係難事。故因果關係之克服，實為公害民事救濟理論上根本難題之所在。衡諸晚近各國公害民事救濟理論之發展趨勢，有關「因果關係」者不外：(1)優勢證據說；(2)事實推定說；(3)疫學近接原因說；(4)間接反證說。其中又以疫學近接原因說最具建設性。所謂「疫學」（Epidemiology），乃從集體現象研究疾病之發生、分布、消長及對其所影響之自然、社會的諸因素，或疾病之蔓延對社會之影響，尋求疾病原因及防止疾病蔓延方法，藉以袪除疾病對社會生活所生威脅的學問。而疫學近接原因說之內容，簡言之，即某種因素與某種公害疾病，經認為二者具有疫學上之近接原因。此為日本學者所力倡，不僅成為裁判理論之主流，而且為學者所推崇與肯定。

(三)共同侵權責任之例外

污染公害之責任人應歸咎於何人，不若傳統單一加害之易辨；現代公害污染常為多數營業團體共同排放污染物而導致之結果，因多數污染人而成為無法確定由何人所致，致使責任分配無法確定。在傳統責任分配，於不能確定為何

人時，常以連帶責任之概念，使受害人得任意以多數加害人中之一人為損害賠償請求，再由加害人向共同加害人依責任比例分攤賠償。但傳統連帶責任及共同分攤，對企業活動有時難免過苛，且公害之賠償數額往往巨大，因之，於特殊之情形，承認按加害比例分割責任，已逐漸受到重視。

(四)行政標準與損害賠償

公害污染乃現代經濟活動必然產物，有其不可避免性，故各國政府莫不訂定一行政標準，以防公害之發生。加害人遵守政府所訂之行政標準，無論是環境品質標準或排放標準，如仍造成損害，是否須負賠償責任？晚近學理及各國判例均採肯定說。認為行政標準乃是企業必須遵守的最低標準，其違反與否均屬行政責任，與民事責任無關。但縱使遵守行政標準，如仍造成公害，亦不能阻止民事損害賠償之成立，而仍應負賠償責任。

(五)限額賠償之訂定

公害之賠償責任，已由傳統過失主義，趨向於無過失主義。而無過失責任主義，深具社會責任之色彩，其規範基礎與過失主義者並不相同，因此在損害賠償範圍之制度上，一般皆傾向於「限額賠償」制度，逐漸脫離民法所謂之完全賠償原則。此一發展趨向，乃係配合無過失責任之運用。蓋公害採無過失責任，則「賠償金額」之多少就成為處理公害糾紛時之爭執點。若採限額賠償，不但能減輕企業之負擔，受害人亦能迅速獲得賠償。例如我國的「核子損害賠償法」、「公路法」、「鐵路法」皆採限額賠償制度。

(六)消滅時效理論之調整

侵權行為之損害賠償係採取短期時效制度，原則上自請求人知有損害及賠償義務時起二年間不行使而消滅；其不知有損害及賠償義務人者，自有侵權行為時起十年間不行使而消滅（民197），此種短期時效之規定對公害賠償是否妥當，已在各國法學上引起爭論。就法律字意而言，所謂「自有侵權行為時起」，於公害事件，即等於「自實施有害物質之排放行為時」起，如此，則在「行為時」與「損害發生時」二者有相當時間距離之公害事件，勢必產生「損害尚未發生，時效業已消滅」之結果。如嚴格遵守法律文義，則受害人勢無請

求賠償之可能。基於此，公害賠償之消滅時效，應修正自損害發生時起算（參考核子損害賠償法第27條）並延長賠償時效。此外，於累積性公害時效應自侵權行為停止時起算。而於因果關係有爭執時，應於鑑定結論出現後，始開始起算，此皆為近代公害民事救濟有關消滅時效之理論趨向。

㈦訴訟制度之配合調整

權利之實現，絕大部分須透過訴訟制度，否則實體法上之權利，徒具虛幻而已。有關公害賠償衍生之訴訟制度調整，如集體訴訟之推行、原告須先付訴訟費用之修正、訴訟救助條件之放寬。其中又以集體訴訟之產生，為近代解決公害賠償一重要制度，所謂「集體訴訟」（Class Action），意指由多數被害人中之一人或數人，為全體利益，代表全體起訴，而法院所為之判決，其效力及於全體被害人之訴訟制度。集體訴訟，原係為解決商品責任，謀求消費者之保護而生。惟公害事件之受害人亦屬多數大眾，若由被害人一同起訴，不僅可節省法院之負荷，減輕被害人程序之繁複，最重要者，是可以避免判決之紛歧。

我國原本為經濟發展較落後，公害現象發生較遲緩的國家，但一、二十年來，經濟發展迅速，公害現象亦告嚴重。雖經先後制定各項公害防治法規，如水污染防治法、空氣污染防治法、噪音管制法、廢棄物清理法、毒性化學物質管理法等，惟這些公害防治法規，因礙於人力、財力及國人環保意識與守法觀念之不足，在成效上仍有諸多限制。但是這一、二年來，台灣地區公害糾紛事件層出不窮，公害問題也一一爆發出來，並且演變成大規模的抗議行為，甚至演變成「自力救濟」事件，使政府威信、社會秩序、企業發展與人民生活皆受到極大的影響。

根據統計，企業活動乃公害污染的主要來源，鑑於國內「公害糾紛處理法」尚未訂定，對於接踵而至之公害糾紛又無一合理制度解決，造成政府公權力、公信力重大打擊，人民之生活品質未獲完善之保護，企業在經營上、財務上亦蒙重大損失。為因應此一社會趨勢，企業應：

1.在實施或開發任何活動前，應先做好環境評估（Environmental Assessment）或環境影響評估（Environmental Impact Assessment）工作。也就是企業應於其活動實施之前，事先就其活動所可能發生之環境不良影響，加以調查、預測並加以評鑑，以將因企業活動對環境所可能造成之不良影響減至最

低。

2.須有防治公害之投資。企業最為人所詬病者,乃為減低成本而忽略污染防治投資。故除應購置各項污染防治之設備外,並應負擔政府為防治公害所支出費用之全部或一部。並須嚴格遵守政府頒布之公害防治措施,處理其事業活動所生之污染源,以防止公害之發生。

3.除應重視污染防治工作外,更應規劃一旦意外污染公害發生時,對受害者之救濟方案。其最重要者即投保意外污染責任保險,除藉保險分散企業風險外,並保障一旦發生意外後能得到適當的救濟。

一、試說明責任風險的意義與種類?

二、試說明企業的民事責任中之契約責任的購成要件?

三、試說明企業的民事責任中之侵權責任的購成要件?

四、試說明過失責任主義的意義及其成立之要件?

五、試說明無過失責任主義的意義及其對企業風險管理人的影響?

六、試說明損害賠償之結構與基本原則?

七、試說明損害賠償的方法及範圍?

八、試說明有哪些理由,可使責任受到限制?

九、公害也是一種侵權行為,卻又大異於傳統的侵權行為,此即通稱為「公害特性」,請說明公害之特性?

十、申述現代企業所面臨的四個和重要責任問題?

第十章
家庭（個人）風險管理與保險規劃

學習目標

本章讀完後，您應能夠：

1. 瞭解家庭（個人）財產風險的來源。
2. 建立家庭（個人）風險管理之規劃。
3. 說明家庭（個人）風險管理之目標。
4. 實施家庭（個人）風險管理的實施步驟。
5. 進行家庭（個人）財產風險管理與保險規劃。
6. 進行家庭（個人）責任風險管理與保險規劃。

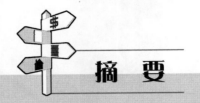

摘 要

現代人所擁有的財產種類與數量可能會有很大的差異，但一般人到某一個年齡都可能擁有自己的房子、日常生活使用的家具、衣物、電器用品、珠寶飾物等，以及車子。因此，一般家庭（個人）面臨的財產風險，不外乎房屋、家具、衣李及汽車等財產，因火災、颱風、洪水、地震、車禍、竊盜等意外事故所致的損失。這些財產大多是我們一生辛苦工作的代價，真不忍心見這些歷經長時間慘澹經營的財產。

家庭及個人所面臨的財產風險，一般包括住宅損失風險、竊盜損失風險及汽車損失風險。吾人一生辛苦經營之財產，萬一因不幸之意外而毀之於一旦，殊為可惜，因此，應審慎地分析財產損失風險及早作好保險規劃以守護財產。

家庭及個人所面臨的責任風險則包括法律責任風險及契約責任風險。過去國人缺乏損害賠償責任之觀念，然近年來，社會大眾漸普遍重視之，以爭取個人權益。損害賠償責任風險則可因移轉給保險公司而降低。

當然，任何意外事故都不是我們所樂見，但如果任何家庭或個人選擇的處理方式是消極而聽天由命。最後的結局通常是不會太好。面對它、處理它，才能放下它，在所有積極的處理方式中，又以運用家庭（個人）財產保險的規劃方式最為簡單、有效與經濟。

第 一 節　家庭（個人）財產風險的來源

　　現代人所擁有的財產種類與數量可能會有很大的差異，但一般人到某一個年齡都可能擁有自己的房子、日常生活使用的家具、衣物、電器用品、珠寶飾物等，以及車子。因此，一般家庭（個人）面臨的財產風險，不外乎房屋、家具、衣李及汽車等財產，因火災、颱風、洪水、地震、車禍、竊盜等意外事故所致的損失。這些財產大多是我們一生辛苦工作的代價，真不忍心是這些歷經長時間慘澹經營的財產，萬一因不幸的意外事故而毀於一旦。因此，我們應審慎地分析自己的財產損失風險，及早作好保險規劃，幫助我們守護家庭（個人）財產。

　　每一次意外事故發生後，除了會造成家庭（個人）之財務損失之外，更常會因為連鎖效應，而引發一連串的負面影響。例如一個家庭不幸發生了火災，除了導致一輩子辛苦累積的財產付之一炬之外，如果房子是租來的，現在卻因一時疏忽而燒燬，就產生了對房東的責任，此時則必須額外賠償房東。另外，萬一火勢無法控制而延燒到鄰居，又產生一筆對鄰居的賠償金。又如果原來房子係向銀行貸款，如今貸款可能也付不出來，進而影響了生活費、教育費等，打亂了生活次序，這期間如果意志不夠堅強，也有可能發生更悲慘的家庭悲劇，整個人生就變成完全不同的結局。

　　這一連串的意外事故，其實只要能在適當時機處理其中關鍵的一個環節，後面的連鎖反應就可以被中斷，譬如說這戶人家為這個房子準備了很好的消防設備並具有慎用煙火的觀念，就可能讓第一環節於發生火災時連鎖反應的機會大減；或者家裡備有相當數額的準備金，萬一有意外發生的時候，能夠立即填補，讓後面的影響減至最低；然而第一種方式只能讓發生火災的機率降低，並不能讓火災完全不會發生，第二種方式卻又不是每個人都做得到，尤其年輕的家庭，小小的房子已是他們全部的所有，甚至是貸款而來，因此多無任何可資因應的準備金。

　　又如果駕車疏忽發生車禍，造成他方駕駛死亡，而必須負擔數百萬元的賠償債務，對任何一個人或家庭而言，甚至為了償債而借款，又背負了更沉重的財務負擔。如果家庭的經濟支柱因為意外而死亡，則整個家庭的生活就完全改

變，會導致什麼結果是任何人也無法預料的。

　　當然，任何意外事故都不是我們所樂見，但如果任何家庭或個人選擇的處理方式是消極而聽天由命，最後的結局通常是不會太好。面對它、處理它才能放下它，在所有積極的處理方式中，又以運用（家庭）個人財產保險的規劃方式最為簡單、有效與經濟。

第 二 節　家庭（個人）風險管理之規劃

　　在擬定個人理財計畫時，「風險管理」（Risk Management）是不可忽視的一環。因為其他的財務目標，如累積財富、儲存子女教育經費及個人退休金等，一般人都有時間安排，但疾病和天然災害等意外事故隨時會發生，所以如何因應這些風險，必須事先規劃。

　　在規劃風險管理時，必須先衡量自己對風險的態度，然後從事認知、評估和控制各種風險，以保障未來的收入，節省風險所耗費的成本。

　　在找出風險並加以評估後，可選擇一種方法來處理風險；一般來說，買保險是比較經濟而且實惠的方法。買保險其實就等於花一點錢，請保險公司替你承擔可能的損失。

　　除了買保險外，還可以利用躲避風險的方法來處理；比方說，到高雄去，怕自己的車子出毛病，可以租車，就可以避開車子損壞的風險。不過為了逃避風險，可能得改變生活方式。

　　另外也可設法降低可能發生的損失風險；比如，怕新車被偷，乾脆買一輛二手車，那麼，即使車子失竊了，損失也不會太大。不過這樣也會改變生活方式。

　　假如您不能躲避風險而又不願意買保險，還可以考慮設法自己承擔風險。自己承擔風險的資金可以預先準備好，也可以等到損失發生後舉債籌措。但是，得先確定有人願意借款。

第 三 節 家庭（個人）財產風險管理之目標

　　家庭（個人）風險管理目標是滿足家庭和個人的效用最大化，即以最小的成本獲得儘可能的最大安全保障。根據國際理財顧問認證協會的調查顯示，無風險管理或財務規劃的家庭遭受意外，以及其事件造成的財產損失可達家庭財產總額的20%以上，最高可達100%，即所有財產損失殆盡。家庭（個人）風險管理活動必須有利於增加家庭（個人）的價值和保障，也必須在風險與利益間取得平衡。家庭（個人）的風險管理目標可以分為損失預防目標和損失善後目標，茲說明如下：

㈠損失預防目標

　　家庭（個人）風險管理的損失預防目標主要包括以下四個目標：

1.成本經濟合理

　　成本經濟合理目標係指在損失發生前，風險管理者應比較各種可行的風險管理工具與策略，進行成本效益分析，謀求最經濟、最合理的採行方式，實踐以最小的成本獲得最大安全保障的目標。因此，風險管理者應注意各種成本效益分析，嚴格審核成本和費用支出，儘可能採行費用低、成本小而又能保證風險處理效果的方案和措施。

2.安全保證

　　風險的存在對家庭（個人）來說，主要係針對家庭（個人）的安全問題。風險可能導致個人的傷亡，影響家庭（個人）的安全。因此，家庭（個人）風險管理目標，應是儘可能去除或降低風險的衝擊，創造家庭（個人）安全生活和環境的保證。

3.履行家庭（個人）責任

　　家庭（個人）一旦遭受風險損失，不可避免地會影響到與之有關的其他家庭、個人，甚至整個群體或社會。因此，家庭（個人）應認真實行風險管理，儘可能避免或減少風險損失，使家庭（個人）免受其害。一般而言，家庭（個人）在家庭中同時還承擔一定的責任，故此，為使家庭（個人）能更安心承擔家庭責任、履行家庭義務並建立良好的家庭關係，履行家庭（個人）責任是發

展風險管理損失預防目標活動的重要目標。

4.減輕憂慮

風險的存在與發生，不僅會引起家庭（個人）各種財產毀損和人身傷亡，而且會給家庭（個人）帶來種種的焦慮與不安。例如，家庭（個人）的主要收入者就會擔心自己失去工作能力之後給家庭（個人）帶來損失風險。因此，就可能在日常生活表現比較拘束、謹慎小心。故此，家庭（個人）應在損失發生前，採取各種預防的措施，減輕對損失風險的憂慮，使家庭（個人）的生活都能高枕無憂。

㈡損失善後目標

家庭（個人）風險管理的損失善後目標也包括四個目標：

1.減輕風險的損害

損失一旦發生，風險管理者應及時採取有效措施予以搶救與善後，防止損失的擴大和蔓延，將已發生的損失影響減輕到最低限度。

2.提供損失的彌補

風險事故造成的損失發生後，風險管理的損失善後目標應該能夠及時提供家庭（個人）經濟的彌補，以維持家庭（個人）的生活安定，而不使其遭受崩潰之災是家庭（個人）風險管理的重要目標之一。

3.維持收入的穩定

及時提供經濟彌補，可維持家庭（個人）收入的穩定，使家庭（個人）在風險事故發生後，仍能維持一定之生活水準。

4.維護家庭的和樂

風險事故的發生可能直接造成家庭成員嚴重的人身傷亡，對一個美滿和樂的家庭可能造成不可彌補之損失。因此，家庭（個人）風險管理的目標應是在最大限度內維護家庭和樂的連續性，維持家庭的穩定，避免家庭的破裂和崩潰。

第 四 節 家庭（個人）財產風險管理的 實施步驟

在確認家庭（個人）風險管理目標後，可以進行風險管理的實施步驟，家庭（個人）風險管理的實施步驟可以分為五個步驟，茲說明如下：

㈠認知和分析家庭（個人）財產風險

認知和分析家庭（個人）風險是整個風險管理實施步驟的基礎，家庭（個人）面臨的財產風險多樣化，有必要加以分類，以便詳細認知和分析損失風險。由第一章中的「風險分類」可知，家庭（個人）財產所面臨的純損風險可以分為財產風險、責任風險二大類。上述的風險分類可幫助風險認知並進行風險分析。

1.認知家庭（個人）財產風險的資訊來源

認知家庭（個人）風險，風險管理者應瞭解有關家庭（個人）財產、責任和家庭（個人）目標等方面的資訊，包括：

(1)年齡、健康狀況、家族病史。

(2)配偶、同居人、受扶養人。

(3)收入來源、收入金額及取得方式。

(4)所擁有和使用的財產。

(5)負債情形。

(6)現有的商業保險保障，如車險、住宅火險、個人責任險等。

2.分析家庭（個人）財產風險

認知家庭（個人）將面臨哪些損失風險後，需要進一步分析引發損失的風險事故，以及發生損失的後果。

風險事故係指引起損失的直接或外在的原因。財產可能因火災、洪水、颱風等風險事故發生損失，家庭成員或個人可能因意外事故、疾病等原因致殘廢或死亡，或因汽、機車交通事故造成他人傷亡或財產損失而遭受責任損失。

在各種財產風險事故中，有的可能對家庭（個人）的財務支出和生活水準

造成輕微的影響，有的可能造成嚴重的影響，風險管理應按照風險事故所造成家庭（個人）財務支出或生活水準影響的輕重緩急予以歸納，並採取適當的措施加以管理。

㈡分析家庭（個人）財產風險管理策略

家庭（個人）財產風險管理與企業風險管理一樣，風險管理策略可區分為風險控制和風險理財策略。風險控制策略係指對可能引發風險事故的各種風險因素，採取相對應的措施。在損害發生前，採取減少風險發生機率的預防措施；而在損害發生後，採取改變風險狀況的減損措施，其核心是改變引起風險事故和擴大損失的條件。風險理財策略係指透過事先的財務計畫融通資金，以便對風險事故造成的經濟損失進行及時而充分的彌補措施，其核心是將消除和減少風險的成本平均分攤在一段期間內，以減少巨災損失的一次衝擊，藉此穩定家庭（個人）財務支出和生活水準。

1.風險控制策略

家庭（個人）通常採用的風險控制策略包括風險避免、損失控制、風險複製與隔離等策略。

⑴風險避免策略：

風險避免的目標是避免引起風險的行為和條件，使損失發生的可能性變為零。風險避免是一種最簡單、最徹底的風險控制策略，家庭（個人）可藉此策略避免許多的風險。例如：不購置汽車避免汽車損壞、被盜及責任之損失風險；不搭乘飛機可避免因飛機發生風險事故而致傷亡的風險。

⑵損失控制策略：

損失控制策略可分為損失預防和損失抑制，前者著重於降低損失發生的可能性和損失機率；後者著重於減少損失發生後的嚴重程度，即損失幅度。損失控制策略常同時涉及損失預防和損失抑制。例如，家中安裝防火警報器，當室內溫度或煙霧濃度超過某一限度時，令自動警報，從而可以降低家庭（個人）因火災受傷的可能性，也有助於及時發現火災，及早採取救火措施或移轉貴重物品，減少火災所致之損失。

損失控制策略在管理家庭（個人）風險是非常重要的。例如經常開車的人可以透過定期檢查汽車保養狀況、養成小心駕駛習慣等方式降低汽車事故發生

機率和受傷的程度；即以事前的有效規劃來降低風險。

(3)風險複製與隔離策略：

風險隔離策略主要係通過分離或複製風險單位，使得任何單一風險事故的發生不會導致所有財產毀損或喪失。以家庭（個人）之重要文件的安全管理為例，我們通常採用文件備份的方式，將重要的文件或資料存放在獨立的儲存器，例如隨身碟、外接硬碟，以免電腦系統遭受電腦病毒感染，導致檔案、資料、文件丟失之風險，這就是複製策略。我們還要注意，不要將所有存有重要文件的儲存器，如隨身碟、磁碟片、硬碟放在同一處所，而是分別存放在不同處所，甚至可存放於銀行之保管箱，以避免因存放處所失火造成所有重要文件、檔案與資料同時損毀的可能性，這就是隔離策略。

2.風險理財策略

家庭（個人）遭遇損失風險是難免的，因此，家庭（個人）有必要預為規劃一旦損失發生應如何彌補。家庭（個人）可以採行的風險理財策略主要包括保險、非保險移轉及風險自留。

(1)保險策略：

保險係將家庭（個人）財產的經濟損失移轉給商業保險公司或政府機構的風險管理策略。

(2)非保險移轉策略：

非保險移轉係為了減少風險單位的損失頻率和損失幅度，將損失的法律責任以契約或協議方式，移轉給非保險公司或非政府機構以外的個人或組織的管理策略。例如用出售、賣後租回契約將財產等風險標的移轉給其他單位或人，或以出租、租賃契約將租賃期間的某些風險（如對第三人法律、傷害責任）移轉給承租人。

(3)風險自留策略：

風險自留策略係指自我承擔風險或自保。自留可以是部分自留，也可以全部自留。部分自留是指一部分損失風險由自己承擔，另一部分藉由保險或非保險移轉出去。例如，保險單通常設有自負額或理賠上限，自負額以內的損失和超過理賠上限的損失都由投保人自己承擔。而對於全部自留來說，家庭（個人）承擔了所有的損失。自留也可以分為自願性自留和非自願性自留兩種。自

願性自留是指家庭（個人）已經意識到損失的可能性而決定自己承擔風險，具有主動性，是一種慣用的風險管理策略；非自願性自留是因未能事先認知風險發生的可能性而導致的風險自留，這常常造成家庭（個人）嚴重的財務問題。

(三)選擇風險管理策略

雖然保險策略為一般家庭（個人）財產最常用之風險管理策略，但是保險策略並非唯一的選擇，事實上，家庭（個人）的風險管理策略不能過度依賴保險而忽略其他風險管理策略，而是要依據家庭（個人）面臨的特定風險狀況和管理目標而定，應是有計畫性地選擇合適的風險控制和風險理財策略，形成一個包括保險在內的風險管理策略組合，確保以最低的風險管理成本獲得最高的安全保障。

1.選擇家庭（個人）風險控制策略

損失頻率與損失幅度的高低可作為家庭（個人）選擇風險控制策略決策的指導，表10-1損失頻率／損失幅度矩陣可顯示每一種風險控制策略與損失頻率／損失幅度之關係。

表10-1　損失頻率／損失幅度矩陣

		損　失　幅　度	
		高	低
損失頻率	高	避免 預防和抑制 移轉 自留	預防 自留
	低	預防和抑制 移轉	自留 預防

在高損失頻率／高損失幅度的情況下，風險避免是風險控制策略的首選。例如，因開車會發生車禍，可能引起傷亡，所以就不買車、不開車，以避免可能的風險發生，風險避免即主動阻絕一切可能產生風險的通路。

一般而言，除非採取風險避免策略，任何損失風險都需要嚴肅面對，採取必要的風險控制策略和風險理財策略。

2.選擇家庭（個人）風險理財策略

在選擇家庭（個人）風險理財策略時，通常係採行下列步驟：

(1)考慮家庭（個人）能夠自留或承受的損失幅度（金額）：

面對可能發生的損失，家庭（個人）應先確認自己能夠自留或承受的損失幅度（金額）。

(2)比較損失幅度（金額）和風險成本：

在選擇風險管理策略時，必須將可能的損失幅度與風險控制或風險理財策略的成本進行比較。當可能的損失幅度小於可供選擇的風險控制或風險理財策略的成本時，採用風險管理策略就不是家庭（個人）的明智選擇；反之，當風險成本遠小於損失幅度時，家庭（個人）應該認真考慮採取何種可行風險管理策略。

(3)考慮損失頻率的影響：

在家庭（個人）考慮損失幅度後，還須進一步考慮損失發生的頻率，如果一次損失金額不大，但在一定期限（如一年）內類似損失多次發生，也可能造成難以承受的損失金額。因此，損失頻率往往也會改變風險自留的決策，轉而採行某些合適的風險管理策略來降低或避免風險。

㈣實施風險管理計畫

一旦認知和分析家庭（個人）財產損失風險，並選擇合適的風險管理策略之後，就該進入實施「風險管理計畫」的主題。這包括四個方向：

1.風險避免

風險避免即主動地阻絕一切可能產生風險的通路。比方說，因開車會導致車禍，可能引起受傷或死亡，所以就不買車、不開車，以避免可能的風險產生。

2.風險降低

風險降低，則是以事先妥善安排計畫來減低風險發生的機率。例如，家庭裝置滅火器，一旦發生火警，可以迅速控制，不致蔓延，即是以事前的有效規劃降低風險的實例。

3.風險移轉

將可能產生的風險責任，事先委託給一個穩定可靠的團體或組織，讓它解

決一切問題。例如，向保險公司購買醫療保險，萬一健康情況出現危機，便可得到充分的保障。

4.風險自留

即預存個人承受風險的經濟實力。倘若因遭遇意外事故，必須長期住院治療，則勢必要具備忍受長期醫療費用的經濟實力。一般來說，個人的經濟實力通常稍嫌單薄，若能加上保險公司雄厚財力的支持，可使個人承受風險的能力更富彈性。

㈤監督與改進風險管理計畫

家庭（個人）風險管理實施步驟的最後一步，仍是監督與改進風險管理計畫，至少每兩到三年，風險管理者需要檢視風險管理計畫是否足夠保障家庭（個人）所面對的主要風險。風險管理者也要檢視家庭（個人）生活中的重大事件（例如結婚、生子、購屋、更換工作、離婚、配偶或家庭主要成員的去世及重大的財產損失），對家庭（個人）的財務影響及採取的因應策略。

我們生活在一個時刻變化、日新月異的世界，因此，即使我們目前已有足夠的保險保障，或是採取其他適當的風險管理策略，但有必要定期檢視家庭（個人）風險狀況和承受能力的重大變化，誠如上述所言之生活中的重大事件，並應隨時注意新的風險控制和風險理財策略等。

上述五個風險管理的實施步驟並非全然分開的，或在時間上有所重疊，而是必須圍繞風險管理的目標和計畫來執行；也不是一勞永逸的，而是一個周而復始、循環不斷的過程。

第 五 節　家庭（個人）財產風險管理 與保險規劃

一、家庭（個人）財產風險的種類

現代人所擁有的財產種類與數量可能會有很大的差異，但一般人到某一個年齡都可能擁有自己的房子、日常生活使用的家具、衣物、電器用品、珠寶飾物等，以及車子。因此，一般家庭（個人）面臨的財產風險，不外乎房屋、家具、衣李及汽車等財產，因火災、颱風、洪水、地震、車禍、竊盜等意外事故所致的損失。這些財產大多是我們一生辛苦工作的代價，真不忍心見這些歷經長時間慘澹經營的財產，萬一因不幸的意外事故而毀於一旦。因此，我們應審慎地分析自己的財產損失風險，及早作好保險規劃，幫助我們守護家庭（個人）財產。

(一)住宅損失風險

在擁有一棟住宅或家具、衣李的同時，無可避免地必須面臨意外的風險，尤其是因火災、閃電、雷擊、爆炸、地震、颱風、洪水、罷工、暴動、民眾騷擾等意外事故所致的損失，因此為了保全住宅財產，投保住宅火災保險是最佳對策。在投保火災保險時必須正確估算這些財產的實際價值，另外，正確地弄清楚您擁有多少財產也是很重要的一件事，很多人一直到意外災害發生了，還不知道自己到底損失了多少財產，這就產生不少「被遺忘的損害」，保險公司是不會理賠的。為了解決這個問題，最好為家中所有財產製作清單，並定期予以更新。為了估算住宅和財物的價值，應定期（如每年續保時）請人來估算，對於財物的價值，最好把購買時的收據保存好並影印一份保留。

(二)竊盜損失風險

從古至今，「竊盜」始終是一般家庭隨時必須面對的風險，近年來，由於現代家庭財產累積快速，昂貴物品也愈來愈多，再加上竊賊犯罪手法翻新，竊

盜風險愈來愈大，因此，很值得現代家庭予以重視。我們應仔細分析評估家庭（個人）可能面對的竊盜風險，除了事前防範措施，如裝置鐵窗鐵門、保全、自行裝置防盜設施、僱用警衛等固然重要，購買竊盜損失保險，為預防防範措施失敗作準備，也是必要的。

(三)汽車損失風險

汽車已成為現代人不可或缺的代步工具，汽車的使用固然帶給人許多便利，但相對的也造成許多人命的傷亡，除了駕駛或乘坐汽車的人之外，路上的行人、其他車輛上的乘客、機車騎士等無辜受傷害常有所聞。因此我們必須留意，在擁有一部汽車的同時，除了必須面對汽車受損、被竊等風險外，因汽車的所有、使用或管理不當發生意外事故，所致的賠償責任更不容忽視。

二、住家應投保哪些財產保險

一個住家應該投保哪些財產保險，才能使財產得到充分保障？國內保險公司提供了下列適合住家財產購買的保險以供社會大眾選擇：

(一)火災保險

這是最基本的保障，因火災、閃電雷擊及家庭用煤氣爆炸，導致保險標的物的損失，均可以得到賠償。

(二)住宅火災及地震基本保險

住宅火災及地震基本保險係住宅火災保險單自動涵蓋地震基本保險。意即住宅火災及地震基本保險包括住宅火災保險與住宅地震基本保險二部分。

(三)火災保險附加險

除了投保火災保險，被保險人可依實際需要選擇下列幾個附加險：(1)爆炸險；(2)地震險；(3)颱風險；(4)航空器墜落、機動車輛碰撞險；(5)罷工、暴動、民眾騷擾、惡意破壞行為險；(6)自動消防裝置滲漏險；(7)竊盜險；(8)第三人責任險；(9)法律責任險；(10)洪水險；(11)水漬險；(12)煙燻險。

㈣汽車保險

因汽車碰撞、傾覆或竊盜所致損失，以及因疏忽或過失致第三人死亡、身體受傷或財物受到損害，依法應負的賠償責任。

㈤汽車保險附加險

除了投保汽車保險外，被保險人可依自己的實際需要加保下列幾個附加險：(1)零件、配件被竊損失險；(2)汽車乘客責任險；(3)醫藥費用；(4)雇主責任險；(5)受酒類影響車禍受害人補償責任險；(6)颱風、地震、海嘯、冰雹、洪水或因雨積水險；(7)罷工、暴動、民眾騷擾險。

㈥竊盜保險

住宅竊盜損失，除了可在火災保險中加保竊盜險外，也可單獨投保竊盜保險，此種單獨的竊盜保險與火險附加竊盜險，均是承保被保險人的住宅及其財物因遭受竊盜所致的損失。另外，住家財產綜合保險也承保住家及財物的竊盜損失。

㈦住家財產綜合保險

這是最周延的保障，主要是保障家庭經濟的安定，免除被保險人分別投保各種單一保險的不便，提供被保險人完整的保障。主要是承保被保險人所有建築物、置存物、特定物品因保險事故所致的損失，以及其因保險事故依法對第三人負有責任而受賠償請求時的建築物公共意外責任。

投保火災保險或汽車保險的附加險時，一定要先投保火災保險或汽車保險後，才能以批單方式加保，該二險的附加險不能單獨投保。

三、住宅火險保險之規劃

過與不及都不符合保險效益，要讓保險真正發揮功能，就要計算正確的保險金額。所以被保險人準備投保火險時，不妨估計房屋及裝修、家具等的實際價值後，再依下列步驟作投保時的考慮：

1.房屋及裝修是指房屋本身的造價（不包括土地的價值）及裝潢，譬如房

屋本身造價為200萬元，裝潢費70萬元，共計270萬元。如果是新屋，則應投保270萬元為足額保險；如已使用一段期間，則需扣除折舊。

2.屋內的家具、電器、衣物、音響等，被保險人可先將大項貴重物品的價格加總後，再加上零星物品的大略合計，扣掉折舊後再予以投保。

3.依據現有火險附加險的承保範圍，選擇適合的險種。譬如住在撫遠街一樓，不妨加保颱風險、洪水險，以免因颱風、洪水所致的損失。

4.考慮保費是否在能力負擔範圍內。

5.閱讀保險契約條款，不瞭解處可請教產險公司核保部門人員。

6.計畫出售房屋前，考慮將保險契約轉給房屋承接者，或至保險公司辦理解約退費。

所以當被保險人準備投保火險時，可先估計房屋實際價值，如有超過貸款金額的情形，可考慮以（扣除折舊之後）實際價值投保，更不要忘記註明家具、衣李的保額，以免此部分的損失無法得到補償。

因為台灣地理環境的影響，面臨地震災害的威脅，可能使得許多家庭蒙受重大財產損失，使得生活陷入困境，需要經濟上的援助來重建家園。住宅之所有人亦應考慮於住宅火災保險附加地震基本保險。

四、住宅竊盜保險之規劃

目前，我國產物保險公司除了火災保險可附加購買竊盜保險，以及住家財產綜合保險包括竊盜險外，也可單獨投保竊盜保險。

「竊盜保險」（Burglary Insurance）是承保被保險人所有財物存放處所內遭受竊盜所致的損失。

我國現行竊盜保險承保：

1.被保險人或其家屬所有存放於保險單載明處所的下列保險標的物（分為普通物品及特定物品）因竊盜所致的損失：

⑴普通物品：

住宅的家具、衣李、家常日用品，以及機關學校、辦公處所的生財器具。但不包括金器、銀器、首飾、珠寶、寶石、項鍊、手鐲、鐘錶及皮貨等貴重物品在內（此等貴重物品可保下述特定物品項）。每件（一組或一套）的最高賠

償金額按普通物品總保險金額2%計算，但以不超過新台幣1萬元為限。

(2)特定物品：

以明細表訂明保險標的物的名稱、廠牌、型式、製造年份及保險金額者（但金器、銀器、首飾、珠寶、寶石、項鍊、手鐲、鐘錶及皮貨等貴重物品，每件的保險金額不得超過新台幣5萬元，其他物品不在此限）。

2.置存保險標的物的房屋及其裝修因遭受竊盜所致的毀損，承保公司也負賠償責任，但以總保險金額10%或新台幣5萬元為限，並以兩者較少的金額為準，且以該房屋及為被保險人所自有者為限。

保險單所稱的「竊盜」是指除被保險人、家屬、受僱人，或其同住人以外的任何人企圖獲取不法利益，毀越門窗、牆垣或安全設備，並侵入存放保險標的物的處所，從事竊取、搶奪或強盜行為。而所謂「處所」是指存置保險標的物的房屋，包括可以全部關閉的車庫及其他附屬建築物，但不包括庭院。

被保險人應仔細分析與評估自己所面對的竊盜損失風險，除了加強各種防護措施外，應衡量自己的需求與財力負擔，購買一張竊盜保險，將損失風險交由保險公司管理。

五、家庭（個人）汽車保險規劃

被保險人在規劃汽車保險時，應儘可能瞭解下列各項汽車保險種類及附加險，斟酌實際需要購買汽車保險，對所購險種的承保範圍及不保項目有初步認識。

(一)汽車車體損失險

被保險汽車因為碰撞、傾覆、火災、閃電、雷擊、爆炸、拋擲物、墜落物或第三者的非善意行為所引起的毀壞或損失，保險公司對被保險人負賠償責任。汽車車體損失險可依承保範圍的大小，分為甲式、乙式與丙式三種。

(二)汽車竊盜損失險

被保險汽車因為偷竊、搶奪、強盜所引起的毀壞或損失，保險公司對被保險人負賠償責任，但賠償金額先依約定的折舊折算後，再按約定由被保險人負

擔20%的自負額。

(三)汽車第三人責任險

1.傷害責任（對人）

被保險人因所有、使用或管理被保險汽車發生意外事故，導致第三人死亡或受傷，依法應負賠償責任而受有賠償請求時，保險公司對被保險人負賠償責任。

2.財物損害責任（對物）

被保險人因所有、使用或管理被保險汽車發生意外事故，致第三人財物受損，依法應負賠償責任而受有賠償請求時，保險公司對被保險人負賠償責任。

(四)各種附加險

被保險人可視實際需要，加保下列各種附加險：

1.汽車綜合損失險的附加險：(1)颱風、地震、海嘯、冰雹、洪水或因雨積水險；(2)罷工、暴動、民眾騷擾險。

2.汽車竊盜損失險的附加險：零件、配件單獨被竊損失險。

3.汽車第三人責任險的附加險：(1)醫藥費用；(2)受酒類影響車禍受害人補償責任險；(3)汽車乘客責任險；(4)雇主責任險。

被保險人在投保汽車險時，除了對上述汽車險種類及各種附加險有所瞭解外，更應在收到保單時核對承保內容是否正確，繳交保費時，確定已收到保險公司所製發的正式收據，以確保保險權益（投保汽車綜合損失險，如全年無任何理賠記錄，於次年續保時可獲減費優待）。

第六節　家庭（個人）責任風險管理與保險規劃

一、家庭（個人）責任風險的來源

家庭（個人）所面對的責任風險，不外乎自己或家人的行為，對他人生命或身體造成傷害或財產損失時，即產生責任的負擔，如駕車撞傷行人、修繕房子損壞鄰宅。「責任」是無形的，卻又可能無時不在、無所不在。「責任」是不定額、無法預估的，但卻又不可忽略的。

過去國人較不重視法治觀念，多半不願意以訴訟方式爭取個人權益，因此損害賠償責任的觀念並未普及。國人常以息事寧人的態度，將意外事故所造成的傷害，歸之於天意而自行承受，這種消極的態度使得責任風險並未被重視。

近年來，我國在政治、經濟、社會、文化及生活習性各方面，均有相當程度的改變，社會大眾已普遍瞭解爭取個人權益是合理而正當的，因此，損害賠償責任已是任何肇事者無可避免的義務，身為一個現代人，已經不能沒有責任風險的觀念了。

家庭、個人、企業及其他組織都可能成為責任損失風險的來源。責任損失風險既可以是與有關當事人所擁有或控制的財產有關，也可以是與他所從事的活動有關。以下簡單介紹家庭和個人容易產生責任風險的情形。

㈠法律責任風險

指因故意或過失不法侵害他人權益，依法應負的損害賠償責任。如駕車撞傷路人，或住宅火災延燒鄰屋，依法應負的賠償責任。保險公司所承保的以被保險人的「過失侵權行為」導致的賠償責任，若是「故意侵權行為」，則是「不可保風險」，不能承保。現行一般責任保險均承保被險人的法律責任，被保險人可因自己的需要，藉購買責任保險將其責任風險移轉給保險公司。

㈡契約責任風險

在一個法治國家中，人與人之間因契約關係，往往形成了責任負擔。一個人或家庭，在社會生活過程中，多少會與他人發生契約行為，如租屋、買賣房屋、買賣東西等而發生的契約行為；即個人或家庭與第三人訂立契約，因契約條件到來而有應履行的責任，或因不履行或履行不完全而負有賠償的責任，此種責任稱為「契約責任」。一般責任保險單僅承保被保險人的法律責任，而將契約責任列為不保事項，不過若干責任保險單可附加承保契約責任。

㈢住宅責任風險

擁有住宅者必須對發生在住宅內的意外事件負責。例如，某人在他人家中登樓梯過程中摔倒並受傷，住宅者將負責受害人的醫療費用和無法工作的損失。不良的住宅狀況可能增加住宅責任的可能性，例如人行道和陽台上堆積雜物，或年久失修的游泳池沒有保護設施、隨意抽煙並亂扔菸蒂、污水排到鄰居之建築物或土地等。

㈣汽、機車責任風險

在現代社會中，汽、機車成為個人和家庭愈來愈重要的交通、娛樂工具。一旦擁有或駕駛汽、機車，就會產生一系列的責任損失風險，比如因操作不慎傷害行人或其他車上之駕駛人、損壞他人財產等所導致責任損失風險。

㈤家庭（個人）活動責任風險

在日常生活中，我們還可以列舉許多可能導致責任損失風險的家庭（個人）活動，比如在運動或旅遊中傷及他人、放任家養寵物（例如狗）在社區亂跑咬人、照顧鄰居孩子、將某危險用品或工具不當借給他人等。

㈥居家服務責任風險

現在，愈來愈多的家庭和個人僱用女傭或外勞承擔家務雜事及看顧小孩。家庭僱用女傭或外勞可以移轉許多家務負擔，如看顧房子，照顧老人、小孩或殘障人員，同時也帶來一定的責任損失風險。家庭或個人必須對女傭或外勞在僱傭期間受到的人身傷害負責，還要對女傭或外勞傷害他人的行為負連帶責

任。

二、家庭（個人）責任保險的種類

我國家庭（個人）責任保險市場發展較遲，過去大部分係以附加險方式辦理，近年來，以獨立險種正式舉辦的家庭（個人）責任保險計有下列幾種：

1. 個人責任保險
2. 汽、機車第三人責任保險
3. 強制汽車第三人責任保險
4. 汽車雇主責任保險
5. 汽車乘客責任保險
6. 雇主責任保險
7. 居家責任保險
8. 家庭意外責任保險
9. 家庭成員日常生活意外責任保險
10. 多倍保障第三人責任保險
11. 高爾夫球員責任保險
12. 結婚綜合保險

三、家庭（個人）汽車責任保險規劃

一個人辛苦了半輩子，掙來一筆財富，如果不知道如何善加運用，可能一下子就化為烏有。財富的得來很不容易，但財富的失去，往往是剎那間的事。所謂天有不測風雲，人有旦夕禍福。當一個人開車外出時，誰也無法保證自己不會出事，一旦出了事，車身的損壞事小，萬一有人傷亡，而又須負賠償責任時，受害的一方自然會要求鉅額賠償。其承擔得了這種責任損失風險嗎？

在一個法治國家中，人與人之間因個人行為、契約關係或法律的規範，往往形成責任的負擔。現代人最可能產生的責任問題——因汽車的所有或使用所致的責任風險是不容忽視的。依我國法律規定，汽車駕駛人責任的認定是以過失責任為基礎，亦即駕駛人有過失才有責任。駕駛固應謹慎、小心駕駛，但肇事機會仍然無法因此完全排除，一旦因而造成他人損傷，除道義上的負擔之外，還必須面對民事上的賠償問題。駕駛人對於這種責任風險的管理方法，最妥善者非責任保險莫屬。

現行汽車保險除了基本險的第三人責任保險外，另外還有八種為被保險人特殊需要可以附加方式購買的責任險，茲說明下列三種與家庭（個人）汽車有關的汽車責任險如下：

㈠受酒類影響車禍受害人補償汽車第三人責任保險

對於受酒類影響之人，未能安全駕駛被保險汽車，致第三人死亡或受有體傷或第三人財物受有損失，依法應由被保險人負賠償責任而受賠償請求時，保險公司應負賠償的責任。

㈡汽車雇主責任保險

對於被保險人僱用的駕駛員及隨車服務人員，因被保險汽車發生意外事故，受有體傷或死亡，依法應由被保險人負賠償責任而受賠償請求時，保險公司應負賠償責任。

㈢汽車乘客責任保險

對於被保險人因所有、使用或管理被保險汽車發生意外事故，駕駛人及乘坐、上下汽車者或被保險汽車的人死亡或受有體傷時，保險公司應負賠償的責任。

㈣強制汽車第三人責任保險

強制汽車責任保險係政府為加強保障汽車交通事故受害人，而立法明定之政策性保險，個人應遵守法令投保強制汽車責任保險。強制汽車責任保險之保障範圍（給付標準）說明如下：

　1.傷害醫療費用給付總額：每人每一事故以新台幣20萬元為限，涵蓋：

　⑴急救費用：救助搜索費、救護車費、隨車醫療人員費用。

　⑵診療費用：掛號費、全民健保給付及自負額、病房費差額（每日以1,200元為限）、膳食費（每日以130元為限）、義肢裝置費差額等經醫師認為必要之輔助器材費用。

　⑶接送費用：轉診、出院、往返門診合理之交通費用。

　⑷看護費用：住院期間因傷情嚴重所需之特別護理費、看護費（每日以1,000元為限，最高以30日計），居家看護以經主治醫師證明確有必要為限。

　2.殘廢給付：依程度共分十五等級，給付金額新台幣5萬元至200萬元。每人每一事故最高給付新台幣200萬元。

　3.死亡給付：每一人定額給付新台幣200萬元。

4.每一次交通事故每一人之死亡、殘廢及傷害醫療給付金額合計最高以新台幣220萬元為限。

5.受害人死亡，無合於本法之請求權人時，代為辦理喪事之人得請求所付之殯葬費用，最高不得逾新台幣30萬元。申請時應檢具有關項目及金額之單據並依本法規定殯葬費用各項限額給付。

6.受害人經全民健保提供醫療給付，健保局得向本保險之保險公司代位請求該項給付。

四、家庭損害賠償責任保險規劃

一般人是否因家中地板太滑、美術吊燈因裝置不良或年久失修掉落，使進入家裡的客人受傷；住在樓上，陽台上的盆景掉到樓下打傷樓下人家；家庭因疏忽，失火波及延燒鄰屋；家裡養的動物未加妥善管束，咬傷來訪客人或來洽收水費、瓦斯費的員工等情況，這些情況都導致一家之主必須對受害人負損害賠償責任。因此，家庭可投保居家責任保險，將這些賠償責任風險移轉由保險公司承擔，是減輕一家之主損害賠償責任的最佳方法。

居家責任保險，是承保被保險人之居所，因疏忽或過失，或處所內設施有缺陷發生意外事故，使在居所內或鄰近的第三人遭受身體傷亡或財物損失，依法應負的賠償責任。

以家庭或一家之主名義投保的居家責任保險，所保障的是家庭或個人範圍，乃在免除因過失侵權行為所致對第三人的賠償責任。其性質與一般公共意外責任保險相同，可以說是一種狹義的公共意外責任保險，但實際上係一種單獨的家庭公共意外責任保險，過去只有住家財產綜合保險單內有居家意外責任保險一項，現在一般家庭可針對實際需要，單獨投保責任保險。

以目前我國小家庭制度居多的發展情況而言，這種家庭居家責任保險需求將愈來愈強烈，且依當前社會經濟急速發展，社會型態不斷改變，一般人責任意識的提高，此險種將來必為社會大眾所接受。

自我評量

一、試說明家庭（個人）財產風險的來源？

二、試說明家庭（個人）風險管理目標中之損失預防目標之主要內容？

三、試說明家庭（個人）風險管理目標中之損失善後目標之主要內容？

四、申述家庭（個人）風險管理的實施步驟？

五、家庭（個人）通常採用的風險控制策略包括哪些？試說明之。

六、家庭（個人）通常採用的風險理財策略包括哪些？試說明之。

七、家庭（個人）如何實施風險管理計畫？試說明之。

八、試說明家庭（個人）應該投保哪些財產保險，才能使其財務得到充分保障？

九、試說明家庭（個人）應如何規劃汽保險之規劃？

十、試說明家庭（個人）責任風險的來源？並應如何規劃其損害賠償之保險規劃？

第十一章
企業財產風險管理與
保險規劃

學習目標

本章讀完後，您應能夠：

1. 瞭解企業經營與風險管理的重要性。

2. 掌握企業之保險規劃要領。

3. 擬定企業財產風險管理與保險計畫。

4. 擬定企業人身風險管理與保險計畫。

5. 擬定企業責任風險管理與保險計畫。

6. 擬定企業淨利風險管理與保險計畫。

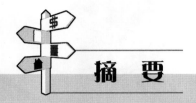

摘 要

　　企業經營所面臨之風險，隨著科技之進步、機器設備、生產流程、運輸方式及材料等之創新而有重大的改變。換言之，企業經營中所存在之無形風險，隨著有形規模之成長而增加，如影隨形。

　　企業可配合其財務計畫，依蒐集企業資料、設定風險管理目標、分析資料、建立風險管理計畫、實施計畫及審核修正計畫步驟，以執行風險管理。保險雖為一種彌補損失的方法，但並非所有之風險都可以用保險方法來化解。保險僅承保「可保風險」，其條件為風險成本須經濟、風險單位數量須眾多、損失金額可確定、損失對象須有限，及損失事故須為意外。企業在決定購買保險前，應考慮到可能之風險、預算、公司之組織型態，以及所需之防護措施等因素，以編製最適合企業之保險計畫，使保險成為企業風險管理之重要工具。

　　企業財產中最主要者為廠房、設備及存貨等，所面臨之主要風險為火災、颱風、洪水、地震、車禍、竊盜及賠償責任等，而這些營運風險，可透過財產保險之移轉，而達到保障企業財產之目標。

　　企業為避免因員工、重要幹部或業主之人身損失風險而危及企業經營之安全，可藉人身保險以彌補事故發生時對企業所造成之財務損失。

　　企業所應負之賠償責任，通常來自企業之契約責任及侵權責任兩方面，此可藉責任保險以移轉企業之責任風險。而企業淨利之損失則可因財產損壞、法律責任及人身損失所致，企業可藉淨利損失保險，以減輕企業在營業中斷期間之財務衝擊。

第 一 節　企業經營與風險管理

一、企業與風險

　　恐怖主義攻擊、企業醜聞、天災、金融市場動盪不安等震撼全球的新聞，已造成企業風險管理實務的改變。風險的計算向來是決策的核心問題，但今日的企業主管深切體認到必須更積極主動地處理危及營運的不確定因素。

　　風險因素往往彼此密切關聯，例如，若利空消息迅速傳播，股價隨之下跌，營運風險可能很快轉變為市場風險。

　　1999年夏，比利時的可口可樂裝瓶廠一批有問題的二氧化碳氣體引發健康疑慮時，產品回收與低劣的危機處理，導致可口可樂股價兩個月內重挫13%。可口可樂在產品回收上花費逾1億美元，使該年度第二季淨利劇減21%。

　　人為疏失也可能帶來類似的重大衝擊。2001年，英國《金融時報》100種指數下跌2.2%，只因為一名交易員在單據上錯打一個數字，把原本是4,300萬美元的委託交易錯當成4.3億美元賣出。

　　這些事例加上若干轟動一時的企業醜聞案，如霸菱銀行（Baring）、恩隆（Enron）和世界通訊（WorldCom）等事件，已促使管理當局加強企業監管。而另一方面，企業風險管理也成為現代企業熱門的課題。

二、何謂企業風險管理

　　《天下雜誌》針對國內1,000大企業的CEO問卷顯示，有83.7%的CEO認為，台灣企業最應加強的是「強化企業的風險管理能力」，所謂「善戰者失為不可勝」的策略。良好的風險管理，應由各企業自發性的推廣，也符合全球經濟發展潮流的趨勢，其追求的目標更須涵蓋人員安全（Life Safety）、財產防護（Property Protection）及營運持續（Business Continuity），進而提升企業形象，承擔社會責任。

　　企業進行投資追求成長及獲利的同時，亦面臨著種種可能蒙受損失的潛在風險，因此，企業除將有限的資源全力傾注於成長發展外，要如何以最低成本

將企業本身之風險降至最低，實是一大挑戰。

所謂企業風險管理（Enterprise Risk Management），為企業經由對風險的認知及衡量，以及處理策略的選擇與執行，以最小的成本，達成風險處理之最大效能。

完整的企業風險管理，在風險管理人員的規劃下，致力於風險本質減降及善用風險理財工具，設立風險管理績效量化指標，構成健康的良性風險管理循環，不僅提供企業及人員安全無虞的環境，善盡社會責任外，同時亦可獲得增進客戶信賴、建立企業永續經營形象等多方實效。

三、企業風險之種類

企業風險的分類，能夠協助企業注意到各種可能的風險，以便進一步估計可能的損失，採取合適的對策。

由不同的角度看風險，可以得到不同的分類法。

從保險的角度來看，可將風險分為四類：(1)財產損失風險（與產險有關）；(2)淨利損失風險（與營業中斷險有關）；(3)責任損失風險（與責任險有關）；(4)人身損失風險（與壽險有關）。

㈠財產損失風險

可依財產的性質再細分為動產與不動產的損失；或依損失的原因，分為自然性的（火災、風災）、社會性的（盜竊、貪污），和經濟性的損失（經濟衰退導致應收帳款無法收回）。

財產的損失，也可以分為直接與間接。直接的損失，例如現金失竊，或大水淹沒原料；間接的損失，是某一財產的價值，因為另一財產的直接損失而降低。例如，食品公司冷凍庫機件故障，間接使冷凍庫裡的食品鮮度降低，以致降低了產品的價值；汽車引擎工廠火災，以致整條裝配線必須跟著停頓；大樓一半焚毀，但整棟樓連同完好的另一半都必須拆毀重建。

㈡淨利損失風險

這是當企業遭遇財產的直接、間接損失時，額外地還會造成營業收入的減

少，和經營費用的增加，造成淨利的損失。例如，當旅館發生火災，除了設備、裝潢被毀之外，還損失了重新開業之前的房租收入，以及許多額外的開支，兩者相加的後果，便是淨利的損失。淨利的損失，常來自營業的中斷，因此也稱為營業中斷損失。

(三)責任損失風險

這是指企業對員工或他人的財產或人身的損失，在法律上必須負責的賠償。例如，當消費者因使用企業產品而受到傷害；病人因為醫院誤診而致命；魚塭被工廠的污水污染；乘客因搭乘車、船、飛機而傷亡等。

(四)人身損失風險

這是指員工傷殘、疾病、辭職、退休、死亡，為企業帶來的損失。這些風險的發生，不但影響員工個人生計，也會影響企業的人力資源和生產力，並且帶來額外的開支。不但員工自己要對這類風險作好準備，企業也要有管理的對策。

四、損失風險之評估

企業每天都面臨無數的危機：風災、水災、火災、職員侵占、客戶倒帳、國際戰爭、能源危機、匯率風險、貿易對手國經濟支付能力停滯，以及現金失血周轉不靈……可以說「步步驚魂」。但是，冰凍三尺，絕非一日之寒。因此，只要業主早一步提高警覺，瞭解風險，評估風險，及早慎謀對策，沒有不能化解的風險。

一般企業評估風險的方法有下列四種：

(一)財產損失風險評估

1.企業的建築物或設備，遭遇火災、天災（如地震、颱風等），導致實質性、直接性的毀損滅失，造成資產損失、收入減少與費用增加的潛在可能損失。

2.企業的智慧財產權或商業機密遭竊導致的損失，以及造成收入減少的潛

在可能損失。

3.企業的原料或存貨遭遇火災、水災、颱風等風險導致的毀損滅失。

㈡人身損失風險評估

1.企業的員工，因傷殘或疾病，造成企業收入與員工服務的減少，並增加額外的費用（如醫療費用、替代工作人員費用等）的潛在可能損失。

2.企業的員工，因死亡造成企業收入與員工服務的減少，並增加額外費用的損失。

3.企業的員工因年老退休，同樣會造成企業收入與員工服務的減少，並增加額外費用（如接替工作人員的訓練費用）的潛在可能損失。

㈢責任損失風險評估

1.企業的營運因其產品對他人的傷害，造成侵權行為，依法應負賠償的產品責任。

2.企業的營運因生產過程的污染而傷害他人，造成須負賠償的污染責任。

3.企業的財產，在營運的各項活動中產生的一般賠償責任。

㈣淨利損失風險評估

1.企業因財產的毀損滅失，會導致收入減少與費用增加的潛在可能淨利損失。

2.企業的產品與污染責任，會造成企業資產的減少與額外賠償費用增加的可能損失。

3.企業的一般責任，會造成企業資產減少與額外費用增加的可能損失。

五、企業防災計畫之擬定

所有的企業在追求永續經營的過程中，不可抗拒的天然災害風險，無疑是造成嚴重損失的原因之一。因此，發展出一套有效的防災計畫，制定完善的指導方針，不但能防患於未然，更能將損失減到最小。

企業的經營應該開源與節流並重，天然災害的風險無疑是成本損失的大漏

洞，所以防災計畫的擬定，是風險管理的第一步。

在擬定防災計畫時，要先找出所有可能的風險，加以分類，然後按損失的程度加以排列。例如輕微損失有窗戶破裂，而死亡、破產則屬於嚴重損失了。

此外，在緊急事故發生後，何人應該在何時取得應變的資源，也必須排定先後順序。

其次是，使損失減到最少，風險管理人應該分析並列出所有可能的風險，以決定要採取何種預防措施，和提出適當的、有效的復原方法；一旦災害發生後，才能迅速重建。

對員工施予防災訓練，也是必要的工作。包括讓員工瞭解自己的責任，並建立一個清楚的指揮系統，指定一個備用的辦公地點，一旦公司或工廠發生災害即成為復原指揮中心，告訴員工災害發生後到該處集合待命。

此外，公司應指定一位發言人，提供員工作正確而且最新的資料，以避免誤傳和謠言。

除了上述作法，其他如：重要資料重複製作一份儲存在不同的地方、備用供應商的建立、提供保險公司確實的財產損失數字、和律師討論如何預防災害、向保險公司爭取合理的賠償，以及通知顧客有關公司災害重建的消息，都是風險管理上的重要工作。

六、企業風險管理之步驟

有關風險管理的步驟，可依循企業財務計畫，來擬定六大步驟：

步驟一：蒐集企業資料

首先必須蒐集資料，確實界定風險的範疇，分析企業風險。一般而言，可分為財產風險、淨利風險、責任風險及人身風險。

1.財產風險

指現有財產發生損害的風險。例如，火災燒毀了廠房、車禍撞壞了車子、辦公室失竊等等。

2.淨利風險

指因財產風險導致收入減少、費用增加的淨利損失風險。例如，遭遇火災

的企業，短期內必須暫租其他地方繼續營業，等待重整辦公室或廠房後才能遷回去。而這段期間內的額外租賃費用，則是這個企業的淨利風險。

3.責任風險

最常見的例子便是企業的車輛車禍肇事後的責任歸屬問題。

4.人身風險

凡是員工可能面臨的死亡、疾病、退休與職業等問題，都可歸納為企業人身風險的一部分。

步驟二：設定風險管理目標

在蒐集了以上所有風險可能發生的資料之後，緊接著便是設定風險管理目標。這項目標必須與企業財務計畫的整體方針相吻合。簡言之，所謂「風險管理的整體方針」，便是一種避免風險發生而導致財務損失的原則。

步驟三：分析資料

風險管理的第三步驟，是將已得到的資料加以分析，評估這些風險發生後，對企業可能產生的損害情況。分析的結果，有助於更客觀的訂立企業的風險管理計畫。

步驟四：建立風險管理計畫

一旦分析發生風險的可能情況之後，就該進入建立「風險管理計畫」的主題了。這包括四個方向：

1.避免風險

即主動地阻絕一切可能產生風險的來源。比方說，因員工集體搭飛機去開會或旅遊，可能引起重大傷亡，所以就不集體搭乘飛機，以避免全部罹難的風險。

2.降低風險

以事先妥善的安排計畫來降低風險發生的機率。例如，在廠區內行駛車輛規定要在一定速率下，以減少廠區內車禍的發生。

3.轉移風險

將可能產生的風險責任，事先委託給一個穩定可靠的團體或組織，為企業

解決一切問頭。例如，向保險公司購買團體醫療保險，萬一企業的員工健康情況出現危機，便可得到充分的保障。

4.承擔風險

即預存企業承受風險的經濟實力。倘若企業因遭遇意外事故，必須長期復原重建，則勢必要具備忍受長期復原重建的經濟力。一般來說，企業的經濟力有其限度，若能加上保險公司雄厚財力的支持，則可使企業承受風險的能力更具彈性。

步驟五：實施風險管理計畫

除非是像預防車禍一般，須員工日常節制車速的配合才能減低風險，否則，其他一般企業風險管理計畫都應納入保險的保障範圍內。

步驟六：審核及修正風險管理計畫

完成以上步驟後，必須審慎地重新檢查，看看是否有需要刪除、增加或是修改的細目。

第二節　企業之保險規劃

企業或因不瞭解保障內容，或因基於保險支出，更或因欠缺風險管理的認識，以致保險計畫之保障不足或甚至沒有保險保障而不自知。因此，如何加強企業的保險購買計畫，將企業無法承受的風險轉嫁給保險公司，是企業主運用保險落實風險管理重要的課題。

一、企業如何編製保險購買計畫

當一個企業決定購買某種保險時，應採取以下步驟，以便完成最完善的保險計畫：

1.首先計算可能發生的最大損失，此當然須與保險成本相關，而且要考慮到適當的財產評估及昂貴的法院判決費用。

2.挑選適當的保險費率。

3.使用自負額條款。

4.假如曾有過很低的損失經驗，應告知保險公司，以便取得較低廉的保險費。

5.由於風險的發生隨時在改變，所以須隨時檢查保險契約條款。

6.檢查保險項目，以因應公司業務的變遷。

7.當需要訂立新契約時，可以由各保險公司分別議價，以取得最低價格。

因為編製保險計畫非常費時，成本很高，所以常常使保險計畫變得不切實際。因此，對一位精明的企業經理人而言，有時可用其他較經濟的方法來避免保險決策。例如，考慮到新購設備的保險問題時，不妨考慮一下利用租賃方式的利弊得失。

保險計畫的編製對企業而言是需要的，而在計畫時，應考慮到可能的風險、可使用的現金、公司的組織型態、需要的防護措施等等因素。

同時，最基本的保險計畫最少應包括營業中斷的損失、財產的損毀、犯罪及過失導致的法律責任等等。但在制定計畫前，企業經理人必須對各種保險術語有深刻的瞭解，才不至於在訂保險契約時，有所失誤。經營企業一定會有風險，任何企業經營不可能都非常順利，而不遭受任何意外損失。所以企業經理人應抱持理性的態度，事先提出平常避諱的不幸事件，並按輕重緩急加以處理。

然而，不論是投保何種保險，企業經理人在有限的財源方面，必須求得保險費用與所承擔風險間之最適當地位，切勿有超額保險或保險不足的狀況。

二、企業編製保險計畫時應注意事項

企業經理人要與保險經紀人商洽，必須先瞭解以下有關的事項：

㈠保險公司

要選擇一家優良的保險公司並不是件易事，因為每一家的業務看起來都大同小異；但仔細分析後，卻常有顯著不同，尤其是財務上的差異。

㈡保險術語

保險名詞相當繁雜，常因一字之差，而有天壤之別的意義。所以企業在投保之前，需與專業性的保險人員研討，並學習這些術語的內涵。但必須避免在學習階段購買保險。

㈢保險種類

編製保險計畫時，許多企業經理人常被眾多的保險型態迷惑，而不知所措。所以企業經理人首先要分析保險是否有其必要性，並將各風險發生的機率估計出來，排定輕重關係，加以分類。一般企業最常遭遇的損失風險，大致不外下面幾種：

　　1.財產損失風險（與產險有關）。

　　2.淨利損失風險（與營業中斷險有關）。

　　3.責任損失風險（與責任險有關）。

　　4.人身損失風險（與壽險有關）。

不論上述哪一種損失風險的發生，都可能造成企業很嚴重的損失。所幸保險公司都有經營這些保險項目。

㈣保險範圍

一般而言，適合企業使用的保險契約，至少要有以下三個重要規定：

　　1.被保險人及第三者的權利與義務。

　　2.保險契約的法律要件。

　　3.保險條款的規定。

三、企業選擇保險單時應注意事項

企業經理人於決定購買某一保險公司所提供的保險單之前，應先注意下列六個重要事項，以確保所購買的保險單符合企業實際需要：

㈠保險事故

保險單的保險事故為保險公司應負賠償責任的風險事故。列舉式保險單的

保險事故均列載於保險單的承保條款——即承保範圍，而綜合保險單則採全險方式，也就是僅載明不保項目，凡未列於不保項目中的其他風險事故，都在承保範圍內。

㈡保險標的

保險單是針對哪些財產損失風險、人身損失風險、淨利損失風險、責任損失風險提供保障。企業需要由保險提供的損失補償保障，是否可確實由保險單獲得？企業經理人對此應審慎加以分析。

㈢保險期間

保險期間是指保險契約提供保障的有效期間。一般財產保險的保險期間為一年；由於保險費是依年費率計收，所以企業經理人應依企業的實際需要，分析各種不同保險期間的利弊與保險費的負擔，以選擇最恰當的保險期間。

㈣責任限額

保險單所約定的保險公司責任限額（Limit of Liability），即企業發生保險事故時可獲得的賠償限額。企業經理人應就企業風險管理的需要，尋求最適當的賠償限額。

㈤賠償方式

一般財產保險單所提供的賠償方式，包括支付現金、予以重置（Replacement）、予以回復原狀（Recovery）等；一般人壽保險單的賠償方式包括現金支付、住院醫療補償等。企業經理人應事先研究，以確定該保險單的賠償方式是否符合企業需要。

㈥不保項目

保險單的不保項目通常列載保險公司不負賠償責任的風險事故、損失型態、時間、地點等，企業經理人應審慎研究，以避免因誤解保障範圍，而造成保險購買計畫的偏差。

四、購買綜合保險，節省投保手續

綜合保險（Comprehensive Insurance）已成為產險市場的主流，其優點可說明如下：

㈠從被保險人立場而言

1.購買一張保單，就可獲得多種風險事故保障，不必逐件洽保，可以簡化投保手續，節省時間及人力浪費。

2.由於只有一張保單，可以減少營業費用，進而降低保險費率，減輕被保險人經濟負擔。

3.被保險人可以不必按照不同需要，分別投保各種保險，既可增強議價能力，又可避免承保範圍前後重疊或無法銜接現象。

4.保單簡化至只有一張，被保險人比較容易管理及保存。

㈡從保險公司立場而言

1.因綜合性保單對於承保範圍是採取除了不保事項以外，均予承保在內的方式，界定比較簡單，適用上可能會遭遇的困擾也可以減少，避免無謂紛爭。

2.保險公司僅簽發一張保單代替多張，可以減少簽單費用，間接提高公司利潤。

3.通常綜合性保單比列名式保單的保險費率稍高，保險公司所收保費也必須增加，因而可以帶動業務成長。

五、善用自負額減輕保費負擔

就風險管理觀點而言，保險單設定自負額，是對損失自行承擔與轉嫁的配合運作。也就是企業在保險購買計畫中，已經排除對財務情況影響輕微的小額損失，而只對超過自負額以上的損失購買保險。

美國哈里斯食品公司（Harris Foods Corporation）的風險暨保險部經理艾馬克，正著手整理必要的資料，以供明年續保財產綜合保險之用，由於該公司的綜合財產保險，已由IRI產物保險公司承保了五十多年，且IRI所提供的費率與服務，不但具有競爭性，而且也很令人滿意，因此，艾馬克早已決定與IRI續保。

不過，對於保單上的「自負額」（Deductible），艾馬克卻有意予以變更，因為目前保單上所載的「每一事故之自負額為5萬美元」的約定，似乎對該公司不利，為此，艾馬克特在函寄給IRI的續保文件中，要求提高每一事故的自負額為10萬美元，即增加5萬美元。艾馬克深信因此而省下的保費，足以抵過增加的自負額5萬美元，則該公司將以自有「財力」，來應付此一新增的自負額。

自負額是指保險公司與要保人或被保險人在保險契約中約定，當保險事故發生時，其損失金額的某一特定金額，或以保險金額的某一百分比為準，先由被保險人自行負擔，保險公司則只負擔超過該額度或百分比以上部分的損失金額，但以不超過所約定的保額為限。自負額又稱減扣額或減扣賠償額。近年來，汽車保險與火災保險也多採用之。

設定自負額，可以節省保險費的負擔。近年來，由於企業規模日趨龐大，多數有指定專任風險管理人負責辦理保險有關事務，這些管理人基於風險理財原則，以及依據風險評估結果算出適當的自負額，以向保險公司爭取最優惠的保險費率。

一般產物保險公司非常歡迎自負額的承保條件，對於自願承擔自負額，或提高原定自負額的要保人，常以優惠費率承保。

因此，保險契約中訂定自負額後，在保險公司方面，可減少小額理賠案的處理，又可減少費用的支出；在被保險人方面，可以提醒要保人或被保險人加強損害防阻措施。所以，保單訂定自負額後，就可以降低被保險人保費的負擔。

不過企業經理人在採行自負額保險計畫時，應審慎評估企業自己承擔損失的能力，據以決定適當的自負額，才能充分符合「以最小成本獲取最大保障」的風險管理原則。

第 三 節　企業財產風險管理與保險規劃

一、企業財產保險計畫之擬定

如何利用保險作為企業風險管理工具，是企業經理人擬定財產保險計畫時應考慮的重點。

以下是企業在擬定財產保險計畫時應注意事項：

(一)評估損失風險

評估損失在於探測損失發生的機率、可能損失的幅度，以及對企業財務的影響。企業如評估其損失幅度超過自行承擔範圍，勢必考慮擬定風險管理策略，當然最重要的就是如何轉移風險，而保險就是轉移風險的管理工具之一。

(二)擬定保險計畫

企業風險管理人利用損失評估所得資料，經分析後，如認為可採用保險作為風險移轉途徑，即可根據此資料，擬定保險計畫，其內容包括：

1.保險種類及承保範圍

財產保險種類已如上節介紹，各種保險雖有其基本承保範圍，但企業可評估其財產性質、面臨的風險、可能的損失事故，定期予以調整，增刪其承保範圍。

2.保險金額

財產保險的保險金額，即保險公司賠償責任的最高限額；保險事故發生後，保險公司在此保險金額範圍內，按被保險人實際損失，予以賠償。

3.保險費

如將保險當成一般商品，費率就是取得保險的價格，由此價格乘以保險金額，即為保險費。企業風險管理人於擬定保險計畫時，對保險費應考慮其成本效益與企業本身的負擔能力。

(三)實施保險計畫

進入保險市場投保的途徑，有經由保險經紀人洽辦，也有直接和保險公司簽訂保險契約。無論經由哪一種途徑，風險管理人必須注意：

1. 慎選信用可靠，服務周到的保險公司。

2. 委託具有豐富專業知識，服務熱忱的保險經紀人。

3. 保險契約內容複雜，常涉及法律、經濟、會計，甚至科技、工程等專業知識，保險管理人員投保後，應詳細審核保險契約內容，如有未符原意，或對要保企業不利者，應立即向保險公司洽商修正。

二、企業財產保險規劃

近年來由於經濟快速發展的結果，不但企業數量增多，而且規模也邁向現代化、大型化，同時由於企業營運的內容與種類繁多，涉及的營運風險也隨著增加。這些營運風險，可透過投保財產保險予以轉移。

一般企業財產中最主要的莫過於房屋、營業生財、機器設備及貨物四大項，所面臨的主要風險有火災、颱風、洪水、地震、車禍、竊盜、賠償責任等。

一個企業應該投保哪些財產保險，才能使財產得到充分的保障？主要應依企業的營業性質與所面對的損失風險而定，目前國內產險公司提供了下列幾種主要的財產保險商品，供企業經理人選擇：

(一)火災保險

這是最基本的保障，因火災、閃電雷擊等導致企業財產損失，均可以得到賠償。

(二)火災保險附加險

除了投保火災保險，企業經理人可依實際需要選擇加保附加險。

(三)商業火災保險

企業除了投保火災保險或火災保險附加險外，企業經理人亦可投保保障範

圍更周延的商業火災保險。

㈣工程保險

企業可因工程或業務需要，投保與工程保險有關的：⑴營造工程綜合保險；⑵安裝工程綜合保險；⑶工程保證保險；⑷營建機具保險；⑸機械保險；⑹鍋爐保險；⑺電子設備保險。

㈤責任保險

企業或員工可投保下列責任保險，以轉移其對第三人或員工的賠償責任：⑴公共意外責任保險；⑵雇主意外責任保險；⑶電梯意外責任保險；⑷高爾夫球員責任保險；⑸船舶貨運承攬運送人責任保險；⑹產品責任保險。

㈥運輸保險

企業可因業務需要投保與運輸保險有關的：⑴貨物運輸保險；⑵陸上運輸保險；⑶漁船保險；⑷船舶保險；⑸冷凍庫貨物保險；⑹漁獲物保險；⑺商業動產流動保險。

㈦意外保險

企業可因業務需要投保與意外保險有關的：⑴現金保險；⑵竊盜險；⑶員工誠實保證保險。

㈧汽車保險

企業或員工所有的汽車因碰撞傾覆或竊盜導致的損失，以及因疏忽或過失造成第三人體傷、死亡或財產損失的法律賠償責任。

㈨強制汽車責任保險

強制汽車責任保險，係政府為加強保障汽車交通事故之受害人，因汽車交通事故致受害人傷害或死亡者，不論加害人有無過失，請求權人可依強制汽車責任保險法向保險公司請求保險給付，或向財團法人汽車交通事故特別補償基金請求補償。因此，企業應依政府法令規定，投保強制汽車責任保險。

企業經理人在擬定保險計畫時，可參考財產保險項目建議表（表11-1），依其營業性質與損失風險型態，選擇購買最佳的財產保險。

表11-1　財產保險項目建議表

保險種類 ＼ 適用對象	個人	住宅	公司行號	商店行號	金融、百貨	旅館、娛樂	營造建築	製造業	運輸倉儲
1.火災保險及附加險		○	○	○	○	○	○	○	○
2.商業火災保險			○	○	○	○	○	○	○
3.營造工程綜合保險							○		
4.安裝工程綜合保險							○		
5.工程保證保險							○		
6.營建機具保險							○		
7.機械保險							○	○	
8.鍋爐保險					○				
9.電子設備保險			○	○	○			○	○
10.公共意外責任保險		○	○	○	○	○	○	○	○
11.雇主意外責任保險			○	○	○	○	○	○	○
12.電梯意外責任保險			○	○	○	○			
13.高爾夫球員責任保險	○		○						
14.現金保險			○		○	○		○	○
15.商業動產流動保險			○						
16.竊盜險		○	○	○	○	○	○	○	○
17.員工誠實保證保險			○	○	○	○	○	○	○
18.貨物運輸保險			○	○	○	○	○	○	○
19.陸上運輸保險			○	○	○	○	○	○	○
20.漁船保險			○						
21.船舶保險			○						
22.冷凍庫貨物保險			○		○				
23.漁獲物保險			○						○
24.船舶貨物承攬運送人責任保險			○						○
25.汽車保險	○	○	○	○	○	○	○	○	○
26.強制汽車責任保險	○	○	○	○	○	○	○	○	○
27.產品責任保險			○	○				○	

三、企業火災保險規劃

老林最近與人合資建立一座工廠，並向銀行貸款3,000萬元，分10年期每月攤還，貸款銀行要求老林辦妥該工廠火災保險後才能取得所貸的款項，老林不知如何投保火災保險？您的企業是否曾有這種困惑？企業投保火災保險時，應注意下列幾個事項：

㈠火災可能造成的損失

1.自身財產損失：因火災導致自己的房屋、裝修、機器、營業生財、貨物等毀損。

2.賠償他人損失：因火災導致須對第三人或員工負法律賠償責任的損失。

3.預期收入損失：因火災而無法繼續營業或生產，導致營業收入減少的損失。

㈡投保前考慮程序

1.分析潛在風險：分析及確認企業體所面對的行業性質，以及內在、外在環境狀況的潛在風險，以便採取必要的處理措施。

2.衡量可能損失：衡量上述潛在風險發生的可能性，以及萬一發生時可能的損失。

3.擬定可行措施：根據資料衡量，擬定各種可行的處理措施。

4.成本效益分析：就擬定的各種可行處理措施，進行成本效益分析。

5.選定防阻方法：選定損害防阻方法，投保火災保險及其附加險種。

㈢投保時的辦理手續

填妥保險公司的火災保險要保書，其內容包括：

1.被保險人姓名、住所及保險標的物所在地或存放地址。

2.保險標的物及保險金額。

3.建物等級及使用性質，如房屋的構造（如木造、磚造或鋼骨水泥造）、屋頂（如瓦頂或平頂）及層數、使用性質（如辦公室、商店、倉庫或工廠等）。

4.保險期間,可分一年期及長期二種。

5.繳費方式,可分為立即繳付或約定延緩繳付(延緩繳付時間不得超過三十天)。

6.複保險情形,即同一保險標的物重複向其他保險公司投保者,請註明保險公司名稱及保險金額。

7.抵押情形,即保險標的物如果向銀行、信用合作社等金融機構抵押,請註明抵押權人名稱。

四、企業運輸保險規劃

1987年5月9日東海貨櫃場發生火災,同年10月25日大台北地區的琳恩颱風水災,由這兩次火、水災造成進出口貨物的嚴重損失,使得運輸保險更加重要。由於我國是海島國家,國際貿易發達,貨運頻繁,以致運輸上的風險——意外事故引起的損失,在所難免。運輸保險的效用,是在分散貿易行為中貨物運輸上的風險,達到減少貨物損失,保護貿易者資金安全,擴大貿易者營業能量,維護貿易者合法利潤的目的。

本世紀以來,隨著國際貿易的拓展,海上運輸事業發達,不但運輸量增加,運輸船舶現代化,運輸方法與運輸制度亦日新月異。最明顯的變遷是海上運輸過程已由海上擴展至陸上,乃至與空中運輸相銜接。因此,「Marine」一詞已不侷限於海上運輸,而涵蓋海上運輸、陸上運輸與空中運輸。海上保險(Marine Insurance)承保範圍也由原先只限於海洋上的運輸,擴展至陸上、空中運輸;隨著時代的變遷和實務上的需要,逐漸轉變為「運輸保險」(Transportation Insurance)。

運輸保險是指各種財產在運輸過程中,凡是發生與運輸有關的風險事故導致的損害,由保險公司負賠償責任的保險。通常包括兩部分:一為海上運輸保險(Ocean Marine Insurance),起源最早,指承保與海上運輸有關的風險事故導致損害的保險。一為陸上運輸保險(Inland Marine Insurance),其發展較遲,為因應近代陸上運輸需要而新興的保險業務,是指承保所有與陸上運輸有關的風險事故導致損害的保險。

出於近代運輸工具及方法的革新,陸上及航空運輸發展極為迅速,與海上

運輸已成為現代化運輸的三大方式。自從航業運輸貨櫃化問世後，導致運輸方式的革新，即所謂「一貫運輸」，即把海上運輸、陸上運輸及航空運輸三者一體辦理，使得客貨兩便，與早期的分段運輸情形，自然不能相提並論。一般為因應實務上的需要，並且為了區別，已將運輸保險劃分為海上運輸保險、陸上運輸保險及航空運輸保險三部分。

如果企業在產銷上貨運頻繁，那麼運輸保險將是企業經營管理上不可或缺的避險工具，應善加利用。

五、企業汽車保險規劃

萬一企業的員工因執行公務開車肇事導致他人傷亡，企業的汽車保險單能夠承擔多少賠償責任？汽車損失風險是每一位企業經理人必須面對的風險，且應精打細算規劃購買汽車保險。

企業經理人在購買汽車保險時，應儘可能瞭解各項汽車保險的種類及各類附加險，斟酌實際需要購買，對所買險種的承保範圍及不保項目也要有初步的瞭解。

下面將說明汽車保險的種類及與一般企業有關的附加險種類：

㈠汽車車體損失險

企業所有的汽車因為碰撞、傾覆、火災、閃電、爆炸、拋擲物、墜落物或第三者非善意行為所引起的毀損或滅失，保險公司應對企業負賠償責任。汽車車體損失險可依承保範圍的大小，分為甲式、乙式與丙式三種。

㈡汽車竊盜損失險

企業所屬汽車因為偷竊、搶奪、強盜所引起的毀損或滅失，保險公司應對企業負賠償責任，但賠償金額應先依約定的折舊折算後，再按約定由企業負擔20%的自負額。

㈢汽車第三人責任險

1.傷害責任（對人）

企業因所有、使用或管理被保險汽車發生意外事故，導致第三人死亡或受有體傷，依法應負賠償責任而受有賠償請求時，保險公司應對企業負賠償責任。

2.財物損害責任（對物）

企業因所有、使用或管理被保險汽車發生意外事故，導致第三人財物受損，依法應負賠償責任而受有賠償請求時，保險公司應對企業負賠償責任。

㈣各種附加險

1.汽車綜合損失險的附加險：(1)颱風、地震、海嘯、冰雹、洪水或因雨積水險；(2)罷工、暴動、民眾騷擾險。

2.汽車竊盜損失險的附加險：零件、配件單獨被竊損失險。

3.汽車第三人責任的附加險：(1)醫藥費用；(2)受酒類影響車禍受害人補償；(3)汽車乘客責任險；(4)雇主責任險。

企業經理人在投保汽車險時，除了對上述汽車險的種類及各種附加險有所瞭解外，更應於收到保單時核對承保內容是否正確，繳交保費時，確定已收到保險公司所製發的正式收據，以確保保險權益。

六、企業強制汽車責任保險規劃

強制汽車責任保險係政府為加強保障汽車交通事故受害人，而立法明定之政策性保險，企業應遵守法令投保強制汽車責任保險。

強制汽車責任保險之保障範圍（給付標準）說明如下：

1.傷害醫療費用給付總額：每人每一事故以新台幣20萬元為限，涵蓋：

(1)急救費用：救助搜索費、救護車費、隨車醫療人員費用。

(2)診療費用：掛號費、全民健保給付及自負額、病房費差額（每日以1,200元為限）、膳食費（每日以130元為限）、義肢裝置費差額等經醫師認為必要之輔助器材費用。

(3)接送費用：轉診、出院、往返門診合理之交通費用。

(4)看護費用：住院期間因傷情嚴重所需之特別護理費、看護費（每日以1,000元為限，最高以30日計），居家看護以經主治醫師證明確有必要為限。

2.殘廢給付：依程度共分十五等級，給付金額新台幣5萬元至200萬元。每人每一事故最高給付新台幣200萬元。

3.死亡給付：每一人定額給付新台幣200萬元。

4.每一次交通事故每一人之死亡、殘廢及傷害醫療給付金額合計最高以新台幣220萬元為限。

5.受害人死亡，無合於本法之請求權人時，代為辦理喪事之人得請求所付之殯葬費用，最高不得逾新台幣30萬元。申請時應檢具有關項目及金額之單據並依本法規定殯葬費用各項限額給付。

6.受害人經全民健保提供醫療給付，健保局得向本保險之保險公司代位請求該項給付。

七、企業工程保險規劃

工程經費達新台幣2,500億元的大台北捷運系統與工程經費達新台幣5,000億元的台灣高速鐵路均已完工且在營運，但其在營造期間營造風險之移轉，使得工程才能順利推展以至完工，無疑的，工程保險扮演極重要的角色。任何工程在營造施工或安裝過程中，都可能發生意外事故，對營造商產生賠償責任或造成財力負擔，因此，工程保險是十分重要的。

目前我國已開辦的工程保險有下列六種：

㈠營造綜合保險

指保單所載的保險標的，在保單所載施工處所，於保險期間營造工程時，因突發而不可預料的意外事故導致毀損或滅失，須修護或重置時，或是對第三人依法應負賠償責任，除保險單載明不保事項外，保險公司對被保險人負有賠償的責任。

㈡安裝工程綜合保險

指承保的保險標的在保單所載施工處所，於保險期間內安裝工程時，因意

外事故直接導致的毀損或滅失,或是對第三人依法應負的賠償責任,除保單載明不保事項外,保險公司對被保險人負有賠償的責任。

㈢營建機具綜合保險

指承保保單所載的營建機具在保單所載處所,於保險期間內,因突發而不可預料的意外事故導致毀損或滅失,或是對第三人依法應負的賠償責任,除保單載明除外不保事項外,保險公司對被保險人負有賠償的責任。

㈣鍋爐保險

指承保保險標的因保單承保的鍋爐或壓力容器,於正常操作中發生爆炸,或壓潰導致的毀損或滅失,或是對第三人依法應負的賠償責任,保險公司對被保險人負有賠償責任。

㈤機械保險

指承保保險標的物在保單所載處所,於保險期間內,因下列原因發生不可預料的突發事故導致的損失,須修理重置時,保險公司對被保險人負有賠償責任:(1)設計不當;(2)材料、材質或尺度的缺陷;(3)製造、裝配或安裝的缺陷;(4)操作不良,疏忽或怠工;(5)鍋爐缺水;(6)物理性爆炸、電器短路、電弧或因離心作用造成的撕裂;(7)不屬於本保險契約載明為不保事項的其他原因。

㈥電子設備保險

指承保電子設備本體或外在資料儲存體在保單所載處所,於保險期間內,因突發而不可預料之意外事故,導致的毀損或滅失或額外費用,除保單載明除外不保事項外,保險公司對被保險人負有賠償的責任。

八、其他企業財產保險之認識

近幾十年來,企業經營規模邁向大型化與現代化,營運風險也趨向複雜化,我國產險業者面對這種環境變遷,即針對各行業的需要,以及不同損失風險型態,不斷研究設計各種財產保險,除了前面已提到的財產保險外,茲介紹

目前國內已開辦的其他財產保險如下：

㈠竊盜保險

指承保企業所有的財物存放在處所內遭到竊盜時的損失。

㈡現金保險

指承保企業所有或負責管理的現金，於運送途中或放在金庫、櫃檯範圍內，因保險事故導致的毀損或滅失。

㈢電視機保險

指承保被保險電視機因意外事故導致的損失。

㈣玻璃保險

指承保被保險玻璃因意外事故，或第三人的惡意行為導致的毀損。

㈤保證保險

指承保企業（如雇主、訂作人等）因員工、承包商、承攬人的不誠實，不履行契約，使企業受損失時，保險公司依保險單的約定對企業負賠償責任。

我國目前的保證保險有下列幾種：

(1)員工誠實保證保險；(2)工程保證保險（①工程押標金保證保險；②工程履約保證保險；③工程預付款保證保險；④工程支付款保證保險；⑤工程保留款保證保險；⑥工程保固保證保險）。

㈥信用保險

指承保被保險人（即債權人）因其債務人不履行債務，所遭受的金錢損失，由保險公司對被保險人負賠償責任。

我國目前的信用保險有下列幾種：

(1)限額保證支票信用保險；(2)消費者貸款信用保險；(3)出口信用保險（屬於輸出保險的範圍）。

九、附加險之投保

前幾年琳恩颱風過境，造成台灣北部地區豪雨成災，某成衣廠被水浸泡，部分廠房、機器及原料受損，該成衣廠已辦理保險，乃向保險公司求償；但因該成衣廠僅投保火險，未加保附加颱風險，損失與火險承保範圍不合，導致保險公司不願負理賠責任。何謂附加險？應如何投保？

顧名思義，附加險就是必須先投保基本保險後，才可加保其他基本保險保單除外的風險事故，使企業的潛在風險得以轉嫁。

財產保險的保險單，除規定承保範圍外，同時也規定「不保事項」或「不保事故」。

保單所列「不保事項」或「不保事故」，並不是所有風險都不可以承保，有些經過特別約定之後尚可加保一部分，而獲得承保者，是指在風險程度上雖非屬於絕對不保事項或不保事故，但也不屬於一般投保者的共同需要，及基於保險成本因素的考慮，必須另以加費方式投保者，而以批單或條款附加於保單的方式投保保險事故，稱為附加險。

一般財產保險的各種附加險，其投保目的包括：

1.擴大投保基本保險單規定以外的風險事故。

2.增加投保保險基本條款所不保的間接損失。

目前各種財產保險的附加險種類如下：

1.在火災保險方面：企業可依其需要，以批單方式投保附加於火災保險的地震、颱風、爆炸等附加險。

2.在海上保險方面：企業可依其需要，以加貼疏忽條款承保裝卸貨物時的損失，或加保船長或船員疏忽導致的損失，也是附加保險事故。

3.在汽車保險方面：企業可依其需要於汽車綜合損失險附加零件、配件被竊損失險，颱風、地震、海嘯、冰雹、洪水或因雨積水險、酗酒駕車汽車第三人責任險等。

4.在工程保險方面：企業可依其需要加保原已被除外的地震保險。

綜合上述，企業在投保財產保險之前，應先瞭解保險單的承保範圍，估計企業本身的投保需要，選擇最符合投保需要的保障。如果發現保險單的基本承保範圍不符合投保需要，應立即以上述特約方式（無論以批單或條款）另外加

保，以獲得保險的充分保障。

第 四 節　企業責任風險管理與保險規劃

一、企業責任風險之種類

1987年4月2日中化高雄大社廠，因沉析分離槽內的氰酸等有機物瞬間急遽「聚合反應」，產生大量熱能及氣體，由於廢氣燃燒塔有堵塞現象，一時無法有效宣洩，壓力急速升高，導致爆炸起火燃燒。除本身廠房設備受損，八名員工受到灼、刺傷，附近民宅和廠房的門窗玻璃均被震碎，附近農作物也遭到異常氣體的侵襲損害，現場一片哀號聲。警方出動了11輛化學車、13輛水箱消防車，花了二個小時，才將火勢撲滅，據估計損失約新台幣1億餘元，但停工的損失，更甚於此。所幸，氰化物沒有外洩，否則後果更不堪設想。

由以上事件可以看出，隨著時代的進步及科技的創新，開拓了企業經營的領域，相對的也帶來新的風險標的（Exposures），其中又以財產及責任風險最為主要。然而財產損失看得見且容易評估，責任風險卻因社會變遷、科技翻新，風險因素愈形複雜，損失額更難確定。

而且企業規模愈大，發生風險的機會愈高。再加上近代侵權責任（Tort Liability）觀念演變，人們對自身權益的保護十分注重，使企業面臨更多潛在的風險，稍一不慎發生事故，不僅企業本身受到損害，與其相關者也會受到傷害，甚至波及無辜他人。

現代企業所應負的賠償責任通常來自下列二方面：

(一)企業的契約責任

指企業因契約關係，產生對他人應負的賠償責任。

企業因契約責任而應負損害賠償責任，主要有勞動災害及產品瑕疵責任。例如雇主因未提供良好工作環境，使受僱人工作時受到傷害；又因企業產品的說明書有瑕疵，使買受人使用時受到傷害，皆為企業典型的契約責任。

㈡企業的侵權責任

指因故意或過失，不法侵害他人的權利或利益，而應負損害賠償責任。

企業風險管理人最重視的責任風險，就是因侵權行為導致的民事賠償責任。例如員工因執行公務對他人造成的侵權責任、因企業的營運或活動對他人所造成的侵權責任。

責任風險就像一個沉睡的巨人，不發生風險事故則已，一旦發生，對他人造成的傷害，以及企業本身財務衝擊之巨，往往無法預估，甚至使企業多年建立的基礎毀於一旦。

企業經理人應未雨綢繆，仔細規劃企業責任損失風險的管理。

二、責任保險的重要性

在過去，國人較不重視法治觀念，較不願意以訴訟方式爭取個人權益，因此損害賠償責任的觀念並未普及。國人經常以息事寧人的態度，將意外事故造成的傷害，歸之於天意而自行承受。這種消極的態度，使得責任保險的發展相當緩慢。

近年來，我國在政治、經濟、社會、文化及生活習性各方面，都有相當程度的改變，而下列各因素，也使得責任保險日漸成為現代企業經營不可或缺的基本保障：

㈠國家賠償法的實施

國家賠償法使得國人瞭解政府、公務人員在執行公務時，造成人民生命財產的損失，政府必須負擔損害賠償的責任。當政府必須為其公務員的疏忽或過失行為負責時，同樣地，任何人都必須為其不當的行為負責。國人發生意外事故，不積極尋求損害賠償的情況，也因而逐漸消失。

㈡意外事故的增加

社會愈開放，經濟活動愈複雜，以往未曾出現的活動，也不斷地出現在現代社會。相對地，也增加了各式各樣的意外災害。例如，旅遊已是現代人相當普遍的活動，而旅遊活動中可能產生的意外事故，像遊樂區的意外落石、遊覽

車墜落山崖，對於遊樂區的管理單位，或遊覽車公司，都會產生可能為此意外事故負賠償責任的威脅。而演唱會、球賽、MTV、三溫暖等許多以前沒有的活動及營業行為，都出現在現代社會中，其導致的意外事故也愈頻繁。這些意外事故令社會大眾強烈地感受到責任保險的重要性。

㈢外國企業的引進

由於我國政府國際化與自由化的政策，使得國外許多企業不斷進入本國市場，外國企業在本國活動，自然地將國外高額責任保險的觀念引進國內，使得該行業的責任保險更為普遍。例如，麥當勞、肯德基等美國速食業在國內迅速發展，這些外國企業均有相當高額的責任保險，此現象也引起國內餐飲業對責任保險的重視，進而加速責任保險的推廣。

㈣索賠意識的增強

近年來，環境保護運動、消費者保護運動等，各種權益保護活動相當盛行。社會大眾已普遍瞭解爭取個人權益是合理而正當的。因此，損害賠償責任已是任何肇事者無可避免的義務。現代企業經營者為了保護企業的安全，已經不能沒有責任保險的安排。

三、責任保險之意義

責任保險又稱第三人責任保險。所謂「第三人責任保險」，是指被保險人的過失侵權行為，導致第三人身體傷害或財務損失，依法應負賠償責任而受賠償請求時，由保險公司對被保險人負賠償責任。第三人責任保險一般簡稱為「責任保險」，而「第三人」由廣義解釋，是指訂立保險契約的當事人（保險公司、被保險人與要保人）以外任何人；但實務上，一般責任保單均另約定將被保險人的受僱人及家屬除外不保，也就是被保險人的受僱人及家屬不視為第三人。

由於我國民法採過失責任主義，被保險人依法律規定須對第三人負賠償責任時，以有故意「過失」為限；但被保險人因故意行為，造成對第三人的損害，在保單裡都不承保。

一般企業或員工，如因各種不同過失侵權行為，導致第三人損害賠償責任的風險，都可以投保其所需要的第三人責任保險。例如，企業主怕廠房萬一發生火災不慎波及鄰居，可投保火災保險附加第三人責任保險；雇主怕司機開車不小心撞傷他人，可投保汽車第三人責任保險等。

我國保險法第90條規定：「責任保險人於被保險人對於第三人依法應負的賠償責任而受賠償請求時負賠償的責任。」依此規定，由保險公司負賠償責任須同時具備下列三項要件：

㈠必須是被保險人對於第三人的賠償責任

責任保險由於是承保企業主對於第三人的賠償責任，所以又稱為「第三人責任保險」（Third Party Liability Insurance）。

㈡必須是被保險人依法應負的賠償責任

所謂「依法」，是指依據法律規定而言，法律沒有特別規定者，應依其他規定。例如民用航空法、核子損害賠償法等法律有關損害賠償的規定；法律無特別規定者，則應適用普通法——民法有關侵權行為與損害賠償的規定。

㈢須被保險人受賠償請求

企業主在受到第三人（即受害人或其家屬）的賠償請求，並給付賠償金後，才有損失可言，保險公司也才須對企業主負賠償責任。假如第三人雖有損害，企業主依法也應負賠償責任，而第三人並不向企業主請求賠償，則企業主並無損失，保險公司自然不必對企業主負賠償責任。

四、責任保險之標的

顧客在商店內因商店設施不當，而發生意外傷害，在先進國家，多半能得到滿意賠償。這種制度最近首度引進國內，台北太平洋SOGO百貨公司已向國內某產險公司投保4億5000萬元的顧客意外責任險，只要顧客在SOGO發生意外傷害，將可獲得合理的賠償，這種作法使國內百貨業在服務上更上一層樓。

社會愈進步，經濟愈發展，責任保險愈趨複雜，在快速變遷的社會，

一般大眾及機構均可能對第三者造成不同程度的傷害。責任保險的標的
（Exposures）至少包括下列各項：

　　1.建築物：如商店、百貨公司、旅館、餐廳、辦公室、車站、碼頭、機場
等。

　　2.遊樂場所、娛樂場所、公園。

　　3.學校：包括托兒所、幼稚園、補習班。

　　4.產品：包括產品回收。

　　5.營運及管理。

　　6.運輸、交通：包括各修車維護場。

　　7.政府執行公務。

　　8.契約代理及代營業務。

　　9.雇主責任及工業安全責任。

　　10.職業責任：(1)醫療專業人員；(2)建築師、工程師；(3)會計師；(4)律師。

　　11.金融服務責任：(1)銀行；(2)證券經紀人；(3)保險、理賠經紀人。

　　12.房地產責任：(1)建築公司；(2)房地產經紀人。

　　13.董監事、經理等管理責任。

　　14.火災責任：承租建築物因火災事故，對屋主所負的責任；火災發生，對
波及第三者建築物或體傷所負的責任。

　　15.環境污染責任。

五、責任保險之特性

　　責任風險不但無實質形體，且不易評估，又無所不在，企業經理人在分析
損失風險時，常會忽略與遺漏，導致一旦事件發生時，對企業造成極大的營運
危機。因此，企業經理人應深入瞭解責任保險的特性，以求確實掌握企業可能
面對的賠償責任。

　　責任保險的特性，比較重要的如下所列：

　　1.責任保險是以企業主對於第三人，也就是被害人，依法應負的賠償責任
為保險標的，所以除了保險契約當事人外，須有被害人的第三人存在，這是保
險事故成立的先決條件。企業主與被害人的關係，是因賠償責任而發生。保險

公司與被害人的關係，則是因保險公司參與解決賠償問題，或因企業主請求直接對被害人給付保險賠款而發生關係。

2.責任保險的理賠案件，從發生到處理完畢，往往需要經過一段較長的時間，短的可能數個月或二、三年，長的可能達十年以上，這就是所謂的"Long Tail"問題。

3.責任保險是以企業主因負擔賠償責任的債務所受的損失，為補償範圍。企業主的損失是基於被害人的損失而發生。被害人若無損失，則無保險補償可言，所以責任保險在形式上是為補償企業主的損失為目的的保險，但實質上是以保障被害人權益為目的的保險。

4.責任保險所保企業主依法應負的賠償責任，應以法令對賠償責任的規定為依據，所以保險責任的認定，除了以保險契約為基礎，並應以法令規定為依據。

5.責任保險保險標的的賠償責任並非實體財物，所以無價值或保險價格可言，其保險金額責任限額是由契約當事人依需要約定，所以不會有超額保險、低額保險的情形。

6.責任保險的賠償責任範圍，不以直接損失為限，也包括間接損失或附帶損失或精神上的損失。

7.責任保險風險因素複雜，加上法律問題不易掌握，每一件保單幾乎都是獨特的風險，核保及費率的釐訂較為複雜，難有客觀的準繩。

8.賠償案件除了不易估算損失外，處理時往往受感情、利害、權力及裁判等因素直接或間接影響，而益顯困難。

六、責任保險之種類

企業在生產過程、運輸產品，以及產品在市場販賣銷售過程中，面臨著各種潛在的損失風險，如果管理不善或處理不當，萬一發生事故，可能使企業數十年的經營成果毀於一旦。

因此，企業經理人以購買保險來轉移風險的需要，日漸殷切，而各種責任保險的發展也應運而生。

責任保險（Liability Insurance），又稱第三人責任保險（Third Party

Liability Insurance），即被保險人依法對第三人負有損害賠償責任時，由保險公司負擔補償責任的保險。換言之，也就是被保險人為了避免自己對第三人的損害賠償責任為目的，所訂立的保險契約。

我國責任保險市場發展較遲，目前以獨立險種正式舉辦的責任保險有下列幾種：

　　1.公共意外責任保險。

　　2.營繕承包人公共意外責任保險。

　　3.電梯意外責任保險。

　　4.高爾夫球員責任保險。

　　5.產品責任保險。

　　6.飛機場責任保險。

　　7.雇主意外責任保險。

　　8.意外污染責任保險。

　　9.醫師責任保險。

　　10.律師責任保險。

　　11.會計師責任保險。

　　12.董監事責任保險。

　　13.綜合責任保險。

責任保險在國內尚屬於繼續開發的新生代險種，未來產險業者會針對不同的企業、不同的風險，不斷研究設計企業需要的各種責任保險。

第五節　企業淨利風險管理與保險規劃

一、企業淨利損失

發生在1991年2月6日晚上的重慶北路天龍三溫暖大火，造成18死7傷的慘劇，5月7日士林分院以業務過失將天龍公司負責人判處有期徒刑10個月。天龍公司對罹難者每人賠償新台幣120萬元。天龍公司幾位重要幹部也在此大火中喪

生，天龍三溫暖所有裝潢設備全毀，至今尚未恢復營業。

由這個事件我們可以歸納出，有三種情形會導致企業淨利的損失：

㈠財產損壞

企業正常生產活動所使用的財產，不論是動產或不動產、有形或無形財產、自有或非自有財產，一旦發生損壞，將會損害到整個生產活動，甚至使之停頓，從而引起企業的淨利損失。這種因為損壞而引起淨利損失的財產，可分為兩大類：一是企業所能控制的財產；一是非企業所能控制的財產，如大供應商與大客戶的財產、「具有吸引力」的地點場所，以及公共設施或政府的服務設施等。

㈡法律責任

凡面臨實際或潛在法律責任的企業，通常須花費金錢予以處理，如花錢請律師辯護、支付訴訟費用、花錢履行民事判決或罰鍰，以及花錢採取糾正行動，以便減少未來潛在的損害賠償（如收回產品等）可能性。由於這些法律費用的支出，常會耗用企業可投入正常生產活動的資金，自然會使企業的產量與收入減少，淨利也跟著降低；反之，若企業不需要支出這些法律費用，則產量與淨利便會增加。

㈢人身損失

當企業的重要幹部死亡、殘障、退休或辭職時，企業便會因失去這些擁有特殊才能與技術人員的繼續貢獻與服務，使企業遭受人身的損失。而這不只會使企業遭到收入的損失（如因重要的銷售主管遽亡導致業績突降），還會使企業承擔額外的費用（如其餘員工的效率減低、花錢找尋勝任的替補人選、花錢訓練替補人選，以及高薪挖角等）。所以人身損失與淨利損失沒有兩樣，兩者都是透過收入減少與費用增加而來的。所以就意義來說，人身損失可看成是一種特殊的企業淨利損失，因其損失的價值是重要幹部的特殊才能，而不是財產。

二、企業淨利損失之關聯影響

由於現代企業的關聯性錯綜複雜，因此，任何意外事故的發生，若不是很難預測，便是根本不可預測。但企業在發生任何意外事故後，必會有「餘波蕩漾」的影響，也就是說，此一損失會逐漸擴及與該企業有關的其他個體所能賺得的淨利，如顧客、供應商、員工，以及政府管轄機構等。所以，企業經理人應仔細分辨「乍看之下」似乎只會傷及他人的意外事故，是否會大大影響其企業的經營而造成淨利損失。

為了探究這種錯綜複雜的關係，以下將探討任何單一意外事故如何引起企業的淨利損失，進而引起其他個體及整個社會的損失。

㈠企業本身

一般最可能受意外事故影響的個體，就是毀損滅失實體財產的所有人或使用人，以及被提出法律訴訟的個體，或其重要幹部死亡、殘障、退休或辭職的個體。

㈡其他依存的個體

任何一個企業，其相關個體的營運是彼此相互依存的，一般來說，當意外事故降臨在某一個體，接著會擴及到此個體相互依存的其他個體上，進而擾亂甚或中斷這些個體的生產活動。例如，某一汽車製造廠因工廠大火，停工半年，其供應零件的衛星工廠也會間接受影響而停工。

㈢受影響個體的員工

員工們均無法免於不受淨利損失的「餘波盪漾」所影響。例如，一家具公司僱有一位重要的推銷員，此位推銷員的業績占該家具公司整年銷貨額的20%，若此推銷員因故無法繼續為該公司效力，則失去這位重要人物的貢獻，將會迫使該家具公司減產甚或裁員。易言之，失去這位重要人物，可能會造成該家具公司的淨利損失，並且影響該家具公司其他員工，而這些員工可能會因為裁員，而損失薪水與福利。

㈣政府及整個社會

當企業活動受到干擾時，負有管轄權的政府將會遭受到淨利損失，因此時的稅基會惡化，稅收會減少，進一步的中央政府也會遭受淨利損失，整個稅收目標將無法達成。此外，由於普遍的薪資縮減，整個社會的消費活動將會減少，造成整個社會的損失，因其不但損失了受影響個體所能提供的產品與勞務，而且也損失了被裁員員工的購買力。

三、企業淨利損失之型態

發生於1989年8月3日晚上，台北市今日百貨公司峨嵋店發生大火，造成4人死亡，32人輕重傷，整棟大樓幾近全毀，導致慘重的財產與淨利損失，這種企業淨利（Net Income）損失風險，又稱企業財產間接損失風險。

因為淨利是由收入減去費用所組成的，所以淨利損失的型態可區分為：(1)收入減少（Decreases in Revenues）；和(2)費用增加（Increases in Expenses）。茲說明如下：

㈠收入的減少

指財產損壞導致公司「收入減少」所造成的淨利損失，其主要情況為：

1. 租金收入損失：企業自有的財產，因出租於他人導致受損，而不能繼續出租時，使得租金收入減少。

2. 營業中斷損失：風險事故導致營業中斷期間的淨收入減少。

3. 連帶性營業中斷損失：企業的主要供應商（上游廠商）或客戶（下游廠商）因發生風險事故，中斷營業，使得上、下游企業隨之而生的營業中斷損失。

4. 製成品淨利損失：製造業者的製成品受損或滅失，所產生的淨利損失。

5. 應收帳款收現淨額減少的損失：企業應收帳款有關的帳冊記錄，因遺失或毀損，導致收現淨額減少的損失。

㈡費用的增加

指財產損壞導致公司「費用增加」所造成的淨利損失，其主要情況包括：

1.租賃利益損失：企業向他人租用的財產受損，因無法繼續租用導致的權益損失。

2.改良物損失：企業投資於租用財產的改良物，於租約期未滿前，因租用的財產受損，無法繼續租用，導致改良物的使用損失。

3.額外費用損失：財產受損後，必須維持營業的企業（如牛奶、報紙業），為繼續營業導致的額外費用損失。

企業淨利損失風險一般較不易評估，企業經理人必須依據企業幾年的損益表、營業計畫書等資料，並參考會計及財務部門人員的意見，分析企業因財產或其他意外因素導致毀損滅失時，可能面臨的各種淨利損失，作為規劃企業淨利損失保險的參考。

四、企業淨利損失保險規劃

淨利損失保險所保障的是，企業因財產毀損滅失而影響正常營運，所遭到的收入減少與費用增加的損失，而非財產本身的損害。由於淨利損失保險在國外也算是一種新開發的險種，並且一直在發展中，我國因經濟發展比歐美日等國家要遲，淨利損失保險最近幾年才被陸續開發出來。目前，國內產險業已開辦的淨利損失保險，大概只有營業中斷保險、額外費用保險及租賃價值保險等少數幾種。

實務上，淨利損失保險多以批單方式附加於火災保險單，而不能單獨購買。例如我國的營業中斷保險，即以批單方式附加於火災保險單，當保險事故發生時，火災保險的賠款可供企業修復、重建或重置所需的財產，而營業中斷保險則提供企業於修復、重建或重置至恢復營業期間的收入損失、費用增加等補償。前者除了可補償企業所遭受的直接損失，也因此加強企業重建或重置的能力，加速其恢復營業的速度。而後者可減少企業於等待恢復營業期間，因營業中斷所造成的衝擊，使企業因保險的補償，而有餘力以其他方式繼續營業，如另外租用場地等，以減輕其市場占有率與競爭能力的損失。

以下介紹現行歐美企業所使用的淨利損失保險的主要種類，供企業經理人參考，以及產險業未來開發淨利損失保險的方向：

1.營業中斷保險。

2.連帶營業中斷保險。

3.額外費用保險。

4.利潤及佣金保險。

5.租金及租賃價值保險。

6.應收帳款保險。

7.重要文件保險。

8.溫度變動損毀保險。

9.拆除保險。

10.氣候保險。

企業經理人瞭解淨利損失保險的重要後，於購買保險計畫中應考慮購買適當的淨利損失保險，以配合一般財產保險的運用，使企業從保險獲取最大的保障。

五、營業中斷損失保險之重要

位於台北市寶慶路的遠東百貨公司，於1991年4月13日傍晚發生大火，是台北市當年最嚴重的一場火警。寶慶路遠東百貨為遠東公司開設的第一家分公司，也是全台二十家連鎖店中最大的一家，火災前一年營業額即達新台幣20億元，若未來決定整修，甚至重建再恢復營業，則停業期間的營業中斷損失難以估計。

這次遠百大火雖然財物損失逾億元，所幸有投保產物保險，但是在該大樓內亞東企業集團旗下各關係企業的指揮中樞受到嚴重損害，這是難以估計的損失。

企業投保營業中斷保險，應先瞭解營業中斷保險的主要內容，再決定如何投保。由於目前我國的營業中斷保險承保對象包括製造業與非製造業，以下就為製造業所需的營業中斷保險主要內容分述如下：

(一)承保對象

以會計制度健全的製造業，其在同一廠區內的全部財產均保有火災保險者為限。

(二)保險標的

以被保險人在保險期間的預期利潤及持續費用為保險標的，於火災保險單上加貼「營業中斷保險批單」來承保。

(三)承保範圍

被保險人在保險期間發生約定的風險事故，導致保險單載明的財產（製成品存貨除外）遭受毀損或滅失，引起營業全部或部分中斷所遭受的實際損失，由保險公司負賠償責任。

(四)保險金額

以被保險人預計保險期間的「營業毛利」扣除「非持續費用」後的餘額為標準。若保險金額低於「營業毛利」80%，則發生部分損失時，被保險人應依約定，分攤一部分損失。被保險人於投保時，應提供最近三年的損益表與資產負債表，以及投保年度的營業預算書，作為保險人核保的依據。

隨著時代的進步，工業的發達，營業中斷保險日益受到世界各國的重視。但我國自1978年7月1日正式核准開辦此種保險以來，國內廠商投保情況並不踴躍，因此，工商企業應加強重視營業中斷保險，藉以轉嫁因保險事故導致的淨利損失，以及必須繼續支付的固定費用，以減輕企業在營業中斷期間的財務衝擊。

自我評量

一、試說明企業風險之種類？

二、試說明一般企業評估風險的方法？

三、申述企業風險管理之步驟？

四、試說明企業如何編製財產保險購置計畫？

五、試說明企業編製財產保險購置計畫時應注意哪些事項？

六、試說明企業選擇財產保險單時應注意哪些事項？

七、試說明企業責任風險之種類？

八、試說明責任保險為何受到重視？

九、試說明哪些意外事故風險會導致企業淨利損失？

十、企業風險管理人員，應如何規劃購買淨利損失保險，使企業從保險獲得最大的保障，請說明目前產險公司所提供的淨利損失保險的種類？

第十二章

整合性風險管理

學習目標

本章讀完後，您應能夠：

1. 區別傳統風險管理與新興風險管理的差異。

2. 瞭解整合性風險管理概念之興起原因。

3. 明白整合性風險管理之基本概念。

4. 清楚整合性風險管理的功用。

5. 認清整合性風險管理的要素。

6. 掌握整合性風險管理之實施步驟。

7. 指出有效整合性風險管理的關鍵要素。

8. 說明建構風險智能企業的九大原則。

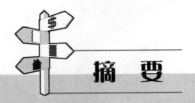

摘 要

　　企業組織所面臨的風險已愈趨多樣複雜，加上風險的關聯性與累積性，往往影響著組織承受風險的能力與資金效率，因此風險管理的整合很重要。現代企業組織會倒閉或發生問題，有些原因並不是由傳統風險所造成，一方面是因為傳統風險管理有了成效，另一方面則顯現其他風險的嚴重程度，如信用風險、市場風險與策略風險等。

　　整合性風險管理（Integrated Risk Management），或稱企業風險管理（Enterprise Risk Management, ERM）係指企業面對當前快速變化的環境，公司整體管理風險的一套方法。雖然風險管理技術在許多企業行諸多年，但ERM在21世紀以來才獲得企業界與學術界廣泛的注意，現在逐漸變成一種新的紀律（Discipline）或稱教養。

　　現代企業共同面臨了市場持續全球化、高度競爭及技術層面愈來愈複雜的經營環境。在日常營運過程中，企業無可避免地必須面臨許多內在及外在的風險。這些風險有的是所謂結果只會帶來損失而不會帶來利益的「純損風險」（Pure Risk）；有的是企業為謀取利益而從事一連串活動的「投機風險」（Speculative Risk）。這些風險導致企業狀況層出不窮，因此，為了利用有系統的方法將企業可能面臨的風險加以管理，現在愈來愈多的企業已積極引進並發展適合自己企業的一套企業風險管理制度，冀透過風險管理步驟來充分掌握「不確定性」的發生，以及早對「不確定性」的可能結果規劃最好的風險控制與風險理財策略。

　　21世紀所提倡的企業風險管理，並非傳統的風險管理只求將蒙受損失的風險加以評估及有效地降至最低，更應關心如何評估及選定可行的風險控制與風險理財策略，使企業能在追求利潤及因應風險的過程中，達到效益最佳的平衡點。

第 一 節　傳統風險管理VS.新興風險管理

　　傳統上，大多數企業組織認為，風險管理是一個具體而獨立的活動，例如保險或外匯風險的管理。新興的風險管理方法要求企業的各階層管理人員和員工時刻都要關注風險管理並保持敏銳。表12-1列出了風險管理向整個企業範圍內轉換過程中需要注意的三個關鍵因素：

表12-1　傳統與新興風險管理模式的主要特點

傳統模式	新興模式
· 分散的 以部門／職務為單位對風險進行管理，主要由會計、財務主管及審計等部門負責。	· 整體的 在高階主管的參與下，各部門或各職務進行風險管理的協調；組織中每個人都要把風險管理做為自己的職責。
· 非連續的 只有當經理們認為必要時才進行風險管理。	· 連續的 風險管理應該是一連續不斷，每時每刻都要進行的工作。
· 小範圍的、局部性的 主要是可保風險和財務風險。	· 大視野、全方位的 把所有的企業風險都包括在內。

資料來源：Economist Intelligence Unit, *Managing Business Risks,* 10. A similar analysis is presented in DeLoach, *Enterprise-Wide Risk Management,* 15-16, 1995.

　　如表12-1所示，一些企業組織的風險管理觀念正在從分散的、非連續的、小視野的方向朝整體化的、連續的、大視野的方向轉換。關鍵因素是高階主管是否支持這一轉換，還是直到風險失控發生嚴重後果時，才意識到轉換的必要性，這是一個值得企業高階主管深思的課題。

　　雖然企業組織為因應愈來愈複雜的經營環境，而發展新興風險管理模式，但傳統風險管理的精髓還是在新興風險管理模式（例如ERM）占了極大份量。因此，對於傳統風險管理人或學習者而言，千萬不要誤以為傳統風險管理已經被新興風險管理所取代或被拋棄了，正確的說法應該是：新興風險管理補強了傳統風險管理。在新興風險管理的實務運作上，其骨幹仍然是沿用傳統風險管理的概念。

　　傳統風險管理人的管理範疇幾乎只是財產與責任風險，而且僅限於純損風

險（Pure Loss Exposure）。至於其他風險則分別在財務、人事、業務、總務與企劃等部門單位管理。傳統風險管理人所管理的純損風險只表彰發生損失的可能性，因為純損風險並不包括「有損失又有獲得可能」的風險，例如財務風險、策略風險、市場風險等投機風險。

傳統風險管理僅針對純損風險做管理似乎已無法滿足企業或組織的需要，有些風險管理人已經早在1990年代，被鼓勵積極介入其他領域的風險。而有些企業組織把風險管理部門設在財務單位，另外從事避險（Hedge）、交換（Swap）等風險分散與轉嫁策略。

傳統風險管理是讓企業或組織的風險最後變成財務面的「既穩定又可預測」，例如，面對財產損失風險，傳統風險管理除了發揮損害防阻功能，使意外事故發生的可能性降低外，也透過風險移轉將萬一發生意外事故時的損失，可以用保險來彌補，讓企業組織的財務狀況處於既穩定又可預測。

傳統的風險管理方式已經被驗證很有效，因此，傳統風險管理除了維持企業組織的財務健全穩定外，其終極目標是在維護股東價值（Shareholders' Value）。

企業組織所面臨的風險已愈趨多樣複雜，加上風險的關聯性與累積性往往影響組織承受風險的能力與資金效率，因此風險管理的整合很重要。現代企業組織會倒閉或發生問題，有些原因並不是由傳統風險所造成，一方面是因為傳統風險管理有了成效，另一方面則顯現其他風險的嚴重程度，如信用風險、市場風險與策略風險等。

此外，大環境對風險管理人的要求與期待似乎不僅僅只在照顧股東價值，而是必須擴大照顧所有利益關係人的價值。利益關係人包括股東、員工、消費者或客戶、社會大眾等等。國家法律與社會規範已肆意保護利益關係人的權益，其加諸企業組織（董事會與經理階層）的責任與處罰已經變得既嚴苛又沉重，由公司治理（Corporate Governance）所衍生的風險治理（Risk Governance）理念，目的都是在設計一套特殊架構，制定規則、相關連結、系統與流程，以確保風險管理被落實。

這是過去所沒有的經營環境要求，也正是企業風險管理（ERM）的形成背景。整體而言，傳統風險管理比較趨向於防禦性功能（Defensive Function）；ERM則不僅具有防禦性，也同時具備了攻擊性功能（Offensive Function），因

為ERM的目標設定不只是要做到讓企業的風險變成「既穩定又可預測」，還進一步創造「企業價值」與「利益關係人的價值」。

第 二 節　整合性風險管理概念之興起

過去數十年來，全世界經歷了科技進步、經濟不景氣，以及許多次的巨災，風險管理的概念逐漸被企業接受。面對巨災所造成的重大損失，傳統風險管理的方式是使用保險，而保險公司也利用國際再保險將風險移轉，但由於純損風險的不確定性及不可預測性，巨災所造成的重大損失，造成財產巨災再保險的承保能量處於供給短缺的現象，使國際再保險市場費率不斷上升，迫使企業需交付較高的保費支出，或是被迫增加自負額，保險公司和企業均面臨成本上升的問題。

此外，1980至1990年代是財務創新快速成長的時期：期貨、選擇權等各項新金融商品不斷發展，提供多樣化的資金運用工具。但也由於金融商品的不當使用，例如1995年霸菱銀行倒閉事件，即為行員不當操作衍生性金融商品與作假帳所導致之結果，其顯示了財務風險管理及作業風險之重要性。

現今科技、網際網路的發達，使資訊傳遞快速，跨國多角化經營的企業比比皆是，隨著經營據點的增加及營收的成長，企業所面臨之風險種類也愈來愈多。另外，全球化使得國與國之間的距離相對地變小，復加上產業間的相互合併及大型集團的併購行動，使得保險公司與商業銀行、共同基金、資本市場間之區隔已變得模糊。最後，因為衍生性金融商品市場快速地成長、財務工程的開發與運用，以及保險市場也開始重新設計保單內容，此可將可保風險與財務風險連結。

對公司而言，若純粹以各種不同的單一避險方式管理風險，將會造成重疊部分風險過度的保護。因此企業的風險長（Chief Risk Officer, CRO）不能再侷限於傳統的風險管理，而需注意公司內其他的潛在性風險，將焦點放在風險整合上，以一種整合性的風險管理方式來處理這些風險所可能帶來的損失、規避重疊部分之風險、減少成本浪費及管理效率降低之發生。

整合性風險管理（Intergrated Risk Management, IRM）的概念因此而生，且

逐漸萌芽成長；在國外已漸被大型企業所採用，其主要功能是幫助企業辨識各種存在於企業內的潛在性風險，並瞭解各個風險的特徵，利用資金結構的安排及管理來達成企業風險管理的目的；結合保險與財務的技術來管理公司所面臨的風險，包括可保性風險（Insurable Risk）、財務性風險（Financial Risk）、作業風險（Operational Risk）等。

整合性風險管理，或稱企業風險管理（Enterprise Risk Management, ERM）係指企業面對當前快速變化的環境，公司整體管理風險的一套方法。雖然風險管理技術在許多企業行諸多年，但ERM在21世紀以來才獲得企業界與學術界廣泛的注意，現在逐漸變成一種新的紀律（Discipline）或稱教養。

ERM已經是一個流行的主題，但實際上這些項目適用的廣泛程度有多大呢？根據調查研究顯示，約81%的北美企業正採行一種在全公司內適用的整合性風險管理方法，只有10%的企業實際使用了ERM項目，而另外的20%則處於開始實施ERM項目的階段。其他的調查研究發現，只有大約超過一半的歐洲企業嘗試採行ERM，34%的北美企業採行ERM。大家公認ERM被採行的原因如下：

1.對組織內部的風險更瞭解。
2.對風險的理解，形成競爭優勢。
3.對低損失頻率高損失幅度的風險事故及早作出反應。
4.對財務資源的管理，達到成本節約的目標。

總之，ERM已被企業作為提高股東權益和節約資本的重要途徑，並且在許多企業都採行ERM的同時，他們也同時採行多種ERM的方法。

第 三 節　整合性風險管理之基本概念

整合性風險管理亦稱為企業風險管理（Enterprise Risk Management, ERM），是近年來風險管理領域中所發展出的新型態管理方式；其係指：「整合所有會影響公司價值的風險並予以評價，再藉由各種的風險管理方法改善公司風險，極大化公司價值。」

COSO委員會將整合性風險管理定義為：「企業管理過程中的一部分，而此部分專門是指與風險打交道的部分，包括企業認知潛在風險、衡量風險、決定管

理風險的方式（接受、規避、分散或降低），予以執行、評估及回饋，讓企業的風險不要超過風險胃納（Risk Appetite）」。此行動的主體是企業（法人），非自然人；且所管理之風險為企業所面臨之全部風險，非部分的。

此定義反映某些基本概念，亦即，整合性風險管理（企業風險管理），係：

1.一項過程，該過程持續不斷於企業內運轉。

2.受企業各階層人士所影響。

3.於制定策略時採用。

4.應用於企業各層面，涵蓋所有層級及單位，所考量之風險包括企業整體層級之組合風險。

5.用以認知那些會影響企業的潛在事項，以及管理風險，使其風險不要超出企業之風險胃納。

6.能為企業管理階層及董事會提供合理擔保。

7.配合目標之達成，該等目標可能歸屬於一個類別或一個以上之類別，當歸入一個以上的類別時，其有部分相互重疊。它是達成目標之手段，本身並非目標。

上述定義廣泛，其理由，它擷取企業及其他組織如何管理風險之基本關鍵觀念，並作為各類型的組織、產業及部門如何採用風險管理的基礎。它直接聚焦於特定企業如何達成其訂定之目標，並提供如何定義企業風險管理是否有效之基礎。

第 四 節　整合性風險管理的功用

每個企業都必須想辦法降低可能會產生不確定性的因素。而企業風險管理（Enterprise Risk Management）是一個全面性的、有系統的方法，可協助所有的組織（不論是何種規模或性質）辨認可能影響其策略及目標的事項，並對於會影響到策略或目標達成的風險，加以衡量、評估及做出回應，以及協助企業在追求股東價值的時候，可以去決定他們能夠或願意接受的風險程度。

不確定性有兩種可能，可能產生風險使價值受損，也可能產生機會使價值

增加。而ERM提供一個架構可以有效的管理不確定性、對風險做出回應,並且在機會產生的時候充分加以利用。

　　成功的管理風險可以使企業達成其績效及利潤目標、防止資源的損失,並確保財務報導及法令遵循的有效性。短期而言,ERM可以協助企業在追求目標達成的同時避免隱藏的危險及意外事件的發生。

　　以下謹將ERM架構產生的功用說明如下:

一、將風險承受度及策略加以連結

　　風險承受度是一個企業(或組織)在追求其目標達成時,所願意接受的風險程度,風險承受度是在衡量策略選擇時的一個重要因素。ERM協助管理者在依循企業整體策略設定欲達成的目標時,可以同時考慮風險承受度,並且管理可能阻礙目標達成的相關風險。

二、將企業成長、風險及報酬加以連結

　　ERM強化了風險辨識及評估的能力,並且將追求公司成長及利潤報酬的目標建構在可接受的風險程度內。

三、加強對風險回應的判斷

　　ERM提供一些方法以協助企業辨認及選擇應採取何種風險回應方式:避免(Avoidance)、降低(Reduction)、分攤(Sharing)及接受(Acceptance)。

四、降低營運上的意外事件及相關損失

　　ERM協助企業辨認潛在的不利事項、評估風險,並建立風險回應方式,因此降低了營運上的意外事件及相關成本或損失。

五、管理整個企業所有相互關聯的風險

　　每個企業都會面臨各種不同的風險,而這些風險會影響到不同的功能及作

業，ERM強調應考慮各風險之間的相互影響，並提出整合性的解決方案來管理
這些風險。

六、掌握機會

經由全面性考量對目標或策略有影響的潛在事項，而非只考慮風險，ERM
使得管理者可以辨認出正面的影響事項，並快速掌握機會。

七、合理降低資本需求及做到最佳資源分配

ERM建立更健全的風險資訊，讓管理者更有效的分配資源，因此可以降低
整體的資本需求並提高資源的利用價值。

第 五 節　整合性風險管理的要素

ERM並非限定於特定的事件或情況，它是一個持續不斷進行的過程，而且
會牽涉到整個企業各方面的資源及營運作業。ERM關係到每個層級的人員，並
且應用全面性的觀點來檢視風險。為了使風險管理的方式融入於每天的營運活
動中，企業必須能夠辨認影響其目標的事項，並且依據風險承受度來進行風險
管理。

以程序而言，整合性風險管理有八個相互關聯的要素，這八個要素形成了
一個全面性的行動架構：

一、內部環境（Internal Environment）

企業的內部環境是風險管理架構的基礎，內部環境會影響到策略及目標的
設定、活動的建置暨風險的辨認、評估及回應。內部環境由很多部分所組成：
道德觀、人員、管理者的經營理念及風險管理的態度及文化。

風險承受度是內部環境重要的一部分，而且會影響到策略的訂定。訂定策
略是為了協助企業達到其想要的成長及利潤報酬目標，每個策略都會伴隨不同

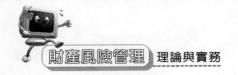

的風險，ERM可以協助管理者選擇符合其風險承受度的策略。

二、目標設定（Objective Setting）

ERM提供管理者設定目標的程序，並確認目標、策略及風險承受度之間的一致性。企業目標可以從下列四個觀點來看：

1. 策略：有關企業整體的目標及使命。
2. 營運：有關效率、績效及獲利能力。
3. 報導：有關內部及對外部的報導。
4. 遵循：有關法令及規章的遵循。

三、事件辨認（Event Identification）

經營環境充滿不確定性，沒有企業可以百分之百確定特定事項是否或何時會發生，或是其結果將會如何。透過事項辨認的程序，管理者將思考所有會影響其策略及目標達成的內部及外部因素。

在某些情況下，將潛在事項加以分類可能是有用的。將潛在事項以水平橫跨整個企業的方式及垂直穿越各個作業單位的方式加以歸類，管理者可以對這些事項之間的相關性有整體的瞭解，並且獲得較充足的資訊作為風險評估的基礎。

四、風險評估（Risk Assessment）

風險評估的程序著重於潛在事項發生的可能性及其影響程度，以及潛在事項對目標的作用。雖然一個單一事件的影響可能很小，但是一連串的事件卻可能使其影響程度擴大。

風險評估同時使用定性及定量的方法，以評估潛在事項的不確定性程度，不管這些事項是由內部或外部所產生。

五、風險回應（Risk Response）

當風險被辨認及評估之後，管理者必須思考可能採取的風險回應方式及其

影響，評估時應同時考量風險承受度及成本效益。而為了達到有效的風險管理，所選擇的風險回應方式不能超出企業所能承受的風險範圍。

風險回應方式通常分為四種：避免（Avoidance）、降低（Reduction）、分攤（Sharing）及接受（Acceptance），管理者決定了回應方式之後，必須將其轉化為行動，建立執行計畫，並且評估計畫執行後的剩餘風險（Residual Risk）。

六、控制活動（Control Activities）

內部控制的政策及程序是為了確保風險回應方式的有效執行。每個企業的目標及達成目標的方法不同，所以控制活動也不相同，且企業經營的環境及產業，暨其內部組織、內部控制及文化也會反映在內部控制上。一般控制通常包括了對IT管理架構、軟體之購置及維修，以及資料存取之安全等控制，而應用控制的目的則在確保資訊處理之完整、正確及有效。

七、資訊及溝通（Information and Communication）

組織的每個層級在辨認、評估及回應風險時都需要適當的資訊，包括內部及外部資訊。當資訊被取得時，必須能夠及時而詳盡的提供給管理者，協助他們快速而有效的執行任務。有效的溝通也包括了對客戶、供應商、政府單位及股東等外部團體的資訊溝通。

有效的企業風險管理必須仰賴歷史資訊及現時資訊。從歷史資訊中，我們可以追蹤實際經營結果與目標的差異，並找出趨勢，同時也能提早察覺到與風險相關的潛在事項。而現時資訊則能夠提供管理者有關已存在於作業程序或作業單位風險的即時資訊，使企業能夠依據風險承受度改變其所進行的營運活動。

八、監督（Monitoring）

監督的作用在於確保ERM的各個構成要素在組織的每個層級係一致執行。監督進行的方式包括持續監督及個別監督，持續監督是建立在營運活動當中，並且隨時不斷在進行的；而個別監督是在事實發生後才進行的。所以相較之

下，持續監督的機制更能夠迅速的發現問題。

所有可能影響企業目標達成的風險 —— 不管這些風險所顯現出的是潛在的問題或機會，都應該讓相關的決策者知道，所以建立一個適當的資訊傳遞機制，讓負責執行決策的人員都能更有效的制定決策是相當重要的。

ERM是一個相互關聯的程序，以上所述及的八個組成要素都必須存在而且順利的運作，才能使其發揮作用。當然，任何一種風險管理程序不管設計及執行得多好，都不能夠對結果加以保證。然而，運用ERM架構能夠加強高階管理階層對於目標達成的信心，絕對是無庸置疑的。

第 六 節　整合性風險管理之實施步驟

整合性風險管理（Integrated Risk Management），或稱企業風險管理（Enterprise Risk Management, ERM），係指企業面對當前快速變化的環境，公司整體管理風險的一套方法。雖然風險管理技術在許多企業行諸多年，但ERM在21世紀以來才獲得企業界與學術界廣泛的注意，現在逐漸變成一種新的紀律（Discipline）或稱教養。ERM既然是新興的紀律或教養，對不同的人，因其專業訓練、工作背景，或面對不同型態的風險，可能有不同的涵義與解讀。企業實施ERM，除了依據前一節八個要素所形成之全面性的行動架構來執行外，有七個主要實施步驟：

1. 成立和培訓跨功能的風險管理小組（或委員會），其成員必須由企業主要部門的重要主管所組成。

2. 辨認風險和機會。

3. 訂出風險容忍度。

4. 辨認風險和機會間的關聯性。

5. 訂定風險和機會優先次序。

6. 確定為緩和風險或利用機會所必要的適當行動。

7. 建立ERM系統，持續地對事件與趨勢作適當的監控與反應。

一、成立和培訓跨功能的風險管理小組

　　不論企業是大是小或組織是否複雜，ERM的管理功能總是要有單位或個人來執行各項任務。因此，第一步就是先把風險管理小組的任務與責任訂清楚，ERM的風險管理小組包括董事會、高階管理、風險所有人（Risk Owners）與內部稽核。

　　董事會要擔任ERM管理小組發動者的角色。董事會設定公司的風險胃納與風險容忍度，也定義專案與業務活動的範圍。高階管理則要建立組織性與功能性的風險治理架構（Risk Governance Structure）。因為要讓風險管理成為日常作業決策的一部分，風險所有人必須監督各部門的決策行為。公司要指定一名風險推動者（Risk Champion），這名推動者要領導公司ERM風險管理的推動，使風險程序成為公司作業流程的一環。風險管理推動者通常稱為「風險長」（Chief Risk Officer, CRO），也有的是財務長（CFO）、ERM主管或企劃副總等。保險業的風險長要非常熟悉核保、定價、理賠、準備提存與投資等程序及其間的互動，也要瞭解市場競爭的態勢與法令及監理的規定。

　　風險長要扮演提倡者與內部顧問的角色，這樣才能創造業務部門與風險管理部門間正面的夥伴關係，而不只是負向的監督。風險長要協助清楚地傳達公司的風險胃納與風險策略給所有的關係人，幫忙決定蒐集哪些風險的資訊、辨識風險所有人及協調將風險程序整合到資訊系統與作業流程中。

　　風險長要確保ERM程序做到下列各點：

　　1.明確的ERM架構，包括風險策略、風險目標、風險胃納與風險容忍度。

　　2.完成辨識、評估、分析與衡量企業主要風險的方法。

　　3.針對不同的風險策略開發一套風險價值模式。

　　4.建構組織風險能力的公開論壇，大家可就風險的策略、人力、程序、技術與知識交換意見。

　　所有主要的業務經理均需參與ERM風險管理的建構並擔任業務風險所有人的角色。當所有業務主管都成為風險管理小組的成員，這樣才能說ERM已經建構在企業的作業流程中。

二、辨認風險和機會

首先要從公司的營運計畫開始，所以說，ERM小組的成員要由企業內主要功能部門的重要主管所組成。仔細地考慮營運計畫中的每一個策略，並且要辨認內部和外部有哪些事件和趨向，會對所要採行的策略行動產生哪些正面或負面的影響。

三、確認風險容忍度

可能會有些棘手，因為不同類型風險的比較是件困難的事。比較不同類型的風險，有一簡單的方法就是透過風險評估圖，把不同類型的風險，按照其風險發生的可能性和可能產生的損失大小擺放在圖內相對適當的位置，就可以比較了。

四、辨認風險和機會的關聯性

當評估風險時，要注意不同風險間的潛在關聯性。許多風險與其他風險間有著正相關的關聯，亦即，當某一種風險增加，另一種風險也會伴隨著增加。這意味著，如果無法辨識這些相關聯的風險，這些伴隨而來的風險所帶來衝擊往往會出乎意料而措手不及。同樣地，它也意味著，當我們採取行動去緩和一種風險，也同時對這些相關聯的風險有著正面影響。

不同類型風險間也有負相關的關聯。這意味著，某一類型風險的可能性或衝擊增加，對另一種有負相關的風險反而會減少，反之亦然。例如，投資於可轉換定期存單和債券，這兩種投資商品受利率的影響是負相關的。當利率上漲，債券的價格會下降，但可轉換定期存單的收益會增加；而當利率下跌，債券的價格則會上漲，而可轉換定期存單收益會減少。

五、訂定風險和機會優先次序

企業必須去辨認風險和訂出優先次序，金融市場對那些不去辨認風險的公司給予相當低的評價。此外，董事會及金融市場也不能接受經營階層說：「我們已清楚地辨認所有的風險，並訂出風險的優先次序，但我們沒有或尚未採取

任何行動。」許多風險其發生的可能性經由某些作業可大幅減少,例如,在一犯罪率趨高的地區增加照明設備和安全設施,就能減少與犯罪相關風險的發生率。至於其他風險,您或許不能要颶風遠離您的營運地點,但一旦它發生,您至少一定能採取行動使損傷減到最小。

六、確定為緩和風險或利用機會所必要的適當行動

實施ERM,一個很好的開始,就是去計畫如何辨認和排列風險的優先次序,並確定行動以緩和風險。

七、建立ERM系統,持續地對事件與趨勢作適當的監控與反應

但一個單一的ERM計畫並不是一個有效的企業風險管理。要能長期發揮ERM的助益,企業必須導入ERM的管理過程,持續監測和回應風險。同時為達到成本效益,還需要選擇最適當的資訊技術,以支援ERM。

第 七 節　有效整合性風險管理的關鍵要素

為合理化所有機構面風險管理,目前各企業組織在風險管理上,逐漸整合各部門風險管理監督權責,以涵蓋橫跨所有業務與職務區域的風險,形成所謂整合性風險管理架構。此種架構,將風險認定、衡量、限額設定、監督與控制合併在全公司經營目標內。此種風險管理有二個層次,其一是在特定業務或產品之風險評估中考量所有風險因素,其二是所謂的由上而下法(Top-Down Approach),此法將風險管理工具、方法與揭露之研發予以集中化與標準化,使得董事會與資深管理階層擁有足夠且廣泛的資訊,進行任何風險與報酬取捨的決策。

有效的整合性風險管理架構有以下幾個關鍵性要素:

1.要有明確風險管理的共識,即風險文化(Risk Culture)。

2.要有共同的風險定義,使得每個人都表達相同的風險語言(Risk

Language）。

3.標準化的評估方法，使得管理者得以「逐一比較」（Compare Apples to Apples）。

4.促進跨部門風險討論的組織架構。

5.風險管理整合至主要業務程序。

6.與策略訂定、績效衡量、激勵獎金，以及資本管理架構存在穩健的聯繫關係。

有效地執行整合性風險管理方法上，吾人應該遵循下列條件：

1.精確與一致的資料來源。

2.橫向連結各個管理資訊系統，取得並揭露所需資訊。

3.風險管理是業務部門本身責任之認知。

4.適當的分析工具與方法論。

5.完善設計的教育課程與對部門主管與職員大力支持。

6.即時地由上而下傳達風險容忍度，並且由下而上地揭露風險暴露。

綜言之，整合性風險管理架構凸顯過去風險管理的弱點，從而激發溝通、工具、方法論，以及分析的改良，提供現代經營者更為周延客觀的決策資訊，提高機構競爭能力。

第八節 建構風險智能企業的九大原則

金融海嘯讓許多公司措手不及，必須學習風險管理能力，應付未來可能出現的傷害。一般而言，具備企業風險管理（Enterprise Risk Management，ERM）能力，才能避開各種風暴。做好ERM的企業可稱之為「風險智能企業」（Risk Intelligent Enterprises），其中有九大原則，企業的經理人不可不知。

具備ERM能力雖然無法完全規避所有風險，但缺乏ERM，卻會讓企業隨時暴露在風險中而不自知。每個風險智能型企業都有共同的體認，運用複雜的機率模型及精密分析，對特定風險進行管理，特別是現有資產及未來成長兩大項目，同時還要全方位且系統性地預測潛在風險，思考整合性對策來進行管理。

要成為風險智能企業，則必須具備九大原則：

原則一：建立可以再整體組織一致採用，且有共通認知的風險定義，以維持及創造企業價值。

一般人看待風險多將其視為威脅，但很少人將之視為機會，其實「風險」的討論角度可以多面向，甚至應該改變思考角度，將風險可創造出來的價值進行正面討論。故企業應該採用更宏觀定義來看待風險，並在進行風險管理時，找出對企業成長的潛在報酬。

原則二：參照適當準則，訂定企業共通風險管理架構，藉以管理整個組織風險。

各國際組織機構出版了許多風險管理架構的資料，例如COSO ERM、Trunbull、ISO 31000等，都是在協助企業決定如何適當地追求獲利機會與規避風險。

而一個好的風險管理架構，必須足以支撐公司風險管理目標，並適應公司獨特經營策略、行動與組織架構，甚至應就所屬產業特性及相關法令要求做修正。

原則三：清楚定義組織內和風險管理有關的角色、職責與授權規定。

風險管理是種協調的成果，許多企業管理者並不自覺應扮演風險管理的角色，改變這些人的心態是企業推動風險智能的第一步。企業主或專業經理人，必須明確傳達風險智能觀念給這些人，讓他們瞭解風險智能對組織整體或對每人日常工作的重要性。

原則四：建立共通的風險管理基礎架構，以提供內部單位執行各單位的風險管理職責。

過去風險管理都以小型獨立團體形式存在，但一般來說，有效的風險管理不可能排除「客製化」，但共通作業平台、作業規範、作業流程及專業用語卻優於個別獨立的作業方式。因此，組織內的各獨立單位必須要整合，包括跨部門同步作業、協調作業與合理化作業。

原則五：包括董事會、審計委員會等企業治理組織，對組織內風險管理實務要有適當透明度與能見度，以履行監督責任。

原則六：管理階層應被賦予設計工作，並維持有效的風險管理程序任務。

另外，還要引領員工思考承擔風險所帶來的報酬、設定公司未來期望、確認工作當責性、與董事會討論、引導公司任何改變、建立風險智能文化。

　　企業可成立風險智能小組，由高階管理階層組成，把風險管理見解傳達給管理人員，並協助規劃風險智能執行計畫。

　　原則七：各營運單位應對營運績效負責，並對管理階層所建立的風險管理架構中，所承擔的風險進行管理。

　　原則八：某些對營運尚有廣泛影響，並提供支援給各營運單位的部門，例如財務、法務及人事等，都應該包含在組織風險管理程序之中。

　　原則九：組織內特定部門（如內部稽核、風險管理或法令遵循部門），對治理組織及管理階層組織提供風險管理體系運作時，有效性地客觀保證，並監督與報告其有效性。

　　近年來，金融及能源業者被普遍認為是高度風險管理的模範生，但次貸危機與美國卡崔娜颶風事件，卻讓金融業與能源業損失慘重，可見企業的風險管理必須不斷修正。「報酬尾隨著風險」是資本主義的老話，卻應該被不斷鼓吹，而追求成功的企業經營，必須更加有技巧地成為具有風險智能企業。

自我評量

一、試說明傳統與新興風險管理模式的主要特點？

二、何謂整合性風險管理（或稱企業風險管理）（Enterprise Risk Management, ERM），試說明其意義及被採行的原因？

三、試說明整合性風險管理之基本概念？

四、試說明整合性風險管理（ERM）架構所產生的功用？

五、試說明整合性風險管理八個相互關聯的要素？

六、試說明整合性風險管理的七個主要實施步驟？

七、試說明有效地執行整合性風險管理，應遵循哪些條件？

八、試說明建構風險智能企業（Risk Intelligent Enterprises）的九大原則？

九、試說明有效整合性風險管理的關鍵要素？

十、風險長（Chief Risk Officer, CRO）要確保ERM程序做到哪些要點，試說明之？

參考書目

中文部分

1. 中央災害防救會報，行政院，2007年3月16日。

2. 風險與保險雜誌，中央再保險公司。

3. 產險季刊，產險公會。

4. 華僑產物保險雙月刊，華僑產物保險公司。

5. 鄭鎮樑，保險學原理，五南圖書公司，2005年3月。

6. 風險管理手冊，行政院研考會，2006年11月。

7. 保險大道雜誌，產險公會。

8. 現代保險雜誌，現代保險雜誌社。

9. 風險管理作業手冊，行政院，2006年11月。

10. 陳定國，企業管理，三民書局，1998年9月。

11. 保險專刊雜誌，保險事業發展中心。

12. 意外保險，三民書局，2005年9月。

13. 陳繼堯等人，金融自由化下新興風險移轉之現況與發展，保險事業發展中心，2002年2月。

14. 會計研究月刊，會計研究發展基金會。

15. 石燦明等著，火災保險，保險事業發展中心，2003年7月。

16. 賴麗華編譯，風險管理國際觀—並論保險產業定位，智勝文化，2004年7月。

17. 王澤鑑，商品製造人責任與消費者保護，正中書局，1986年。

18. 鄭玉波，民法債篇，三民書局，1985年。

19. 拙著，永續經營——企業風險的規劃與管理，廣場文化，1993年8月。

20. 拙著，怎樣置產險才保險，書泉出版社，1989年9月。

21. 核保學報，中華民國產物保險核保人學會。

22. 網路，整合性風險管理概論，2006年。

23. 邱聰智，公害法原理。

外文部分

1. C. Arthur Williams, Jr. and George L. Head, Ronald C. Horn, and G. William Glendenning, *Principles of Risk Management and Insurance*, Volume, I, Pennsylvania, American Institute for P/L Underwriters, 1997.

2. Robert I. Mehr and Bob. A. Hedges, *Risk Management Concepts and Applications*, Richard D. Irasin, Inc., Homewood, Illionois, 1974.
   石名坂邦昭，ンスク・マえジント，白桃書房，昭和56年。

3. Williams and Heins, *Risk Management and Insurance*, McGraw-Hill Book Company, 2000.

4. Moustafa H: Abdelsmad, Guy J. De Genoro & Robley D. Wood, Jr. 14 Financial Pitfalls for Small Business *S. A. M. Advanced Management Journal*, Spring 1977.

5. Kailin Tuan, *Multinational Corporate Risk Management Prospect and Problems*, A Papar Presented at 50th Anniversary Meeting, 1982.

6. James L. Atheam, S. Travis Pritchett, *Risk and Insurance*, West Publishing Company, 1984.

7. George L. Head, Stephen Horn II, *Essentials of the Risk Management Process*, Volume I, Insurance Institute of America, 1997.

8. Risk & Insurance Management Society, Risk Management Department Annual Reports: A Guide, 1983.

9. George E,. Rejda, *Principles of Risk Management and Insurance*, Eigth Edition, 2001.

10. Jerry S. Rosenbloom, *A Case Study in Risk Management*, Englewood Cliffs, NJ: Prentice Hall, Inc., 1972.

11. Willams & Heins, *Risk Management and Insurance*, 2005.

12. Edward W. Sivei, Measuring Risk to Protect Income–Developing a Catastrophe Plan, *Risk Management* (April, 1973).

13. George L. Head & Stephen Horn II, *Essentials of Risk Management*, Vol. I (3rd ed. 1997).

14. 淡路剛久，近鄰妨害の私法的處理，有斐閣。

15. 淡路剛久，公害賠償の理論，有斐閣。

16. 曾田長宗，公害の疫學，有斐閣。

17 Thomas L. Barton et al., *Making Enterprise Risk Management Pay Off: How Leading Company Implement Risk Management*, Pearson Education Company, 2002.

18. The Committee of the Spinsoring Organizations of the National Commission on Fraudulent

Financial Reporting, COSO.

19. Jack Shaw, Managing All Your Enterprise's Risk, *Risk Management Magazine*, Risk and Insurnace Management Society, 2005.

20. Munich Re, ART Solutions: Integrated risk managment http://193.103.202.80/publications/ ART_Integrated risk management_en.pdf?rdm=9984.

附錄一　自我評量解答

第一章

一、（p. 3）　　　　二、（p. 5）　　　　三、（pp. 8～9）　　　四、（pp. 6～8）
五、（p. 9）

第二章

一、（pp. 16～17）　二、（pp. 17～19）　三、（p. 20）　　　四、（pp.21～23）
五、（p. 23）　　　六、（p. 24）　　　七、（p. 25）　　　八、（p. 25）
九、（p. 28）　　　十、（pp. 28～29）　十一、（pp. 34～35）十二、（p. 35）

第三章

一、（pp. 45～48）　二、（p. 48）　　　三、（p. 50）　　　四、（pp. 51～55）
五、（pp. 55～56）　六、（pp. 56～58）　七、（p. 60）　　　八、（pp. 60～61）
九、（pp. 62～63）　十、（pp. 63～64）　十一、（pp. 64～65）

第四章

一、（p. 71）　　　二、（pp. 75～76）　三、（p. 77）　　　四、（pp. 78～79）
五、（pp. 79～81）　六、（pp. 81～85）　七、（pp. 81～83）　八、（p. 82）
九、（p. 83）　　　十、（p. 83）

第五章

一、（pp. 91～101）　二、（pp. 91～94）　三、（pp. 95～101）　四、（p. 92）
五、（pp. 93～94）　六、（pp. 96～98）　七、（pp. 98～100）　八、（pp. 101～102）
九、（pp. 103～105）　十、（pp. 105～106）

第六章

一、（pp. 117〜122）　二、（pp. 123〜124）　三、（pp. 125〜128）　四、（pp. 129〜133）
五、（pp. 134〜135）　六、（pp. 141〜142）　七、（pp. 143〜145）　八、（pp. 145〜146）
九、（p. 146）　　　　十、（pp. 146〜147）

第七章

一、（p. 151）　　　二、（pp. 151〜152）　三、（pp. 152〜154）　四、（pp. 154〜156）
五、（p. 156）　　　六、（p. 157）　　　　七、（pp. 157〜159）　八、（pp. 160〜161）
九、（pp. 161〜164）　十、（p. 154）

第八章

一、（p. 169）　　　二、（pp. 175〜176）　三、（p. 175）　　　　四、（pp. 175〜176）
五、（pp. 169〜171）　六、（pp. 171〜173）　七、（pp. 177〜178）　八、（pp. 178〜180）
九、（p. 179）　　　十、（pp. 180〜182）

第九章

一、（pp. 187〜188）　二、（pp. 189〜191）　三、（pp. 191〜195）　四、（pp. 195〜196）
五、（pp. 196〜197）　六、（pp. 196〜199）　七、（pp. 199〜200）　八、（pp. 197〜198）
九、（pp. 209〜210）　十、（pp. 202〜214）

第十章

一、（pp. 217〜218）　二、（pp. 219〜220）　三、（p. 220）　　　　四、（pp. 221〜226）
五、（pp. 222〜226）　六、（pp. 223〜224）　七、（pp. 225〜226）　八、（pp. 228〜229）
九、（pp. 231〜232）　十、（p. 233, pp. 235〜236）

第十一章

一、（pp. 242〜243）　二、（pp. 243〜244）　三、（pp. 245〜247）　四、（pp. 247〜249）
五、（pp. 248〜249）　六、（p. 249〜250）　七、（pp. 265〜266）　八、（pp. 266〜267）
九、（pp. 271〜272）　十、（pp. 275〜276）

第十二章

附錄二　歷屆財產保險經紀人「財產危險管理概要」試題及參考解答

九十三年度

一、何謂「可保危險」（Insurable Risk）？何謂「可管理危險」（Manageable Risk）？此兩者構成條件各為何？再者，兩者有何關聯性？請分予說明之。（二十五分）

答：㈠「可保危險」之意義及構成條件：

可保保險指保險人願意承保之保險，因為不是所有危險保險公司都願意承保，故僅有保險人願意承保之保險才是可保保險。可保危險之構成條件有六：

1. 屬於可計算的損失機會；
2. 損失可被預測；
3. 損失幅度不要過於巨大亦不能太微小；
4. 同質性危險相當多但僅有少數單位受損；
5. 發生須出於意外。
6. 經濟可行的保險費。

㈡「可管理危險」之意義及構成條件：

可管理之危險係指可以預測及可以管理之危險而言，可管理危險之構成條件：

1. 係以人類之智慧、知識、科技可採有效方法管理之危險。
2. 可藉由任何危險管理方法降低或排除其不利影響之危險，例如：火災、竊盜、地震、投資等皆屬之。

㈢兩者之關聯性：

可保危險係指能用保險加以管理之危險，因此它是一種可管理之危險。然不可保之危險不一定為不可管理之危險，因不可保危險僅指用保險無法處理之危險。

二、在財產損失評價方法中，請分別說明「歷史成本法」（Historical Cost Method）、「重置成本法」（Replacement Cost Method）、「實際現金價值法」（Actual Cash Value Method）、「帳面價值法」（Book Value Method）四者之意義？請比較四者大小關係？（二十五分）

答：㈠四種財產損失評價方法的意義：

1. 歷史成本法：乃指取得某項財產當時所支付之價格，其決定於購買時之市場條件，買賣雙方議價能力，財產新舊程度等等，不能反映此財產自購買時起，上開因素之變動。

2.重置成本法：乃指以新置財產取代受損財產之成本，或是為了取得與原有財產功能與效率相同，但並非完全同樣財產所需之成本。

3.實際現金價值法：乃減去實質折舊或經濟上過時廢棄後之重置成本。

4.帳面價值法：乃由財產之原始成本，減掉會計上累計之折舊。

(二)四者的大小關係：

由上可知，歷史成本法沒有任何減項，故其數額最大；其次是帳面價值法；然後是重置成本法；最後是重置成本減去實質折舊的實際現金價值法。換言之，歷史成本法 > 帳面價值法 > 重置成本法 > 實際現金價值法。

三、何謂「資產損失分析法」（Asset Exposure Analysis Approach）？其適用對象為何？再者，此方法有何優缺點？（二十五分）

答：(一)資產損失分析法之意義：

資產損失分析法之內容分為兩個部分：一為資產；另一為可能潛在之損失。其中資產包含了有形資產及無形資產；可能潛在之損失包含直接損失、間接損失及第三者責任損失。

(二)資產損失分析法之適用對象

資產損失分析法適合缺乏專業訓練的危險管理人員使用。

(三)資產損失分析法之優缺點：

此法之優點在於可整體分析企業之危險，而資產與損失對照列出，更有助於危險管理工作績效之提升。

此法之缺點在於無形資產的評價難以確實，且可能潛在之損失亦只能大略粗估，並可能過於死板而無法包含危險之多樣性。

四、試以產物保險公司為例，請分析其在經營中可能面臨哪些危險？再者，面對這些危險其所採行之危險管理方法有哪些？請分予說明之。（二十五分）

答：一般而言，一家產物保險公司可能面臨之風險如下表：

產物保險公司可能面臨之風險

保險風險	市場風險	信用風險	作業風險
1.核保風險	1.利率風險	1.違約風險	1.欺騙
2.定價風險	2.權益&財產風險	2.市場風險溢酬	2.錯誤
3.產品設計風險	3.貨幣風險	3.清算風險	3.系統障礙
4.理賠風險	4.基差風險	4.國家風險	4.流動性風險
5.經濟環境	5.再投資風險	5.集中風險	
6.累積風險	6.集中風險		
7.保單持有人行為	7.資產負債期間差		
8.準備金風險	8.表外衍生性金融商品		

一般而言，可以被用來進行融合上述風險管理之方法，包括：諮詢服務、傳統再保險、限額風險再保險、多重啟動機制概念、資本市場概念工具等。茲分述如下：

(一)諮詢服務（Consulting Services）

諮詢服務除了被視為是整合性風險管理的工具之外，同時也是設計整合性風險管理方法的一項不可或缺的重要條件，有此先決條件，才可以進一步作整合性風險管理。

某些情況下，再保險公司已有提供一定的諮詢服務，項目約略如下：市場分析、產品開發、定價和評等、風險選擇、投資組合及結構分析、對國際市場的理賠、支持合併和購併及有效率的再保險計畫。此外，亦有提供財產管理，例如財產責任管理、主要保險客戶訓練等。

(二)傳統再保險（Conventional Reinsurance）

如前所述，傳統再保險主要是以移轉原保險所承保的風險為主，不僅可以分散企業的風險，擴大承保能量及確保企業經營，也滿足了整合、資產負債表保護之保障，故為整合性風險管理的重要概念之一。

(三)限額風險再保險（Finite Risk Reinsurance）

限額風險再保險係由財務再保險（Financial Reinsurance）演變而來。其源自美國財務會計準則委員會（Financial Accounting Standards Boards，FASB）　第113號公報（FAS 113），將財務再保險稱為限額風險再保險（Finite Risk Reinsurance）後，此名稱即開始通行沿用。

再保險人承擔有限且受法令規範之限額再保險商品。以某些目的來說，限額再保險之概念應為傳統再保險計畫的額外保障工具，其主要特色包括：移轉給再保險公司承擔的風險為有限的；以經驗帳戶之方式與分保人共享利潤分配；採用多年期設計契約，降低更新契約的作業成本及強調時間價值；明確地計算投資收入。

(四)多重啟動機制概念（Multiple-trigger Concept）

多重啟動機制概念這類產品的主要特點是：損失必須至少有兩種啟動原因，才能獲得賠償。也就是除了保險合約條款內的保險事故發生外，還需要另外一件以上非保險事故之風險發生，例如：財務風險、利率風險、匯率風險及市場風險等，承保人才會支付賠款。以承保人的角度看來，不僅可以減少賠付的機率，並使保險費用更低。

基本上，一個雙重或多重啟動機制的保險相較於由不同的保險分開保障情況來看，較具有成本優勢的好處。然而，其優勢必定建立在企業為資產組合所作的避險效果之成本效率，比購買一個賣權較好的情況下才存在。以多重啟動機制概念的發展看來，現今市場及財務風險仍然可以藉由銀行產品及財務衍生性商品，以較少的成本作有效率地避險；若考量資產負債表及揭露之原則下，用再保險之方式去規避市場及財務風險才具有優勢存在。但以國際再保險市場的發展來看，因為再保條件愈來

愈嚴苛、費率愈來愈高的硬市場之情況，多重啟動機制概念明顯地被企業看重且有發展的機會。

(五)資本市場概念（Capital Market Concepts）

自1990年代以來，新金融商品不斷發展，創新的資本市場工具也愈來愈多，例如：衍生性金融商品及風險證券化。然而資本市場所提供之轉移風險方式並不會因此替代傳統再保險，而是作為補充使用的工具，以因應當傳統再保險市場能量不足時。

近幾年來，證券化的商品發展相當多，例如：巨災債券。CBOT及BCOE也曾推出相關巨災衍生性金融商品，例如：PCS選擇權及GCCI選擇權。此外，或有資本方面，也發展許多種商品，例如：信用額度、巨災權益責權、或有資本票據、或有長期金融融資等工具。

以上工具，均是由資本市場所發展出來之工具，皆可被保險公司或一般企業用作整合性風險管理之工具。

除了上述所介紹的各項工具外，亦可根據各公司不同的風險目的，將其餘綜合使用，變成一個承保多險種、多年期整合性契約。

九十四年度

一、何謂損失頻率（Loss Frequency）？何謂損失幅度（Loss Severity）？在損失頻率小但損失幅度大時，應採取何種危險管理方法較為適當？若損失頻率大而損失幅度小時，則又應採取何種危險管理方法較為適合？請舉例扼要說明之。（二十五分）

答：(一)損失頻率之意義：

所謂損失頻率是指損失次數除以危險單位數損失程度。一般而言，損失頻率定義為：

$$損失頻率 = \frac{發生危險事故次數}{危險單位數}$$

(二)損失幅度之意義：

是指一旦事故發生，在可預期最嚴重的情況下，其損失的程度，通常以百分比表示。一般而言，損失幅度定義為：

$$損失幅度 = \frac{損失總額}{發生危險事故次數}$$

(三)損失頻率小與損失幅度大之危險：

在此種情況下，危險之預防與抑制雖然可行，但往往成本過高，所以應盡量將危險移轉出去，而保險便是其移轉危險的方法之一。

(四)損失頻率大與損失幅度小之危險：

在此種情況下，預防其發生是最好方法，但若是預防之經濟成本過高，則宜採自己

保險方式，提撥自保基金。

二、何謂危險成本（Cost of Risk）？危險成本包括哪兩類？請說明其內容。再者，危險成本與保險的社會成本（Social Costs of Insurance）有何不同？請扼要說明之。（二十五分）

答：㈠危險成本之意義：危險成本係指基於危險所致之成本。

　　㈡危險成本之類型：

　　　危險成本大致分為下列兩類：

　　　1.危險之經濟成本（Economic Cost of Risk）

　　　　⑴保險費：購買保險所支付之代價。

　　　　⑵危險控制設備費：乃為一些安全控制設施所花之成本，例如自動灑水器、護目鏡、滅火器之成本。

　　　　⑶承擔之損失：沒有轉移他人之危險，經濟單位必須自行承擔的損失。

　　　　⑷處理危險之行政事務費：如企業內管理危險之人員之薪資。

　　　2.憂慮成本（Worry Cost）：

　　　　憂慮成本易導致下列兩項明顯之不利結果：

　　　　⑴經濟福利水準因而降低：由於此種成本之存在，使經濟單位為因應未來損失之不確定性而保存大量之準備金，因而減少財富增加之機會，進而降低經濟福利水準。

　　　　⑵生產能量因而降低：因此種成本之存在，使風險較大之產業無人問津，破壞原本之資源分配，進而降低產業之生產能量。

　　㈢保險的社會成本（Social Costs of Insurance）：

　　　保險的社會成本係指保險之營業費用成本、道德及心理危險因素所致之成本。其與危險成本之概念並不相同。

三、企業的危險管理人員可以利用哪些方法來辨識危險？請扼要說明之。（二十五分）

答：㈠保險調查法：

　　　所謂保險調查法（The Insurance-Suriey Approach），係指透過保險公司之專業人員及有關之學會，就企業或個人可能遭遇之危險，加以調查分析並做成報告，供企業或個人參考之一種方法。

　　㈡保單對照法：

　　　保單對照法（The Insurance Policy-Checklist Approach），係由保險公司將其現行所販售之保單種類與危險分析調查表相互配合，改成問卷的型式而成。此法係以保險之立場，由專家們設計出保單對照分析表供企業界使用。

　　㈢資產─損失分析法：

財產風險管理 理論與實務

資產—損失分析表（Asset-Exposure Analysis）之內容分為兩個部分：一為資產；另一為可能潛在之損失。其中資產包含了有型資產及無形資產；可能潛在之損失則包含了直接損失、間接損失及第三者責任損失。

(四)危險列舉法：

所謂危險列舉法（The Risk-Enumeration Approach），係站在消費者之立場，亦即企業或個人之立場，根據企業或個人產生之財務及其他資料，和有關之作業流程加以分析，而列舉每項財產及活動可能遭遇之危險，故又稱為邏輯分析法。依所使用資料來源之不同又可分為下列兩種方法：

1.財務報表分析法（Financial Statement Method）：

財務報表可說是企業所有經營活動之縮影，分析財務報表可了解企業經營活動之內容，亦可辨認出企業存在之危險。可供辨認危險之財務報表有下種：

(1)資產負債表（Balance Sheet）；

(2)損益表（Income Statement）；

(3)現金流量表（Cash Flows Statement）。

除此之外，危險經理應蒐集有關之財務會計資料、紀錄和文件以為輔動。

2.流程圖分析法（Flow-Chart Method）：

此法係以作業流程為分析危險之依據，屬於動態之分析，通常作業流程又分生產製造程序之流程和行銷運送之流程，前者又稱內部流程，後者又稱外部流程。

(五)實地檢視法：

某些損失危險只有靠親自去檢視才能看得出來，此法又稱為實地檢視法（Physical Inspection）。實地檢查法之目的：一為藉此法可了解造成損失之實際狀況；二為藉此法可了解引起損失之危險事故和危險因素。

四、我國現行商業火災保險的承保危險事故為何？而民國92年實施之商業火災綜合保險，其承保危險事故又為何？請扼要說明之。若您為客戶安排的火災保險為「商業火災保險」，則目前尚有哪些其他危險事故可以加保附加險？請列舉之。（二十五分）

答：(一)商業火災保險的承保危險事故：

依商業火災保險基本條款第三條，其承保之危險事故如下：

1.本保險契約所承保之危險事故：(1)火災；(2)爆炸引起之火災；(3)閃電雷擊。

2.因前項各款危險事故之發生，為救護保險標的物，致保險標的物發生損失者，視同本保險契約承保危險事故所致之損失。

(二)商業火災綜合保險承保之危險事故：

依商業火災綜合保險條款，其承保之危險事故為「本公司對於保險標的物因突發不可預料之意外事故所致之損失，除本保險契約所載不保之危險事故及原因外，本公司依本保險契約之約定，負賠償責任。

因前項危險事故之發生,為救護保險標的物,致保險標的物發生損失者,視同本保
險契約承保危險事故所致之損失。」

(三)商業火災保險可以加保附加險的其他危險事故:

1.爆炸險。

2.地震險。

3.颱風及洪水險。

4.第三人責任險。

5.罷工、暴動、民眾騷擾、惡意破壞行為險。

6.自動消防裝置滲漏險。

7.恐怖主義險。

8.煙燻險。

9.水漬險。

10.竊盜險。

九十五年度

一、危險之自留(Retention)乃企業組織為因應危險事故所致損失,在自身內部所選用之
一種財務計畫,其通常採行之方法有哪些?試逐項說明之。(二十分)

答:危險自留的方法有五,分述如下:

(一)由經常費用承擔:

以經常費用承擔,亦即將償付損失視為正常的業務費用,任何損失若可由經常收入
償付,當可避免影響一定會計期間之財務結果。

(二)未建立基金作準備:

未建立基金作準備,係一種簿記科目,記載每年(或其他會計期間)對某一特定危
險之實際或預期損失,此項準備可定期增加,故經過若干連續會計期間,亦可能累
積而建立適當之準備。

(三)建立基金作準備:

企業組織建立基金作為準備,提列現金,相當於按足夠應付預期損失所需定期增加
於準備之金額,此種準備應具有適當之流動性,俾使再必須償付損失時,極易變換
成所需之現金。

(四)借入資金:

借入資金有兩個可能的時機:損失發生前或是損失發生後,惟其並未被普遍採用作
為危險財務調度之技術,因恢復意外損失而舉債,並非完全合理之舉。

(五)專屬保險:

指若干大規模企業組織或聯合組織,設立一附屬(專屬)機構,使其能在「母公

司」遭受各種型態的意外損失時，能做財務上調度，惟此種方式是否構成保險，仍有疑義。

二、就危險管理規劃之觀點而言，購買保險可依保險之重要性為之，而以保險之重要性作標準，可將商業性保險分為必要性保險（Essential insurance coverage）、重要性保險（Important insurance coverage）與任意性保險（Optional insurance coverage）等三類，試分述其意義並各舉例說明之。（二十分）

答：商業性保險可分為：必要性保險、重要性保險、任意性保險三類，茲略述如下：

(一)必要性保險係指依法令規定一定要投保的保險，例如強制汽車責任險即是。

(二)重要性保險則指從危險管理的角度觀之，危險一旦發生，損失就會相當龐大，此時最好事先予以投保會對被保險人較有利，例如火災保險。

(三)任意性保險乃指要保人得自行根據其財務規劃，衡量其是否投保之保險，通常危險一旦發生，損失不會太大，但如有保險，則可多一層保障，例如小額的應收帳款損失保險。

三、某一旅館建築物，其大廳之西側邊廂，出租予他人廳餐廳。如今此旅館因火災事故而遭受嚴重毀損，由於此一事故之發生，將導致之各種損失為何？試分別說明之。（二十分）

答：旅館建築物大廳之西廂，出租予他人開設餐廳，如旅館因火災而嚴重毀損，可能導致之損失可分四項來探討：

(一)財產損失風險

可依財產的性質再細分為動產與不動產的損失；或依損失的原因，分為自然性的（火災、風災）、社會性的（盜竊、貪污），和經濟性的損失（經濟衰退導致應收帳款無法收回）。

財產的損失，也可以分為直接與間接。直接的損失，例如現金失竊，或大水淹沒原料；間接的損失，是某一財產的價值，因為另一財產的直接損失而降低。例如，食品公司冷凍庫機件故障，間接使冷凍庫裡的食品鮮度降低，以致降低了產品的價值；汽車引擎工廠火災，以致整條裝配線必須跟著停頓；大樓一半焚毀，但整棟樓連同完好的另一半都必須拆毀重建。

(二)淨利損失風險

這是當企業遭遇財產的直接、間接損失時，額外地還會造成營業收入的減少，和經營費用的增加，造成淨利的損失。例如，當旅館發生火災，除了設備、裝潢被毀之外，還損失了重新開業之前的房租收入，以及許多額外的開支，兩者相加的後果，便是淨利的損失。淨利的損失，常來自營業的中斷，因此也稱為營業中斷損失。

㈢責任損失風險

這是指企業對員工或他人的財產或人身的損失，在法律上必須負責的賠償。例如，當消費者因使用企業產品而受到傷害；病人因為醫院誤診而致命；魚塭被工廠的污水污染；乘客因搭乘車、船、飛機而傷亡等。

㈣人身損失風險

這是指員工傷殘或死亡，為企業帶來的損失。這些風險的發生，不但影響員工個人生計，也會影響企業的人力資源和生產力，並且帶來額外的開支。不但員工自己要對這類風險作好準備，企業也要有管理的對策。

四、近年社會變遷頻仍，各種經濟活動及法律觀念，隨之頗多變異，企業組織所可能面對之重要法律責任為何？試分別舉述之。（二十分）

答：企業組織可能面對之法律責任有：

　㈠雇主責任：

　　員工因工作所致之傷害，不論雇主有無責任，皆應獲得賠償。

　　雇主應提供符合下列各點之工作環境給員工：

　　1.提供安全之工作場所。

　　2.提出適任工作之人。

　　3.提出危險警告。

　　4.提供適當與安全之工具。

　　5.訂定並實施受僱人之適當工作準則。

　㈡員工侵權責任：

　　僱用人就其所僱用之人，因執行職務所加於他人之損害，應負賠償責任。

　㈢產品責任：

　　指廠商對其生產、製造或經銷之產品，因有瑕疵而使消費者引起身體傷害或財物損失等時，依法應負之損害賠償責任。

　㈣專業責任：

　　專業人員由於處置失當及缺乏應有之專門技術或知識，而導致之損害責任即屬之。專業人員包括醫師、律師、會計師、工程師、保險代理人及其他提供專業性勞務服務之人。

五、企業組織之所以採用自負額（Deductible），大多基於哪些理由？又保險業之採用自負額，其主要目的何在？試分項說明之。（二十分）

答：㈠自負額（Deductible），又稱減扣額，及保險人在保險契約內規定有保險人應負賠償責任之損害發生時，要求被保險人應負擔約定金額或約定比例之損失，此約定金額或約定比例即為自負額或減扣額，有此約定之條款即稱為「損失自負條款」。其又

有四種約定之方式：

1. 固定式自負額：

   最簡單且最普遍的方式，又稱直線式自負額，其以每次損失為基礎，以一固定金額為基準，超過部分才賠償。

2. 起賠式自負額：

   以損失占標的物實質百分比為基準，低於此一比率不賠，一旦超過，則完全賠償。

3. 消失式自負額：

   其結合了上述固定式自負額與起賠式自負額之性質，此種自負額會隨著損失金額之增加而消失，故稱消失式自負額，其尚有所謂「消失點」金額之訂定。

4. 累積式自負額：

   此一自負額乃在一特定期間內，每次損失金額均由累積自負額中排除，當累積自負額用盡時，方由保險人予以賠償，故保險人僅賠償超過自負額的部分。

(二) 由上可知，企業組織採用自負額的理由，是可以藉此減少保險費，有更好的財務運用，並且避免道德危險及心理危險。

(三) 至於保險業採用自負額的目的，則是可排除保險標的物之自然消耗所致損失，以及避免處理小額損害賠償之麻煩，更重要的是，確保道德危險及心理危險之不發生。

九十六年度

一、在我國保險法若干條文中均提到「危險」一詞，又在保險法一百四十三條之四條文中提到「風險」一詞。請分別說明「危險」與「風險」之意義及其適用情況。（十五分）何謂危機（crisis）？「危機」相對於「危險」與「風險」之發生，在時間上有何差異？（十分）

答：(一)「危險」和「風險」是指損失是否發生之不確定性，為保險或風險管理所要處理的對象。依據事故發生後損失之盈虧與否，分為狹義與廣義之別，其意義分述如下：

1. 危險：指在未來時間內，對損害事件之發生與否及發生結果的不確定性，而損失發生後唯有造成經濟損失與否，而無獲利之可能，屬於狹義的定義。

2. 風險：又稱為廣義的危險，乃對未來的時間內，財務經營的預期結果與實際結果發生偏差（盈虧）的不確定性。其事故發生後會有，損失、無損失與獲利三種結果。

在保險法中，將「危險」限定在狹義的範圍，除代表保險業承保之業務外中，並延伸代表「損失機會」、「保險標的」與「保險事故」。舉例如下：

(1) 指保險業務：保險法第138-1條：「保險業應承保住宅地震危險，以共保方式及主管機關建立之危險承擔機制為之。……」

(2)指損失機會：保險法第60條第2項：「保險人知危險增加後，仍繼續收受保險費……」

(3)指保險標的：保險法第64條第2項：「要保人故意隱匿或因過失遺漏，或為不實之說明，足以變更或減少保險人對於危險之估計者，保險人得解除契約……。」

(4)指保險事故：保險法第60條第2項：「保險人知……或於危險發生後給付賠償金額，或其他維持契約之表示者……」

(5)在保險法中，「風險」一詞僅出現一次。保險法第143-4 條：「保險業自有資本與風險資本之比率，不得低於百分之二百……。」此針對保險業風險資本之相關規範。

(二)危機：是一種使經濟單位在極短的時間內，有可能產生極大的損失，或是發生致命性損失之不確定情況。其為可能發生或正在發生之重大危險。危機可能在極短的時間內，產生極為龐大的損失，或者導致致命代價的不確定性。其發生機率也許微小，但其發生後可能付出巨大的代價。危機的前身是風險，而風險的基礎是不確定性，若是忽略風險或錯估風險，則危機產生。事實上危機的發生是有前兆可循，若錯估形勢或未加以防範，有些風險將轉化為危機而造成重大損失。

二、何謂危險控制（risk control）？何謂危險理財（risk financing）？請分別詳述其意義與內涵。（二十分）上述這兩種危險管理（risk management）的方法，就企業主而言，前者較具實施的優先性，理由為何？（五分）

答：危險管理問題主要為決策問題，即依據所擁有之財物狀況、資源及所面臨危險大小，選擇最適宜、有效的方法，以處理組織所面臨之各種危險。欲求決策合宜，必須兼顧所欲管理之損失，以及各種管理技術之成本：所謂有效策略，即選擇之技術能確切達成所欲之目標，且符合經濟原則，以最少費用來實現。危險處理之方法，可歸納為「危險控制」與「危險理財」調度型兩大類：

(一)危險控制

此類技術主要包括：危險規避、損失預防、損失抑制、區隔與複製、以契約移轉所應負擔損害賠償之法律責任。

(二)危險理財

是指凡是控制型危險管理所無法完全防止的損失，即須用理財型危險管理予以配合。當企業或個人遇到危險管理時，以籌資的財務計畫方式來消化發生損失之成本。危險理財技術包括：危險自留、保險危險、契約性轉移，以償付危險控制所不能遏止之損失。

通常企業主會較重視「危險控制」，「危險控制」可以說是治本方法。因為業主可以將過去失敗的經驗來當作前例，在規避危險和危險抑制上做準備：而「危險理

財」則是當危險來臨或無法完全抑制時，所做的因應措施。例如：危險移轉、提列危險造成的損失。

三、何謂最大可能損失（maximum possible loss）？何謂最大預期損失（maximumprobable loss）？請分別說明其意義。（十分）對危險管理人（risk manager）而言，取得上述兩個數值的適用情況與目的各為何？（十五分）

答：(一)常見衡量損失幅度之方法有下列二種：

　　1.最大可能損失（Maximum possible Loss; MPL）：即「可能發生最壞損失」（The worst loss that could possibly happen），亦即全部財產價值發生全損之情況。

　　2.最大預期損失（Maximum probable Loss; MPL）：即指在一年期間，某一危險單位或某一危險單位集團可能遭受之最大損失金。此一總金額與最大預期損失相同，皆決定於危險管理人員所選定之機率水準；但又與最大預期損失不同，即此種測量方法，並非指單一事故發生時所致之損失額度，而決定於事故發生之次數及其嚴重程度。

(二)適用情況和目的：

　　最大可能損失：是當公司面對無法避免的風險或風險已發生時，對財貨與人力損失狀況在當年度會計帳上所做的提列。例如：仁寶企業電子公司發生大火，該公司就將「最大可能損失」在當年度財務報表上做出提列。

　　最大預期損失：是公司已預測到未來某一天公司即將會因風險損失，所事先做的準備。例如：每年七月颱風的季節，政府就會提前做出因應防範措施，而將該害降至最低。

四、請從財產危險管理人（risk manager）的觀點，說明共同保險條款（coinsuranceclause）的意義與功能。（十五分）在共同保險條款下，若保險金額（insured amount）等於應保金額（amount of insurance required）時，請就下述兩種情況(一)損失額大於保險金額；(二)損失額小於保險金額，分別說明保險人的賠償責任額。（十分）

答：保險法第四十八條之現定，保險人得約定保險標的物之一部分，應由要保人自行負擔由危險而生之損失。換言之，即由要保人與保險人共同承擔危險，且約定由要保人自行承擔之部分，要保人不得移轉予原保險人或其他保險人。

「共同保險」指要保人在支付自付扣除金後，需按固定的百分比率，自付一部分損失費用。例如，保險機構負責80%的認可支付額，餘下的20%則由要保人支付，該20%的金額即為「共同保險金」。

因被保險人在接受要保時，會先衡量自己的能力，如無法全部承保，則可為分擔責任而去邀約其他保險人來共同承保。其方法為聯合簽單，分別約定其責任限額，將來被保險人損失發生時，亦按其責任限額負責於賠償。

今假設保險金額等於應保金額時，

(一)當損失額大於保險金額：財產保險不同於一般壽險的「定額保險」，通常多屬「損害填補保險」，也就是被保險人損失多少錢，就應該補償多少錢。

當損失額大於保險金額時，由於採共同分擔，所以按其各責任額去劃分理賠金額。對保險人責任額較輕。

(二)當損失額小於保險金額：此時保險責任額完全由保險人負擔。

九十七年度

一、財產危險應如何辨認？請說明辨認財產危險的各種方法（二十五分）

答：(一)首先必須蒐集資料，確實界定風險的範疇，辨認企業風險。一般而言，可分為財產風險、淨利風險、責任風險及人身風險。

1.財產風險

指現有財產發生損害的風險。例如，火災燒毀了廠房、車禍撞壞了車子、辦公室失竊等等。

2.淨利風險

指因財產風險導致收入減少、費用增加的淨利損失風險。例如，遭遇火災的企業，短期內必須暫租其他地方繼續營業，等待重整辦公室或廠房後才能遷回去。而這段期間內的額外租賃費用，則是這個企業的淨利風險。

3.責任風險

最常見的例子便是企業的車輛車禍肇事後的責任歸屬問題。

4.人身風險

凡是員工可能面臨的死亡、疾病、退休與職業等問題，都可歸納為企業人身風險的一部分。

(二)認知損失風險的方法

風險管理專家通常都是使用下列中的一種或數種方法來辨認組織所面臨的特定損失風險。

這些方法的目的均是在辨認損失風險，亦即在辨認未來損失的可能性，而不是在研究過去的損失，雖然過去的損失記錄有時能有助於預測未來的損失，但辨認的重點卻不在於過去而在未來。

1.調查／問卷法

調查／問卷通常為標準化的格式，而且適用於每一種組織，而其所列的問題則涵蓋了所有的風險管理問題，如有關組織之不動產的風險問題、其設備的風險問題、其他動產的風險問題、其他財產的風險問題、產品的風險問題、重要客戶的風險問題、鄰近地區之財產的風險問題、營運的風險問題，以及其他可能之損失

的風險問題等。這種標準化的調查／問卷不但可促使風險管理人去注意重大或顯著的損失風險，而且其問題的邏輯順序也有助於風險管理人去拓展與其組織有關的損失風險資訊。

2.財務報表分析法

認知損失風險的第二個方法就是分析該組織的財務報表（包括資產負債表、損益表及現金流量表等在內），因資產項目能指出發生損失時的財產價值或有損失之虞的財產價值，而負債項目則會顯示因故倒閉時所必須履行的義-務；又從損益表可知，營運中斷後，不但收入會損失，而且費用卻會繼續發生；而現金流量表則能表明有多少現金數額會受損失所影響，或可用來履行持續的義務。因此，仔細分析這些報表上的項目，必能看出有哪些潛在的損失風險值得進一步予以分析。

3.檢視組織的其他記錄及文件法

一組織的財務報表及其會計記錄，乃是其活動及其損失風險資訊的唯一大來源，而且也是較大且較廣泛的來源。因其涵蓋了整個組織的所有記錄與文件，而不僅是財務記錄與文件而已。其實，任何組織的文件不但能告知我們有關該組織的某些重要訊息（如契約內容、往來信件的內容、會議的內容以及內部備忘錄等），而且還能告知我們有關該組織之損失風險的一些蛛絲馬跡。

4.流程圖法

理論上，以流程圖文分析損失風險，乃是把組織看作是一個價值流通的單位或機器，亦即，價值流入這個單位或機器，經過處理後會增值，然後再流出這個單位或機器；是故，就此看法來說，事故就是「阻流」或流量的「切斷物」，而且「阻流」的程度愈大且時間愈長，則因之所引起的損失就愈嚴重。準此，組織營運的流程圖可顯示其每一產品的製程細節，其人員及物料的搬運移轉細節，以及其原料及其製成品之流通細節，而由這些細節則可看出其整個產銷活動可能會發生「阻流」的地方，而且只要一有「阻流」發生，則不管其程度的輕重，都一定會阻礙組織營運的進行，從而會減少營運所能產生的價值。

5.親自檢視法

某些損失風險只有靠親自實際去檢視才能看得出來，此乃因其他的方法可能無法發掘潛在的損失風險之故。

6.請教專家法

組織的風險管理人應努力使自己成為精通各種損失風險的通才。是故，其應不斷由組織內外的各專家身上吸取各種專業的損失風險知識。

二、試述財產保險規劃應注意之重點。（二十五分）

答：財產保險規劃應注意的重點為：

㈠保險公司

要選擇一家優良的保險公司並不是件易事，因為每一家的業務看起來都大同小異；但仔細分析後，卻常有顯著不同，尤其是財務上的差異。

㈡保險術語

保險名詞相當繁雜，常因一字之差，而有天壤之別的意義。所以企業在投保之前，需與專業性的保險人員研討，並學習這些術語的內涵。但必須避免在學習階段購買保險。

㈢保險種類

編製保險計畫時，許多企業經理人常被眾多的保險型態迷惑，而不知所措。所以企業經理人首先要分析保險是否有其必要性，並將各風險發生的機率估計出來，排定輕重關係，加以分類。一般企業最常遭遇的損失風險，大致不外下面幾種：

1.財產損失風險（與產險有關）。

2.淨利損失風險（與營業中斷險有關）。

3.責任損失風險（與責任險有關）。

4.人身損失風險（與壽險有關）。

不論上述哪一種損失風險的發生，都可能造成企業很嚴重的損失。所幸保險公司都有經營這些保險項目。

㈣保險範圍

一般而言，適合企業使用的保險契約，至少要有以下三個重要規定：

1.被保險人及第三者的權利與義務。

2.保險契約的法律要件。

3.保險條款的規定。

三、企業面臨之各項決策問題中，資本支出決策是重大且常見之決策，處理此類問題之決策過程稱為資本預算決策，而資本預算決策中最常使用的兩個工具為何？（二十五分）

答：資本預算決策中，最常使用的兩個工具為：

㈠淨現值法（Net Present-Value Method, NPV）

淨現值法是將未來所有的現金流量，以資金成本折現，使未來現金流入或流出的價值全部回到決策時點，並在相同時點上比較各期淨現金流量總和與投入成本之間的大小關係。也就是說，計算未來各期現金流量的現值加總，減去期初的資本支出，所得出的數值。

判斷的原則為：

當投資計畫NPV > 0時，應接受此計畫。

當投資計畫NPV < 0時，應拒絕此計畫。

財產風險管理 理論與實務

當投資計畫NPV＝0時，對公司將無影響。

(二)內部報酬率法（Internal Rate of Return Method, IRR）

內部報酬率法是計算出一個能使投資計畫產生的現金流量折現值總和等於期初投入成本的折現率。也就是說能使NPV剛好為0的折現率。

判斷的原則為：

當投資計畫IRR＞資金成本時，應接受此計畫。

當投資計畫IRR＜資金成本時，應拒絕此計畫。

當投資計畫IRR＝資金成本時，對公司將無影響。

四、多國籍企業所面臨之經營環境和風險均較單國籍企業獨特而複雜，試說明多國籍企業相較於單國籍企業的差別，並說明此類差別可能導致之風險管理問題。（二十五分）

答：(一)多國籍企業相較於單國籍企業有以下差別：

1.企業在多國經營時，要依據不同地區，使用不同國家的貨幣。

2.面對的顧客，各自有不同的文化與習慣。

3.要遵守的法律規範，將因地而異。

4.不同國家的政治安定度都不一致。

(二)因為這些的差別，可能導致的風險管理問題為：

1.各國對於安全法規執行之態度不一致。如戴安全帽、抽菸之限制。

2.分支機構對於損失控制計畫之合作態度，是否樂意接受。

3.許多國家缺乏提供助於損失控制之服務。

4.損失控制，在各國依其特性品質之不同，實施亦不同。

5.各國保險法規之規定不同（例如：強制性保險之規定）。

6.有些地主國禁止在非地主國購買保險，換言之，規定須向當地國購買保險。（如違反，可能要遭受重大之罰款。）

7.保單內容之洽訂，選用哪一國語言（例如用中文之保險契約或用外國文之保險契約或採綜合方式等）。

8.來自保險經紀人、顧問或保險人多方之意見，可能有主張不同之問題發生。

9.在各國由於通貨膨脹率與價值認定之不同，可能使保險標的需要保障之實際價值得不到足額保障。

10.在一些國家可能會發生保費及理賠之支付，無法從所得稅扣減之問題。

11.子公司經理人對於保險之購買，在觀念與態度上，有時會與母公司之利益相衝突。

12.各類之保險單，可能會面臨許多不同之語言及法律上之問題，需透過翻譯。

13.可能會碰到慣例上保險應服務之事項，在他國卻缺乏。

14.外匯法規，常會因應需要而臨時變動。

九十八年度

一、假設某財產原始成本兩萬元，耐用年限10年無殘值，於使用六年後遭火災全部毀損，損失發生時累計折舊帳戶餘額為一萬兩千元，公平市價為十萬元。請問若分別採原始成本基礎、原始成本扣除會計折舊基礎、市價基礎、重置成本基礎、實際現金價值基礎以計算財產損失時，其財產損失之評價金額分別為何？（二十五分）

答：財產評估基礎：

（一）原始成本（Historical Cost）基礎

會計報表均是以原始成本來表明大多數資產的價值。而一項財產的原始成本，乃是指為取得是項財產所付的價格而言。

（二）原始成本扣除會計折舊（Accounting or Book Value）基礎

原始成本扣除會計折舊，乃是指一資產的原始成本減去其累計折舊後的餘額而言，而此計算的會計假設則為，過期部分的耐用年限（或使用年限），其價值已耗用掉，故應自整個年限的總價值中予以減除，以便反映還剩下多少價值可以繼續耗用。

（三）市價（Market Price）基礎

一資產的市價乃是指在市場購買時所必須支付的價格而言。然由於買賣價格係相等的，故資產的市價亦為其在市場所可賣得的價錢。

（四）重置成本（Replacement Cost）基礎

從風險管理人的眼光來看，重置成本，乃是衡量財產損失之財務影響的最管用利器之一。不過，從會計人員的眼光來看，此一衡量利器並沒有什麼特殊的意義，因其與財務報表上所報導的價值，並無直接的關係存在。雖然如此，我們還是有必要把重置成本的觀念予以說明。重置成本乃是指以類似或相同之財產，取代被毀損滅失之財產，所需花費的金額而言。

（五）實際現金價值或折舊重置成本（Actual Cash Value or Depreciated Replacement Cost）基礎

風險管理人所常使用的價值衡量物之一，就是實際現金價值，即實體折舊或過時所減少的重置成本。

如以風險管理之角度來評價，

財產損失評價金額：

則該財產的實際現金價值是：

$100,000 − [$100,000 × 6/(6 + 1)] = $100,000 − $85,714 = $14,286。

二、財產風險管理技術大致可分為風險控制（risk control）與風險理財（risk financing）兩種，試問風險理財與一般財務管理有何差異？（二十五分）

答：所有的風險控制措施，除規避風險在特定範圍內完全有效外，其餘均無法保證損失不會發生。只有風險控制而無風險理財，仍安心不得。只有風險理財而無風險控制，則是極愚蠢的事。兩者的組合，才能符合管理風險的要求。俗諺「預防重於治療」，改成「預防與治療並重」，或許更符合風險管理的精神。

風險理財是財務管理的一支。它是如何籌集彌補損失的資金與如何使用的一種財務管理。具體言之，它係指在損失發生前，對資金來源的規劃；在損失發生時或發生後，對資金用途的引導和控制。下列三點，吾人需留意：第一，風險理財雖與財務管理相同，追求公司價值的極大化，但風險理財重點是在損失的彌補，自與財務管理的重點有別。第二，風險理財以決策的適切化（Optimization）替代所謂的最大化（Maxmization）。第三，風險理財重風險因子（Risk Factor）對現金流量（Cash Flow）的影響。

三、家庭或個人所擁有的財產可能因不幸的意外事故而毀於一旦，身為一個財產保險經紀人，您應該如何幫助客戶規劃保險，才能使客戶的財產得到充分的保障？（二十五分）

答：現代人所擁有的財產種類與數量可能會有很大的差異，但一般人到某一個年齡都可能擁有自己的房子、日常生活使用的家具、衣物、電器用品、珠寶飾物等，以及車子。因此，一般家庭（個人）面臨的財產風險，不外乎房屋、家具、衣李及汽車等財產，因火災、颱風、洪水、地震、車禍、竊盜等意外事故所致的損失。這些財產大多是我們一生辛苦工作的代價，真不忍心見這些歷經長時間慘澹經營的財產，萬一因不幸的意外事故而毀於一旦。因此，財產保險經紀人應審慎地分析客戶的財產損失風險，及早作好保險規劃，幫助客戶守護家庭（個人）財產。

(一)住宅損失風險

在擁有一棟住宅或家具、衣李的同時，無可避免地必須面臨意外的風險，尤其是因火災、閃電、雷擊、爆炸、地震、颱風、洪水、罷工、暴動、民眾騷擾等意外事故所致的損失，因此為了保全住宅財產，投保住宅火災保險是最佳對策。在投保火災保險時必須正確估算這些財產的實際價值，另外，正確地弄清楚您擁有多少財產也是很重要的一件事，很多人一直到意外災害發生了，還不知道自己到底損失了多少財產，這就產生不少「被遺忘的損害」，保險公司是不會理賠的。為了解決這個問題，最好為家中所有財產製作清單，並定期予以更新。為了估算住宅和財物的價值，應定期（如每年續保時）請人來估算，對於財物的價值，最好把購買時的收據保存好並影印一份保留。

(二)竊盜損失風險

從古至今，「竊盜」始終是一般家庭隨時必須面對的風險，近年來，由於現代家庭財產累積快速，昂貴物品也愈來愈多，再加上竊賊犯罪手法翻新，竊盜風險愈來愈

大，因此，很值得現代家庭予以重視。我們應仔細分析評估家庭（個人）可能面對的竊盜風險，除了事前防範措施，如裝置鐵窗鐵門、保全、自行裝置防盜設施、僱用警衛等固然重要，購買竊盜損失保險，為預防防範措施失敗作準備，也是必要的。

(三)汽車損失風險

汽車已成為現代人不可或缺的代步工具，汽車的使用固然帶給人許多便利，但相對的也造成許多人命的傷亡，除了駕駛或乘坐汽車的人之外，路上的行人、其他車輛上的乘客、機車騎士等無辜受傷害常有所聞。因此我們必須留意，在擁有一部汽車的同時，除了必須面對汽車受損、被竊等風險外，因汽車的所有、使用或管理不當發生意外事故，所致的賠償責任更不容忽視。

四、某企業家擬興建一座工廠，並向銀行貸款八千萬元，分十年期每月償還，貸款銀行要求其辦妥該工廠火災保險後才能取得所貸的款項，身為該企業家的財產保險經紀人，您應注意哪些事項以協助其購買最佳之火災保險？（二十五分）

答：過與不及都不符合保險效益，要讓保險真正發揮功能，就要計算正確的保險金額。所以企業之工廠準備投保火險時，不妨估計工廠的實際價值後，財產保險經紀人依下列步驟作建議投保時的考慮：

1.工廠及設備是指工廠本身的造價（不包括土地的價值）及設備，譬如工廠本身造價為8,000萬元，設備200萬元，共計8,200萬元。如果是新工廠，則應投8,200萬元為足額保險；如已使用一段時間，則需扣除折舊。

2.工廠的機器、設備等，企業家可先將大項貴重的機器設備價格加總後，再加上零星物品的大略合計，扣掉折舊後予以投保。

3.依據現有火險附加險的承保範圍，選擇適合的險種。譬如工廠在低窪處或一樓，不妨加保颱風險、洪水險，以免因颱風、洪水所致的損失。

4.考慮保費是否在能力負擔範圍內。

5.閱讀保險契約條款，不了解處可請教產險公司核保部門人員。

6.計畫出售工廠前，考慮將保險契約轉給承接者，或至保險公司辦理解約退費。

所以當被企業家準備投保工廠火險時，可先估計工廠實際價值，如有超過貸款金額的情形，可考慮以（扣除折舊之後）實際價值投保，更不要忘記註明機器、設備的保額，以免此部分的損失無法得到補償。

因為台灣地理環境的影響，面臨地震災害的威脅，可能使得許多工廠蒙受重大財產損失，使得企業陷入困境，需要經濟上的援助來重建家園，企業家亦應考慮於商業火災保險附加地震保險。

九十九年度

一、一般財產風險所致的損失型態或可依財產包括的種類分為動產與不動產損失,或依損失原因分為火災損失、颱風損失、地震損失等,或依直接或間接原因分為直接損失與間接損失兩種。在分析財產損失的各種原因之後,必須了解財產損失的計算方法,試問如何評價財產間接損失?(二十五分)

答:一般而言,財產間接損失之評價說明如下:

1.營業中斷損失,企業因財產遭受直接損失,導致無法繼續營業,或在未回復正常營業前所蒙受之損失。

2.連帶營業中斷損失:所謂連帶營業中斷損失,係指企業之暫時停業,並非由於該企業本身財產之毀損,而是由於該企業之主要供應廠商遭受毀損,而連帶使該企業陷於停業之損失。

3.成品利潤損失:對製造業而言,所謂營業中斷並非指銷售之中斷,而係指生產製造之中斷,故在製造業,危險經理尚須考慮成品利潤之損失。

4.應收帳款減少之損失:企業應收帳款有關會計紀錄和文件如遭毀損,由於證明債務存在之困難,若干債務人可能拒絕履行清償之責任,而使企業蒙受帳款無法收回之損失。

5.租金收入損失:企業如以房屋出租他人,由於房屋之直接毀損而無法繼續出租,因而有可能導致租金收入之損失。

6.租賃價值損失:指房屋所有人在房屋遭受毀損時,在回復期間不得不另行租屋居住或營業,此時另行負擔之租金稱之為租賃價值。

7.額外費用損失:企業因財產之毀損而需繼續營業者,必須支出鉅大額外費用是為額外費用損失。

二、當財產風險已經被鑑定及分析之後,風險管理人的職責即在現有的風險管理計畫中選擇適當的風險管理措施。試述財產風險的各種風險管理方法。(二十五分)

答:風險管理人一旦分析發生風險的可能情況之後,就該進入建立「風險管理計畫」的主題了。這包括四個風險管理方法:

1.避免風險

即主動地阻絕一切可能產生風險的來源。比方說,因企業生產作業,導致意外污染責任,可能引起重大財產責任,所以就不從事製造生產作業,以避免責任賠償的風險。

2.降低風險

以事先妥善的安排計畫來降低風險發生的機率。例如,在廠區內行駛車輛規定要在一定速率下,以減少廠區內車禍的發生。

3.轉移風險

將可能產生的公共意外風險責任，事先委託給一個穩定可靠的團體或組織，為企業解決一切問題。例如，向保險公司購買公共意外責任保險，萬一企業發生公共意外事故，導致須對第三人賠償時，便可得到充分的保障。

4.承擔風險

即預存企業承受風險的經濟實力。倘若企業因遭遇意外事故，必須長期復原重建，則勢必要具備忍受長期復原重建的經濟力。一般來說，企業的經濟力有其限度，若能加上保險公司雄厚財力的支持，則可使企業承受風險的能力更具彈性。

三、家庭財產風險管理之目標乃為了滿足家庭及個人的效用最大化，亦即以最小的成本獲得盡可能的最大安全保障。而在確認家庭財產風險管理目標之後，即可進行財產風險管理，試述家庭財產風險管理的實施步驟。（二十五分）

答：在確認家庭（個人）風險管理目標後，可以進行風險管理的實施步驟，家庭（個人）風險管理的實施步驟可以分為五個步驟，茲說明如下：

(一)認知和分析家庭（個人）風險

認知和分析家庭（個人）風險是整個風險管理實施步驟的基礎，家庭（個人）面臨的風險多樣化，有必要加以分類，以便詳細認知和分析損失風險。

(二)分析風險管理策略

家庭（個人）風險管理與企業風險管理一樣，風險管理策略可區分為風險控制和風險理財策略。風險控制策略係指對可能引發風險事故的各種風險因素，採取相對應的措施。

(三)選擇風險管理策略

雖然保險策略為一般家庭（個人）最常用之風險管理策略，但是保險策略並非唯一的選擇，事實上，家庭（個人）的風險管理策略不能過度依賴保險而忽略其他風險管理策略，而是要依據家庭（個人）面臨的特定風險狀況和管理目標而定，應是有計畫性地選擇合適的風險控制和風險理財策略，形成一個包括保險在內的風險管理策略組合，確保以最低的風險管理成本獲得最高的安全保障。

(四)實施風險管理計畫

一旦認知和分析家庭（個人）損失風險，並選擇合適的風險管理策略之後，就該進入實施「風險管理計畫」的主題。這包括四個方向：

1.風險避免；2.風險降低；3.風險移轉；4.風險自留

(五)監督與改進風險管理計畫

家庭（個人）風險管理實施步驟的最後一步，仍是監督與改進風險管理計畫，至少每兩到三年，風險管理者需要檢視風險管理計畫是否足夠保障家庭（個人）所面對的主要風險。風險管理者也要檢視家庭（個人）生活中的重大財產意外事件，對家

庭（個人）的財務影響及採取的因應策略。

上述五個風險管理的實施步驟並非全然分開的，或在時間上有所重疊，而是必須圍繞風險管理的目標和計畫來執行；也不是一勞永逸的，而是一個周而復始、循環不斷的過程。

四、企業或因不瞭解保單保障內容，或因欠缺風險管理的認知，以致保險計畫之保障不足甚或缺乏保險保障。身為財產保險經紀人，您應注意哪些事項以協助確保企業經理人所購買的保單符合企業實際需要？（二十五分）

答：當一個企業決定購買某種保險時，財產保險經紀人應採取以下步驟，以便完成最完善的保險計畫，確保企業所購置的保單符合實際需要。

1. 首先計算可能發生的最大損失，此當然須與保險成本相關，而且要考慮到適當的財產評估及昂貴的法院判決費用。
2. 挑選適當的保險費率。
3. 使用自負額條款。
4. 假如曾有過很低的損失經驗，應告知保險公司，以便取得較低廉的保險費。
5. 由於風險的發生隨時在改變，所以須隨時檢查保險契約條款。
6. 檢查保險項目，以因應公司業務的變遷。
7. 當需要訂立新契約時，可以由各保險公司分別議價，以取得最低價格。

因為編製保險計畫非常費時，成本很高，所以常常使保險計畫變得不切實際。因此，對一位精明的企業經理人而言，有時可用其他較經濟的方法來避免保險決策。例如，考慮到新購設備的保險問題時，不妨考慮一下利用租賃方式的利弊得失。

保險計畫的編製對企業而言是需要的，而在計畫時，應考慮到可能的風險、可使用的現金、公司的組織型態、需要的防護措施等等因素。

同時，最基本的保險計畫最少應包括營業中斷的損失、財產的損毀、犯罪及過失導致的法律責任等等。但在制定計畫前，企業經理人必須對各種保險術語有深刻的瞭解，才不至於在訂保險契約時，有所失誤。經營企業一定會有風險，任何企業經營不可能都非常順利，而不遭受任何意外損失。所以企業經理人應抱持理性的態度，事先提出平常避諱的不幸事件，並按輕重緩急加以處理。

然而，不論是投保何種保險，企業經理人在有限的財源方面，必須求得保險費用與所承擔風險間之最適當地位，切勿有超額保險或保險不足的狀況。

一〇〇年度

一、㈠何謂危險程度（Degree of Risk）？危險程度如何衡量？（十分）？㈡何謂損失機會（Chance of Loss）？若兩群體的損失機會相同，其危險程度是否會有所不同？試以兩

個都市的住宅火災危險為例說明之。（十五分）

答：㈠危險程度（Degree of Risk）

危險程度，有主觀的危險程度與客觀危險程度之分。前者是指損失發生的次數與額度缺乏客觀資料，須由個人主觀判斷加以評估的危險。也就是基於個人的心理狀況或精神狀況而產生的不確定性力。至於後者，係指實際損失與預期損失之相對變量（Relative Variation），一般可用公式表現其值，茲列示如下。

危險程度值＝（實際損失次數－預期損失次數）／預期損失次數

上開公式可為衡量危險的工具之一。

㈡損失機會（Chance of Loss）

損失機會（Chance of Loss），一般之解釋為一個事件發生的機率（the probability that an event will occar），損失機會亦為衡量危險的一種工具。

㈢不過，就二個危險暴露團體而言，損失機會可能完全相同，但危險程度卻有相當之差異。所謂危險暴露團體，為一集合詞，例如台北市的1000棟房子，高雄市的1000棟房子，如以竊盜而言，彼此間的竊盜損失機會可能完全相同，但是危險程度就不一定相同。因為預期損失次數係由過去幾年的經驗產生，其一特定事故其每一經驗年度之損失次數，並不一定相同。

二、㈠風險理財（Risk Financing）與風險控制（Risk Control）的目的有何不同？（五分）

㈡風險理財方法中，在何種損失頻率與損失幅度情形下才會運用保險的方法？其理由為何？（五分）㈢除了保險之外，尚有哪些風險理財方法可以運用？請扼要說明之。（十五分）

答：㈠風險控制與風險理財之不同點：

風險管理的方法可分為兩大類：一為風險控制，另一為風險理財，風險控制是儘可能用最低之代價，做損失預防與損失控制，以減少企業可能遭受之各種損失。風險理財係指在損失發生前對資金來源之計畫和安排，損失發生時或損失發生後對資金之引導和控制。簡言之，係指對損失復原所需資金之安排及籌措的一種管理科學。

㈡在損失頻率很低，但損失幅度很高時，因所造成的損失是無法忍受，惟有透過保險機制，轉嫁損失風險。

㈢除了保險之外，尚有下列風險理財方法可以運用，茲分述如下：

1.自留（Retention）

對任何組織而言，風險中的「自留」有下列五種方式可資選擇，而且每一種方式的理財策略均比前一種方式較複雜，這五種方式依次是：(1)使用當期的收入償付損失；(2)使用未基金化的損失準備金償付損失（即以或有負債或臨時負債償付損失）；(3)使用基金化的損失準備金償付損失（即以提撥意外事故準備金的方式償付損失）；(4)使用借錢（或籌資）償付損失；(5)使用「專屬保險公司」的保險人

償付損失。

2. 風險理財之契約性移轉（Contractual Transfer for Risk Financing）

組織可以用兩種風險理財策略，來移轉其損失的財務負擔（但其卻不一定須對這些損失負起最後的法律責任），這兩種策略分別是：(1)購買商業保險（Commercial Insurance），即向外界之無從屬關係的保險公司購買一般通稱的商業保險；(2)非保險移轉（Noninsurance Transfers），即以一個免責合約（Hold Harmless）移轉給非保險公司的被移轉人。

風險理財的契約移轉通常有三種重要的特性：(1)被移轉人（Transferee）雖不像移轉人（Transferor）會有立即還款的承諾，但卻會承諾或保證提供資金（這種作法乃是真正的財務損失風險之移轉）；(2)可動用的資金只能用來償付移轉協議範圍內的損失；(3)移轉人的財務保障，須視被移轉人履行移轉協議的意願與能力而定。

三、(一)個人及家庭所擁有之汽車或機車可能面臨哪些損失風險？（八分）(二)這些損失風險目前有哪些保險可以承保？（八分）(三)為何這些損失風險保險公司願意承保？試從風險的可保性說明之。（九分）

答：(一)個人及家庭所擁有之汽車或機車可能面臨下列損失風險：

1. 汽車車體損失險。
2. 汽車竊盜損失險。
3. 汽車第三人責任險（傷害責任與財物損害責任）。
4. 颱風、地震、洪水損失險。
5. 乘客責任險。
6. 雇主責任險。

(二)

1. 汽、機車車體保險。
2. 汽、機車竊盜保險。
3. 汽、機車第三人責任保險。
4. 汽、機車強制第三人責任保險。
5. 汽車乘客責任保險。
6. 汽車雇主責任保險。
7. 汽車綜合損失保險。
8. 汽車綜合損失保險附加險（颱風、地震、洪水等）。

(三)因汽、機車損失風險因具有下列六項可保風險的要件，故為保險公司所願意承保。

1. 大量的風險單位。
2. 意外造成的損失。

3.可確定和衡量的損失。

4.非巨災損失。

5.可計算的損失機會。

6.經濟可行的保險費。

四、㈠企業財產的損失型態包括財產的直接損失及因而造成的各種間接損失，試問此種間接損失大致上有哪些類型？（十分）㈡針對百貨公司而言，我國目前有何種間接損失保險可以提供給客戶投保？並扼要說明其內容。（十分）㈢此種間接損失保險如何承保？（五分）

答：㈠1.營業中斷損失：企業因財產遭受直接損失，導致無法繼續營業，或在未回復正常營業前所蒙受之損失。

　　2.連帶營業中斷損失：所謂連帶營業中斷損失，係指企業之暫時停業，並非由於該企業本身財產之毀損，而是由於該企業之主要供應廠商遭受毀損，而連帶使該企業陷於停業之損失。

　　3.成品利潤損失：對製造業而言，所謂營業中斷並非指銷售之中斷，而係指生產製造之中斷，故在製造業，危險經理尚須考慮成品利潤之損失。

　　4.應收帳款減少之損失：企業應收帳款有關會計紀錄和文件如遭毀損，由於證明債務存在之困難，若干債務人可能拒絕履行清償之責任，而使企業蒙受帳款無法收回之損失。

　　5.租金收入損失：企業如以房屋出租他人，由於房屋之直接毀損而無法繼續出租，因而有可能導致租金收入之損失。

　　6.租賃價值損失：指房屋所有人在房屋遭受毀損時，在回復期間不得不另行租屋居住或營業，此時另行負擔之租金稱之為租賃價值。

　　7.額外費用損失：企業因財產之毀損而需繼續營業者，必須支出鉅大額外費用，是為額外費用損失。

㈡針對百貨公司而言，目前有下列間接損失保險提供給客戶投保：

　　1.營業中斷保險。

　　2.連帶營業中斷保險。

　　3.額外費用保險。

　　4.利潤及佣金保險。

　　5.租金及租賃價值保險。

　　6.應收帳款保險。

　　7.重要文件保險。

　　8.溫度變動損毀保險。

㈢上述之間接損失保險，係在商業火災保險附加承保。

一○一年度

一、有關風險之衡量，如僅基於機率觀念，根據過去損失資料，估計將來損失之頻率與
幅度，顯然並不真實，因為過去與將來時間之距離，會使各種條件不斷變動，因而
在風險衡量時，實應將此種變動趨勢加入考慮，通常其處理方法為何？試說明之。
（二十五分）

答：風險衡量應考慮下列三種方法，茲分述如下：

(1)損失頻率（Loss Frequency）之衡量

損失頻率係指在特定期間內，特定數量之風險單位，遭受特定損失之次數，一般皆
以機率表示。例如在一年內，廠內員工遭受體傷之機率，或某一產品因製造疏忽所
致第三人損害賠償責任之機率。風險管理人可依過去經驗資料，或透過機率分配模
式，推測未來可預期之損失機率，惟風險管理人亦可憑其經驗，將損失頻率大致區
分為：①不會發生（Almost Nil）；②可能發生，但機率很小（Slight）；③偶爾發
生（Moderate）；④經常發生（Definite），此種估計方法雖不如數字計算精確，但
亦可使風險管理人就其過去經驗，對損失作一有系統之分析研究。

(2)損失幅度（Loss Severity）之衡量

損失幅度係指特定期間內，特定數量之風險單位遭受特定損失之嚴重程度。就風險
衡量之重點而言，損失嚴重性之評估，遠比損失次數之預測來得重要，例如，超級
市場可能常常發生顧客順手牽羊之失竊事件，但其遠不如一次大火所致損失對該超
級市場財務影響來得大。

(3)損失預測可信度（Credibility of Loss Predictions）之衡量

雖然風險管理人可依據所分析之各種損失型態，決定採用何種管理方法，但是各種
損失頻率與損失幅度，因係根據以往之損失經驗估計而得，加上風險本質之差異、
估計時所可獲得資料之多寡及其正確性、所採用估計方法之不同，皆會影響所衡量
風險之準確度。因此風險管理人於決定採用何種管理方法時，除應分別就其所衡量
之損失頻率、損失幅度予以考慮外，對於該損失型態可預測性之高低，更應予以注
意。

二、商業保險雖為各種風險管理技術中用途最廣者，但在健全之風險管理計畫中，實應以
其為最後手段。當企業組織購買商業保險時，通常皆認其乃風險理財（Risk financing）
中最可靠之方式，然在商業保險契約下，被保險人仍可能遭遇若干不確定性，其主要
者為何？又有何因應之道？試分別舉述之。（二十五分）

答：當企業組織的一特定的損失全然無法予以商業保險，或無法以合理的成本來予以保
險，或無法立即找到一家非保險公司來予以移轉或承擔其損失時，則此時唯一所能選
擇的風險理財策略就是「自留」（Retention）。

對任何企業組織而言，風險中的「自留」有下列五種方式可資選擇，而且每一種方式的理財策略均比前一種方式較複雜，這五種方式依次是：(1)使用當期的收入償付損失；(2)使用未基金化的損失準備金償付損失（即以或有負債或臨時負債償付損失）；(3)使用基金化的損失準備金償付損失（即以提撥意外事故準備金的方式償付損失）；(4)使用借錢（或籌資）償付損失；(5)使用「專屬保險公司」的保險人償付損失。

新興的風險移轉方法，又稱為風險管理新途徑或新興風險移轉工具（Alternative Risk Transfer，簡稱ART）。最原始之意義為企業透過專屬保險或是自留集團為風險管理工具，企圖以最低成本達成風險降至最低。

由於企業對於財務安全之需求殷切，傳統再保險公司所提供的資本防護（Capital Protected）已不再足夠，且從傳統再保險市場所存在的諸多問題來看，結合資本市場與保險市場所創造的新興商品，似乎是解決再保市場諸多問題與國際再保能量普遍不足的另一條出路。

近年來，企業風險管理技術日益提升，在企業處理風險的能力大幅成長下，對於各種風險管事工具的需求較以往殷切。此外，在企業以追求股東價值最大化作為經營目的之情況下，以及在掌握現金流量與獲取財務投資利益的目的驅使下，市場開始吹起整合性的風險理財計畫（Intergration Financing Plan）。於傳統再保險範圍之外，提供企業或保險公司各種新興風險移轉工具，市場常見的工具從自己保險計畫（Self-insurance Plan）、風險自留集團（Risk Retention Group）、專屬保險（Captive Insurance）、限額再保（Finite Reinsurance）、風險證券化〔如巨災債券、或有資本票據、巨災選擇權、巨災交換（CAT Swap）、CATEX〕等，以滿足企業各種風險管理目的上的需求。

三、近年來國內高科技產業持續發展，此種行業在日常營運中，其廠房及設備如因火災發生遭遇損失，頗易連帶造成營運中斷，是故除了需要安排適當之火災保險外，亦需要考量營業中斷保險之必要性，做為一位稱職之財產保險經紀人員，你（妳）認為在規劃其營業中斷保險時應考慮之因素為何？試申述之。（二十五分）

答：一位稱職的財產保險經紀人，在規劃替企業投保營業中斷保險時，應先瞭解營業中斷保險的主要內容，再決定如何投保。由於目前我國的營業中斷保險承保對象包括製造業與非製造業，以下就為製造業所需的營業中斷保險主要內容分述如下：

(一)承保對象

　以會計制度健全的製造業，其在同一廠區內的全部財產均保有火災保險者為限。

(二)保險標的

　以被保險人在保險期間的預期利潤及持續費用為保險標的，於火災保險單上加貼「營業中斷保險批單」來承保。

(三)承保範圍

　被保險人在保險期閒發生約定的風險事故，導致保險單載明的財產（製成品存貨除

外）遭受毀損或滅失，引起營業全部或部分中斷所遭受的實際損失，由保險公司負賠償責任。

(四)保險金額

以被保險人預計保險期間的「營業毛利」扣除「非持續費用」後的餘額為標準。若保險金額低於「營業毛利」80%，則發生部分損失時，被保險人應依約定，分攤一部分損失。被保險人於投保時，應提供最近三年的損益表與資產負債表，以及投保年度的營業預算書，作為保險人核保的依據。

隨著時代的進步，工業的發達，營業中斷保險日益受到世界各國的重視。但我國自1978年7月1日正式核准開辦此種保險以來，國內廠商投保情況並不踴躍，因此，工商企業應加強重視營業中斷保險，藉以轉嫁因保險事故導致的淨利損失，以及必須繼續支付的固定費用，以減輕企業在營業中斷期間和財務衝擊。

四、民眾在購置住宅時常向金融機構請求貸款，一般金融機構皆會要求其以該住宅作為擔保品並投保火災保險，而目前市場上又有住宅（居家）綜合保險等類似商品，此兩種商品之主要差異為何？試從家庭風險管理之立場比較說明之。（二十五分）

答：一個住家應該投保哪些火災保險，才能使住宅得到充分保障？國內保險公司提供了下列適合住家火災購買的保險以供社會大眾選擇：

1. 住宅火災及地震基本保險

住宅火災及地震基本保險係住宅火災保險單自動涵蓋地震基本保險。意即住宅火災及地震基本保險包括住宅火災保險與住宅地震基本保險二部分。

2. 住宅（居家）財產綜合保險

這是最周延的保障，主要是保障家庭經濟的安定，免除被保險人分別投保各種單一保險的不便，提供被保險人完整的保障。主要是承保被保險人所有建築物、置存物、特定物品因保險事故所致的損失，以及其因保險事故依法對第三人負有責任而受賠償請求時的建築物公共意外責任。

3. 多年以來各項天災人禍無時無刻不在威脅著台灣，921地震的震撼尚存人心，各地大淹水的痕跡也尚未去除，四處縱火的危機更籠罩著各處，社會大眾一輩子辛苦經營的居家財產隨時有覆滅的危險，因此居家財產綜合保險是未來家庭住宅風險管理的關鍵險種，除了居家安全的觀念必須加以宣導之外，居家財產綜合保險更是應該全力去推廣。

4. 雖然目前各家產險公司所發展的居家或住宅綜合保險名稱或許並未統一，但保障內容與功能卻較基本的住宅保險擴大許多，如果能夠配台銀行對債權風險真正的認知，政府對配合居家安全節稅的需求加上產險業營業系統的重視，或許未來居家綜合保險會是台灣地區家庭最重要財產風險管理的安全保障。

附錄三　歷屆企業風險管理師「企業風險管理概論」試題及參考解答

九十七年

一、選擇題（35題、每題2分）

（ A ）　1.所謂的損失抑減（Loss Reduction）是要降低特定損失的　(A)幅度　(B)頻率　(C)種類　(D)以上皆是

（ A ）　2.在下列各種間接損失當中，關係到企業利潤損失的保險稱之為　(A)營業中斷　(B)額外費用　(C)租金收入損失　(D)取消租約

（ D ）　3.對任何組織而言，風險中的「自留」有下列哪種方式可供選擇？　(A)使用當期的收入償付損失　(B)使用借錢償付損失　(C)使用專屬保險的保險人償付損失　(D)以上皆是

（ D ）　4.在產品責任風險中的瑕疵為下列哪一種狀況　(A)設計錯誤　(B)製造錯誤　(C)使用說明不當　(D)以上皆是

（ C ）　5.所謂在特定的期間內，特定數量的風險標的單位所可能遭受損失的程度，以損失金額與損失次數之比表示之，稱之為：　(A)不確定性　(B)損失頻率　(C)損失幅度　(D)損失數額

（ B ）　6.按風險的性質，風險可區分為：　(A)財產風險、人身風險、責任風險　(B)純損風險、投機風險　(C)客觀風險、主觀風險　(D)可管理風險、不可管理風險

（ C ）　7.下列哪一項因素不是風險之所以需要管理的因素？　(A)人類與生俱來的安全需求　(B)風險的經濟耗費　(C)符合企業傳統管理方式的要求　(D)各種法令之要求

（ B ）　8.包括革命、內亂、對自由貿易的限制等政治風險是屬於：　(A)可保風險　(B)不可保風險　(C)可保風險與不可保風險兩者皆是　(D)以上皆非

（ D ）　9.下列何者非風險管理的實施步驟　(A)風險的衡量　(B)風險管理策略之選擇　(C)風險管理策略之執行與評估　(D)釐清風險管理者的責任

（ D ）　10.風險控制之契約性移轉（Contractual Transfer for Risk Control）不包括下列哪一項？　(A)出售　(B)轉包　(C)租賃契約　(D)自己保險

（ C ）　11.在財產損失的評價標準中指以類似的或相同的財產取代毀損滅失的財產所需花費的金額再扣除實際折舊後稱之為：　(A)重置成本　(B)歷史成本　(C)實際現金價值　(D)會計價值

（ C ）　12.自己保險的優點不包括下列何項？　(A)節省保險費　(B)處理非可保風險　(C)節

稅與延緩稅負支出　　(D)處理損失速度較快

（ A ）13.損失風險是指一個特定之組織或個人因特定之災因，損害特定之有價物而致有財務損失的可能性。就此定義而言，任何損失風險都必須具備下列何種特質？
(A)尚未遭受損失的個體　　(B)損失的價值類型　　(C)潛在財物損失的程度　　(D)引起損失的災因

（ D ）14.新興風險移轉（Alternative Risk Transfer，簡稱ART）包括下列哪項工具？
(A)限額再保　(B)巨災債券　(C)巨災選擇權　(D)以上皆是

（ C ）15.下列哪一類不是屬於與風險管理有關的財務損失　(A)財產損失　(B)淨利損失　(C)稅務損失　(D)責任損失

（ D ）16.強制汽車責任保險的保障範圍不包括下列哪一項？　(A)傷害醫療費用　(B)殘廢給付　(C)死亡給付　(D)財產損失

（ C ）17.在風險的概念中，表示導致不利後果的所有因素，或稱為災源或風暴的來源係指下列哪一個名詞：　(A)損失　(B)保險事故　(C)危險因素　(D)危險事故

（ B ）18.下列哪一種保險是屬於工程保險之一？　(A)商業動產保險　(B)機械保險　(C)玻璃保險　(D)員工誠實保證保險

（ A ）19.請問下列何者非風險管理的損失善後目標？　(A)減少憂慮　(B)生存　(C)繼續營業　(D)穩定利潤

（ A ）20.企業經理人可以用所得能力為依據來估算其員工或自己價值的方法稱之為：
(A)人類生命價值法　(B)家庭需求法　(C)同僑驗證法　(D)所得申報法

（ B ）21.創新的風險係屬於下列哪一類的風險？　(A)靜態風險　(B)動態風險　(C)半靜態風險　(D)半動態風險

（ D ）22.多國籍企業會面臨的一些獨特的風險包括下列哪一項？　(A)政治風險　(B)匯兌風險　(C)外匯管制風險　(D)以上皆是

（ D ）23.下列何項為現代企業較重要的法律問題　(A)員工的家庭責任　(B)企業的社會責任　(C)企業的道義責任　(D)企業的公害責任

（ D ）24.以下有關條款差異性保險（Difference In Condition，DIC）的敘述何者正確？
(A)DIC通常承保全險（All Risks）　　(B)DIC通常為一個超額保險單（Excess Policy）　　(C)DIC保單又可稱為隙口保單（Gap Policy）　　(D)以上皆是

（ C ）25.所謂免責合約（Hold Harmless）係為企業風險管理方法中的哪一種？　(A)風險避免　(B)風險自留　(C)風險移轉　(D)保險

（ D ）26.企業風險管理所追求的目標應涵蓋　(A)人員安全　(B)財產防護　(C)營運持續　(D)以上皆是

（ D ）27.下列哪一個部門應該與風險管理部門充分合作才能做好企業的風險管理？
(A)會計部門　(B)生產部門　(C)人事部門　(D)以上皆是

（ A ）28.發生時多為個別原因，而其結果只能影響某一或若干個體或較小範圍之社會群體

的風險稱之為：　(A)單獨風險　(B)基本風險　(C)社會風險　(D)動態風險

（ D ）29.下列哪一項不是企業所使用的淨利損失保險的主要種類？　(A)營業中斷保險
　　(B)連帶營業中斷保險　(C)應收帳款保險　(D)綁架保險

（ D ）30.企業團體保險可以包括哪些承保範圍？　(A)團體壽險　(B)團體傷害險　(C)團體
　　醫療險　(D)以上皆是

（ C ）31.下列何者不是為風險控制的措施　(A)風險避免　(B)風險隔離　(C)風險自留
　　(D)損害防阻

（ D ）32.責任係由行為而產生，自亦能由行為而消除，被害人對加害人之損害賠償請求
　　權，亦可因為何種理由之提出而使責任受到限制？　(A)與有過失　(B)自甘冒險
　　(C)被害人同意　(D)以上皆是

（ B ）33.連帶營業中斷保險係屬於下列哪一項損失風險？　(A)財產損失風險　(B)淨利損
　　失風險　(C)責任損失風險　(D)人身損失風險

（ D ）34.下列何者並非風險因素（Hazard）的類型之一　(A)實質風險因素　(B)道德風險
　　因素　(C)怠忽風險因素　(D)整合風險因素

（ D ）35.下列何者非為風險管理對企業的貢獻？　(A)維持企業生存　(B)直接增加企業利
　　潤　(C)促進企業主身心健康　(D)促進國際和平

二、簡答題（共三題，每題10分）

1.可保風險（Insurable Risks）需具備哪六項要件？

答：商業保險公司在正常情況下只承保純損風險。然而，不是所有的純損風險都是可保
的。純損風險在被保險公司承保之前必須滿足一定的要求。以保險公司的角度來
看，可保風險需要滿足下列六個要求：

　(1)大量的風險單位（Large Number of Exposure Units）

　(2)意外造成的損失（Accidental and Unintentional Loss）

　(3)可確定和衡量的損失（Determinable and Measurable Loss）

　(4)非巨災性損失（No Catastrophic Loss）

　(5)經濟可行的保險費（Economically Feasible Premium）

　(6)可計算的損失機會（Calculable Chance of Loss）

2.請詳細敘述專屬保險（Captive Insurance）的意涵與設立專屬保險的優缺點。

答：專屬保險的定義及其優缺點說明如下：

　(1)定義：

　　專屬保險是指大型企業集團設立自己的保險公司，以承保自己企業集團所需的各
　　種保險。在法律上，企業本身與其成立之保險公司均為獨立之法人，繳付保費與
　　理賠和一般保險無異。惟因在作業過程中，母公司繳付之保險費與子公司理賠之

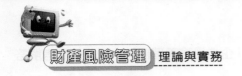
保險金均在企業集團內流動，原則上，風險並無轉嫁他人，故歸屬於自留範疇。不過，假使專屬保險人另有承作其所屬企業集團以外之保險業務，擴大其經營基礎，或安排相當程度之再保險轉嫁其風險，此時即可超脫風險自留之範疇。

(2)優點：

設立專屬保險優點，茲說明如下：

①節稅與延緩稅負支出：

此為企業集團設立專屬保險公司最重要之理由，就企業集團言之，支付於其專屬保險公司之保險費可列為營業費用，而專屬保險公司收到之保險費依會計應計基礎，有些必須提存為未滿期保費準備，屬負債性質，因此，一筆資金可有節稅與延緩稅負支出之效果。

②母公司可減輕保費支出：

在商業保險之保費結構中，除純保費之外，尚有附加保險費，其中包括有保險中介人之佣金、營業費用、賠款特別準備、預期利潤等等，就專屬保險人言之，同一企業集團無須支付佣金，營業費用亦可較少，所以母公司所支付之保險費可以降低甚多。

③專屬保險公司可拓展再保交易：

設立專屬保險公司，才應有分散風險之機制，如應有再保險配套措施，此時專屬保險公司即可籍業務交換之便而拓展再保交易，企業集團之業務領域因而更為寬廣。

④加強損失控制：

設立專屬保險公司之目的雖在為企業集團尋找保險出路，但須注意其目的非在救急，以標的不出險為主要目的，因此應配合加強損失控制措施，一來可以有較佳之再保險出路，二來可使專屬保險公司擴大其規模，成為一個利潤中心。

⑤商業保險保費太高：

此理由與減輕保費支出之理由類似，惟須注意，保險費過高也代表企業體之風險暴露單位之風險性較高，就此點而言，設立專屬保險之理由似過於牽強。

⑥一般保險市場無意願承保：

一般保險市場無意願承保，改由自己之專屬保險公司承保，除非能有良好之再保險出路分散風險，否則其理由亦嫌牽強。

(3)缺點：

剛開辦之專屬保險必然有下列幾個缺點：

①業務品質較差：

由於專屬保險所承保者為自家企業集團內之業務，有許多可能是商業保險中，保費過高之業務，或是商業保險無意願承保之業務，二者均代表風險性過高，亦即業務品質較差。

②危險暴露量有限：

企業集團內之業務量基本上有其限制，亦即較難達到大數法則之適用，如不接受其他業務或利用再保險，基本上其經營之客觀風險甚高。

③組織規模簡陋：

由於專屬保險公司原則上為其所屬企業服務，人力配備不多，因此，組織規模簡陋。

④財務基礎脆弱：

專屬保險公司組織規模簡陋，資本額有限，累積之準備金亦有限，故財務基礎脆弱。

3. 請列舉認知或辨認（Identification）組織所面臨的特定損失風險的方法。

答：風險管理專家通常都是使用下列中的一種或數種方法來認知組織所面臨的特定損失風險，這些方法是：

(1)調查／問卷法。

(2)財務報表分析法。

(3)檢視組織的其他記錄及文件法。

(4)流程圖法。

(5)親自檢視法。

(6)請教專家法。

九十八年度

一、選擇題（35題，每題2分）

（ B ）1.強制汽車責任保險的保障範圍不包括下列哪一項？　(A)傷害醫療費用　(B)財產損失　(C)死亡給付　(D)殘廢給付

（ D ）2.請問下列何者是風險管理的損失善後目標？　(A)穩定利潤　(B)生存　(C)繼續營業　(D)以上皆是

（ C ）3.在財產損失的評價標準中指以類似的或相同的財產取代毀損滅失的財產所需花費的金額再扣除實際折舊後稱之為：　(A)重置成本　(B)歷史成本　(C)實際現金價值　(D)會計價值

（ C ）4.自己保險的優點不包括下列何項？　(A)節省保險費　(B)處理非可保風險　(C)節稅與延緩稅負支出　(D)處理損失速度較快

（ A ）5.下列何者描述風險管理的特質是正確的　(A)風險管理本質上是事先的預測與展望，而非事後的反應　(B)風險管理不太需要有一套完整的書面計畫作為執行的依據　(C)風險管理本身並非一套風險資訊管理系統　(D)風險管理不是以企業財

務安全為重心

（ D ） 6.風險管理的損失預防目標為： (A)經濟性保證 (B)減少焦慮 (C)履行社會責任 (D)以上皆是

（ D ） 7.新興風險移轉（Alternative Risk Transfer，簡稱ART）包括下列哪項工具？ (A)限額再保 (B)巨災債券 (C)巨災選擇權 (D)以上皆是

（ B ） 8.創新的風險係屬於下列哪一類的風險？ (A)靜態風險 (B)動態風險 (C)半靜態風險 (D)半動態風險

（ A ） 9.在風險的概念中，指財產經濟價值之非故意減少或滅失者係指下列哪一個名詞： (A)損失 (B)保險事故 (C)危險因素 (D)危險事故

（ D ） 10.以下有關條款差異性保險（Difference In Condition，DIC）的敘述何者正確？ (A)DIC通常承保全險（All Risks） (B)DIC通常為一個超額保險單（Excess Policy） (C)DIC保單又可稱為隙口保單（Gap Policy） (D)以上皆是

（ D ） 11.所謂的損失抑減（Loss Reduction）不是要降低特定損失的 (A)幅度 (B)頻率 (C)幅度或頻率 (D)種類

（ B ） 12.風險管理實施的第一個步驟為： (A)風險的衡量 (B)風險的辨認 (C)風險管理策略的選擇 (D)策略之執行與評估

（ D ） 13.下列何者為認知損失風險的方法？ (A)流程圖法 (B)請教專家法 (C)親自檢視法 (D)以上皆是

（ B ） 14.包括革命、戰亂、叛變等風險是屬於： (A)可保風險 (B)不可保風險 (C)視嚴重程度為可保風險或不可保風險 (D)以上皆非

（ A ） 15.損失抑減係屬於哪一種風險管理策略？ (A)風險控制 (B)風險理財 (C)風險隔離 (D)風險彌補

（ C ） 16.所謂風險管理的成本係指： (A)財產、收入、生命、以及其他有價值之財物的毀損滅失 (B)潛在之意外事故損失的經濟損失 (C)為因應意外事故損失而投入之資源 (D)以上皆是

（ B ） 17.風險管理計畫之目標中的損失善後目標不包括下列何項？ (A)生存 (B)合法性 (C)獲利力 (D)成長

（ A ） 18.風險管理人所可採用的兩大類風險理財策略為何？ (A)風險自留策略與風險移轉策略 (B)風險自留策略與風險避免策略 (C)風險移轉策略與風險控制策略 (D)風險避免策略與風險控制策略

（ D ） 19.風險控制之契約性移轉（Contractual Transfer for Risk Control）包括下列哪一項？ (A)出售 (B)轉包 (C)租賃契約 (D)以上皆是

（ D ） 20.企業財產損壞導致企業「收入減少」而造成的淨利損失不包括： (A)租金收入損失 (B)連帶營業中斷損失 (C)應收帳款損失 (D)業外投資損失

（ C ） 21.多國籍企業在管理時會面臨國內營運所無的獨特風險，不包括下列哪一項：

(A)外匯管制問題　(B)匯兌風險　(C)國際行銷問題　(D)以上皆是

（ C ）22.在產品責任風險中的瑕疵為下列哪一種狀況　(A)產品使用錯誤　(B)專利權過期　(C)使用說明不當　(D)以上皆是

（ C ）23.下列何者非風險管理的實施步驟　(A)風險的衡量　(B)風險管理策略之選擇　(C)釐清風險管理者的責任　(D)風險管理策略之執行與評估

（ A ）24.企業風險管理經理可以用所得能力為依據來估算其員工或自己生命價值的方法稱之為：　(A)人類生命價值法　(B)家庭需求法　(C)同儕驗證法　(D)所得申報法

（ D ）25.在下列各種間接損失當中，可以保障到企業員工薪資的保險稱之為　(A)租金收入損失保險　(B)租權利益保險　(C)額外費用保險　(D)營業中斷保險

（ C ）26.在責任概念中，過失責任之成立要件不包括：　(A)須有注意義務　(B)須未盡注意義務　(C)須無近接原因　(D)須無抗辯理由

（ B ）27.下列哪一種保險是屬於工程保險之一？　(A)商業動產保險　(B)鍋爐保險　(C)玻璃保險　(D)員工誠實保證保險

（ B ）28.下列何者是為風險控制的措施　(A)風險理財　(B)風險隔離　(C)風險自留　(D)自己保險

（ C ）29.可保風險的要件包括：　(A)損失事故屬於意外　(B)風險單位數量眾多　(C)損失對象無限　(D)損失金額確定

（ A ）30.責任係由行為而產生，自亦能由行為而消除，被害人對加害人之損害賠償請求權，亦可因為何種理由之提出而使責任受到限制？　(A)與有過失　(B)不甘冒險　(C)被害人不同意　(D)以上皆是

（ D ）31.企業團體保險可以包括哪些承保範圍？　(A)團體壽險　(B)團體傷害險　(C)團體醫療險　(D)以上皆是

（ B ）32.財產損害導致公司「費用增加」而造成的淨利損失不包括：　(A)取消租約　(B)製成品淨利損失　(C)不可拆回之改良物　(D)額外的費用

（ C ）33.下列何者為風險管理對企業的貢獻？　(A)加強與政府的公關　(B)增加業外收入　(C)促進企業主身心健康　(D)促進國際和平

（ A ）34.按風險之潛在損失，風險可區分為：　(A)財產風險、人身風險、責任風險、淨利風險　(B)純損風險、投機風險　(C)客觀風險、主觀風險　(D)可管理風險、不可管理風險

（ C ）35.所謂免責合約（Hold Harmless）係為企業風險管理方法中的哪一種？　(A)風險避免　(B)風險自留　(C)風險移轉　(D)保險

二、簡答題（共三題，每題10分）

1. 請簡述危險因素（Hazard）、危險事故（Peril）與損失（Loss）的意義與彼此間的關係？

　答：(1)風險因素（Hazard）

風險因素又稱災源，係指足以引起或增加風險事故發生機會或足以擴大損失程度之因素。風險因素與風險事故不同，例如車禍、火災、疾病等為風險事故，係指造成損失之直接原因（Immediate Cause of a Loss）；而汽車維護不善、屋內堆積易燃品、衛生情形不良等則為風險因素。

(2)風險事故（Peril）

風險事故又稱災因，係指造成損失發生之直接原因。例如造成建築物焚毀之火災，造成乘客傷亡之車禍等屬之。

風險事故多係某些風險因素（Hazard）之存在所致。

(3)損失（Loss）

損失係指財產經濟價值之非故意（Unintentional）減少或滅失。例如房屋因火災焚毀。

損失通常包括直接損失（Direct Loss）與間接損失（Indirect Loss）兩種型態。

2. 試簡述風險管理的實施步驟。

　答：風險管理過程計有四個步驟，即(1)風險之辨認或認知；(2)風險之衡量；(3)風險管理策略之選擇；(4)策略之執行與評估。

茲分別說明如下：

(1)風險之辨認（Risk Identification）或認知

風險辨認或認知係風險管理之第一步驟，亦為風險管理人員最困難之工作。因為要知如何對風險作適當之管理，首先必須認知企業潛在之各種純損風險。

(2)風險之衡量（Risk Measurement）

風險認知以後，次一重要步驟即對於這些風險作適當衡量，衡量內容包括：

①損失發生之頻率。

②如果發生損失對企業財務之影響如何？

(3)風險管理策略之選擇（Selection of Risk Management Strategies）

風險經辨認與衡量以後，即應選擇適當之策略，以達成風險管理之目標。

風險管理之策略可分為兩大類：一為控制策略（Control Strategies），另為理財策略（Financing Strategies）。每一策略又可細分為多種。在此一步驟中就是就各種不同之策略依風險之大小，在成本和效益之比較分析下，選擇最佳之策略或組合。故此步驟可說是風險管理核心之所在。

(4)策略之執行與評估（Implementation & Evaluation）

風險管理策略經選擇採行以後，風險管理人員必須切實執行決策，並須加以評估

檢討，以瞭解原有決策是否明智可行，以及是否需對未來不同狀況加以修正改善。

3.請列舉六項認知損失風險的方法。

答：風險管理專家通常都是使用下列中的一種或數種方法來認知組織所面臨的特定損失風險，這些方法是：

(1)調查／問卷法。

(2)財務報表分析法。

(3)檢視組織的其他記錄及文件法。

(4)流程圖法。

(5)親自檢視法。

(6)請教專家法。

九十九年度

一、選擇題（35題，每題2分）

（ D ）1.下列何者係指造成損失發生之直接原因？　(A)風險（Risk）　(B)風險標的（Exposure）　(C)風險因素（Hazard）　(D)風險事故（Peril）

（ B ）2.某部汽車因未定期保養維護，致在駕駛時發生車禍，造成汽車損壞，修理費用需五萬元，在此案例中，何者為風險因素（Hazard）？　(A)某部汽車　(B)未定期保養維護　(C)車禍　(D)修理費用需五萬元

（ A ）3.下列何者屬於靜態風險（Static Risk）？　(A)詐欺、暴行　(B)生產作業流程設計失當　(C)創業時資本不足　(D)員工流動

（ A ）4.下列何者屬於純損風險（Pure Risk）？　(A)事件發生之結果，只有損失或沒有損失之風險　(B)事件發生之結果，除有損失或沒有損失外，尚有獲利機會之風險　(C)事件發生之結果，只有獲利機會之風險　(D)以上皆是

（ A ）5.實際損失經驗與預期損失經驗之可能變量屬於何種風險？　(A)客觀風險（Objective Risk）　(B)主觀風險（Subjective Risk）　(C)系統危險（Systematic Risk）　(D)非系統危險（Nonsystematic Risk）

（ B ）6.下列何者屬於行銷風險（Marketing Risk）？　(A)因外匯法令變動與管制　(B)因消費者偏好之改變所致之損失　(C)因機器設備不能有效使用所致之損失　(D)因罷工、怠工及勞力供給之不穩定所致之損失

（ D ）7.企業動態風險不包括下列哪種風險？　(A)財經政策風險　(B)法律政治風險　(C)國際情勢風險　(D)財產損失風險

（ D ）8.故意縱火詐領保險金屬於何種風險因素？　(A)實質風險因素　(B)怠忽風險因素

（C)心理風險因素　（D)道德風險因素

（ B ）9.在一定期間內，特定數量之風險標的單位（Risk Unit）所可能遭受損失之程度　(A)損失頻率　(B)損失幅度　(C)風險程度　(D)以上皆非

（ D ）10.風險具有可變性係受何種因素之影響？　(A)科學文明之影響　(B)經濟情況之影響　(C)社會情況之影響　(D)以上皆是

（ C ）11.在風險成本中，消防設備費用屬於何種成本？　(A)自己必須承擔之損失　(B)風險和保險管理行政費用　(C)風險控制成本　(D)殘餘物和其他補償或救濟

（ C ）12.何者係損失預防目標與損失善後目標中之相同目標？　(A)減少焦慮　(B)經濟性保證　(C)履行社會責任　(D)公眾之接受性

（ C ）13.以保險方式來管理風險屬於何種風險管理範圍？　(A)最廣義之風險管理範圍　(B)狹義之風險管理範圍　(C)最狹義之風險管理範圍　(D)以上皆非

（ A ）14.何者係風險管理之第一步驟？　(A)風險之辨認　(B)風險之衡量　(C)風險管理策略之選擇　(D)策略之執行與評估

（ B ）15.Richard Prouty將可能會發生但卻不一定會發生之損失頻率列為何種損失頻率？　(A)幾乎不可能　(B)輕度　(C)適度　(D)一定（或確定）

（ A ）16.下列何者不屬於風險控制策略（Risk Control Strategies）？　(A)商業保險　(B)損失防阻　(C)風險隔離　(D)損失抑減

（ D ）17.下列何者不屬於風險理財策略中（Risk Financing Strategies）之自留？　(A)使用基金化之損失準備金償付損失　(B)使用未基金化之損失準備金償付損失　(C)使用專屬保險公司之保險人償付損失　(D)向外界無從屬關係之保險公司購買商業保險

（ B ）18.大型企業集團設立自己之保險公司，以承保自己企業集團所需之各種保險，稱為？　(A)自己保險　(B)專屬保險　(C)超額保險　(D)企業保險

（ B ）19.以類似或相同之財產，取代被毀損滅失之財產，所需花費之金額，稱為？　(A)再製成本　(B)重置成本　(C)會計價值　(D)經濟價值

（ A ）20.下列敘述，何者為誤？　(A)淨利係由收入加上費用所組成　(B)淨利損失之成因可區分為收入減少及費用增加　(C)租金收入損失屬於收入減少　(D)租賃利益損失屬於費用增加

（ A ）21.下列敘述，何者為真？　(A)侵權行為及債務不履行所產生之責任合稱為民事責任　(B)「所受損害」亦稱消極的損害　(C)「所失利益」亦稱積極的損害　(D)以上敘述均為真

（ C ）22.勿因小而失大（Don't risk a lot for a little）係風險管理之何者？　(A)目的　(B)目標　(C)原則　(D)原理

（ C ）23.依一〇一條風險管理準則第十九條揭示，風險控制之首要理由係？　(A)財產之保全　(B)利益之保存　(C)人命之保護　(D)金錢之保留

（ D ）24.依一〇一條風險管理準則第二十六條揭示，多數主管人員不搭乘同一架飛機旅遊屬於？　(A)危險隔離（Risk Separation）　(B)危險複製（Risk Duplication）　(C)危險組合（Risk Combination）　(D)危險避免（Risk Avoidance）

（ A ）25.依一〇一條風險管理準則第三十二條揭示，超過幾年以上之追溯費率計畫（Retrospective Rating Plans）反而妨礙彈性（Flexibility）？(A)一年以上　(B)二年以上　(C)三年以上　(D)四年以上

（ B ）26.依一〇一條風險管理準則第三十五條揭示，於有任何重大損失或潛在損失發生幾小時內，風險管理人應立即獲得通知？　(A)十二小時　(B)二十四小時　(C)三十六小時　(D)四十八小時

（ A ）27.依一〇一條風險管理準則第七十一條揭示，風險管理計畫設計應如何？　(A)保持簡單（Simple）　(B)經常改變（Change）　(C)保持不變　(D)以上皆非

（ A ）28.依一〇一條風險管理準則第八十三條揭示，依約而承受之風險（Risks accepted under contracts），是否由契約責任保險承保？　(A)未必（not necessarily covered）由契約責任保險承保　(B)全部（fully covered）由契約責任保險承保　(C)一定由契約責任保險承保　(D)以上皆非

（ B ）29.依一〇一條風險管理準則第一〇一條揭示，風險管理之最重要素為何？　(A)專門知識（expertise）　(B)一般常識（common sense）　(C)特殊常識　(D)以上皆非

（ B ）30.事件之轉折點或關鍵點，稱為？　(A)危險　(B)危機　(C)風險　(D)投機

（ C ）31.危機管理過程分為幾個階段？　(A)舒緩及回應兩個階段　(B)舒緩、準備及回應三個階段　(C)舒緩、準備、回應及復原四個階段　(D)以上皆非

（ D ）32.下列何者不屬傳統風險管理模式之主要特點？　(A)以部門為單位對風險進行管理　(B)當經理們認為必要時才進行風險管理　(C)主要為可保風險　(D)連續不斷、每時每刻均要進行之工作

（ D ）33.下列何者係保險公司可能面臨之信用風險？　(A)定價風險　(B)利率風險　(C)基差風險　(D)違約風險

（ A ）34.下列敘述，何者為真？　(A)傳統風險管理比較趨向於防禦性功能　(B)傳統風險管理比較趨向於攻擊性功能　(C)企業風險管理（ERM）僅具有攻擊性功能不具有防禦性功能　(D)企業風險管理（ERM）既不具有攻擊性功能亦不具有防禦性功能

（ D ）35.下列何者非屬大家公認企業風險管理（ERM）被採行之原因？　(A)對組織內部之風險更瞭解　(B)對風險之理解，形成競爭優勢　(C)對財務資源之管理，達到成本節約之目標　(D)擴大組織規模，併吞其他公司

二、簡答題（共3題，每題10分）

1.風險之所以需要管理，係基於哪三大因素？

　答：風險之所以需要管理，係基於下列三大因素：

　　　(1)人類與生俱來之安全需求

　　　(2)風險之經濟耗費

　　　(3)各種法令之要求

2.何謂損失、直接損失（Direct Loss）及間接損失（Indirect Loss）？

　答：損失係財產經濟價值之非故意性減少或滅失，危（風）險事故導致之初次效應是為直接損失；後續效應是為間接損失。

3.風險管理對企業之貢獻為何？

　答：(1)維持企業生存

　　　(2)直接增加企業利潤

　　　(3)間接增加企業利潤

　　　(4)可促進管理當局及業主之身心健康，成為企業無價之非經濟資產

　　　(5)可促進企業之社會責任感及良好之社會形象

一〇〇年度

一、選擇題（35題，每題2分）

（ABCD）1.現代風險社會之特色包括下列何者？　(A)變遷迅速　(B)科技進步　(C)跨越國界　(D)資訊擴散

（　D　）2.下列何者不在現代風險社會所面對之十大風險內？　(A)恐怖攻擊　(B)工業事故　(C)網路病毒　(D)以上皆非

（ABCD）3.風險之特性包括下列何者？　(A)客觀性　(B)普遍性　(C)必然性　(D)可變性

（　D　）4.風險構成要素包括下列何者？①風險標的、②風險因素、③風險事故、④損失　(A)①,②　(B)②,③　(C)①,②,③　(D)①,②,③,④

（　D　）5.下列何者為動態風險？　(A)詐欺所致損失之風險　(B)暴行所致損失之風險　(C)財產遭遇火災所致損失之風險　(D)創新上之風險

（ABC）6.不可保風險包括下列何者？　(A)行銷風險　(B)政治風險　(C)生產風險　(D)以上皆非

（　B　）7.在特定期間內特定數量之風險標的單位所可能遭受損失之次數，稱為？　(A)損失幅度　(B)損失頻率　(C)損失機率　(D)損失機會

（　D　）8.損失預防目標與損失善後目標中之相同目標為何者？　(A)繼續營業　(B)穩定

利潤　(C)持續成長　(D)履行社會責任

（　A　）9.在不甚有利之情況下，一次意外事故之發生可能造成之最大損失程度，稱為？　(A)Maximum Possible Loss, MPL　(B)Maximum Probable Loss, PML　(C)Annual Expected Loss　(D)Chance of Loss

（　A　）10.損失抑減（Loss Reduction）係在？　(A)降低損失幅度　(B)減少損失頻率　(C)降低損失幅度及減少損失頻率　(D)以上皆非

（　B　）11.大型企業集團設立自己之保險公司，以承保自己企業集團所需之各種保險，稱為？　(A)自己保險　(B)專屬保險　(C)企業保險　(D)集團保險

（　C　）12.風險管理政策說明書主要在規範何者？　(A)風險管理人員之人數與薪水　(B)風險管理人員之薪水與授權　(C)風險管理人員之授權與職責　(D)以上皆非

（　C　）13.一般企業財產損失之主要型態為何者？　(A)不動產之損失與動產之損失　(B)動產之損失與無形財產損失　(C)不動產之損失　動產之損失與無形財產損失　(D)以上皆非

（　A　）14.實體折舊或過時所減少之重置成本，稱為？　(A)實際現金價值　(B)經濟價值　(C)市價　(D)以上皆非

（　C　）15.淨利損失之成因可區分為？　(A)收入減少與財產損失　(B)財產損失與費用增加　(C)費用增加與收入減少　(D)以上皆非

（　C　）16.退休屬於何種損失風險？　(A)財產損失風險　(B)責任損失風險　(C)人身損失風險　(D)以上皆非

（　BC　）17.下列何者係用來衡量人身損失風險對家庭之影響？　(A)保險單調查法　(B)人類生命價值法　(C)家庭需求法　(D)以上皆非

（ABCD）18.家庭風險管理之損失預防目標為何？　(A)成本經濟合理　(B)安全保證　(C)履行家庭責任　(D)減輕憂慮

（ABCD）19.企業編製保險計畫時或企業經理人與保險經紀人商洽時應注意哪些事項？　(A)保險公司　(B)保險術語　(C)保險種類　(D)保險範圍

（ABC）20.企業用來管理人身風險所需之保險，包括下列何者？　(A)員工保險　(B)重要幹部保險　(C)企業主保險　(D)以上皆非

（ABCD）21.責任保險日漸受企業重視係因？　(A)國家賠償法之實施　(B)意外事故之增加　(C)外國企業之引進　(D)索賠意識之增強

（　D　）22.責任保險之特性為何？　(A)只有超額保險之情形　(B)只有低額保險之情形　(C)既有超額保險亦有低額保險之情形　(D)以上皆非

（ABC）23.何種情形會導致企業淨利之損失？　(A)財產損壞　(B)法律責任　(C)人身損失　(D)以上皆非

（　D　）24.應收帳款保險屬於何種型態之保險？　(A)財產損失保險　(B)責任損失保險　(C)人身損失保險　(D)淨利損失保險

（ ABC ） 25.多國籍企業面臨國內營運所無之獨特風險為何？ (A)政治風險 (B)匯兌風險 (C)外匯管制風險 (D)以上皆非

（ ABC ） 26.成立專屬保險公司之優點為何？ (A)降低風險成本 (B)可直接接觸再保險市場 (C)增強承受風險能力 (D)以上皆非

（ABCD） 27.下列何者為危機之特性？ (A)威脅性 (B)突發性 (C)不確定性 (D)緊迫性

（ ABC ） 28.企業危機發生之後，可能發生哪些結果？ (A)財務之損失與人身之傷害 (B)賠償之責任與權利之喪失 (C)市場之喪失與商譽之破壞 (D)以上皆非

（ ABC ） 29.學者康佛（Louise K. Comfort）曾提出決策者在規劃危機政策時，應考慮哪些策略？ (A)變遷策略 (B)整合策略 (C)持續策略 (D)以上皆非

（ C ） 30.企業風險管理（ERM）具有何種功能？ (A)僅具有防禦性功能 (B)僅具有攻擊性功能 (C)既具有防禦功能亦具有攻擊性功能 (D)以上皆非

（ A ） 31.依101條風險管理準則第19條揭示，風險控制（Risk Control）之首要理由係？ (A)保護人命 (B)保護財產 (C)保護淨利 (D)以上皆非

（ B ） 32.依101條風險管理準則第30條揭示，何者將導致市場崩潰，應該避免？ (A)投保 (B)競標 (C)索賠 (D)以上皆非

（ B ） 33.依101條風險管理準則第43條揭示，最好之索賠（Thebestclaim）即？ (A)開始理賠 (B)結束理賠 (C)拒絕理賠 (D)以上皆非

（ C ） 34.風險管理所管理之風險？ (A)只有純損風險 (B)只有投機風險 (C)純損風險與投機風險 (D)以上皆非

（ C ） 35.最廣義之風險管理範圍，係指？ (A)保險管理 (B)危險管理 (C)風險管理 (D)以上皆非

二、簡答題（共3題，每題10分）

1.淨利損失風險中之收入減少可分成哪五類？

答：(1)營業中斷損失、(2)連帶營業中斷損失、(3)完成品之預期利潤損失、(4)應收帳款之收現減少、(5)租金收入之減少

2.Richard Prouty所建議之損失頻率區分為哪四類等級？

答：(1)經常發生（Definite）、(2)偶爾發生（Moderate）、(3)可能但未曾發生（Slight）、(4)不可能發生（None）

3.自己保險有何優點？

答：(1)可節省保險費、(2)可提升損失控制之層次、(3)處理損失速度較快、(4)可處理非可保風險

一〇一年度

（ B ）1.去年初，台北市萬華警局發現某鄭姓計程車司機自2007年底起，連續被撞67次，被懷疑以「假車禍，真詐財」函送法辦。請問：該計程車司機企圖造成駕駛人的何種風險？　(A)財產風險　(B)責任風險　(C)人身風險　(D)心理風險。

（ A ）2.若保險契約約定自負額為3000元，今損失5000元，試問在扣減式自負額（straight deductible）及起賠式自負額（franchise deductible）情形下，被保險人各可獲得多少賠償？　(A)2000元；0元　(B)5000元；2000元　(C)3000元；5000元 (D)5000元；3000元

（ D ）3.風險管理方法中之風險理財包括下列何者？①專屬保險人②自己保險③買保險④風險證券化　(A)①,②,③　(B)②,③,④　(C)①,③,④　(D)①,②,③,④。

（ A ）4.大型企業對於巨災風險之管理，下列各種可能的方式中，何者為非？　(A)購買再保險　(B)安排巨災風險證券化　(C)尋求多家保險人之聯營共保　(D)除底層保險外，安排多層的超額損失保險。

（ D ）5.下列何者非屬追溯保險費（Retrospective Premium）計算之相關項目？　(A)基本保險費　(B)最高保險費　(C)最低保險費　(D)保證成本保險費。

（ A ）6.某產險公司統計前一年承保的100萬部機車，有2萬部出險，2萬部出險的機車中，有6,000部損失1萬元、8,000部損失2萬元、6,000部損失3萬元，則損失頻率與損失幅度分別為：　(A)0.02，2萬元　(B)0.02，400元　(C)2萬次，2,000元 (D)2萬次，20,000元。

（ C ）7.客車因發生追撞事故受損，該客運公司支出的：①客車修理費②拖吊費用③營收損失④駕駛人員薪資，上述項目中哪些項目屬於直接損失？　(A)①,②,④ (B)①,④　(C)①,②　(D)①,③。

（ B ）8.日本在2011年3月11日發生的「地震—海嘯—核災」，是屬於複合式的：　(A)風險因素　(B)風險事故　(C)投機風險　(D)動態風險。

（ B ）9.危機的發展階段，第一階段係指：　(A)警告階段　(B)威脅階段　(C)影響階段 (D)調查階段。

（ C ）10.對於損失頻率大與損失幅度低的風險，最佳的處理方法為：　(A)風險避免 (B)風險移轉　(C)損失預防與控制　(D)風險自留。

（ A ）11.依據保險理論而言，下列何者屬於商業保險公司可承保之風險？　(A)特定風險 (B)動態風險　(C)基本風險　(D)財務風險。

（ C ）12.一種風險管理方法其設計主要在於降低損失幅度，則稱這種方法是屬於何種管理方式？　(A)損失預防　(B)風險避免　(C)損失控制　(D)損失自留。

（ D ）13.危險成本可分為私成本（Private cost）與社會成本，下列何者不屬於私成本項目：　(A)保險費支出　(B)損失自負額　(C)損失控制設備的支出　(D)國家防災

機構的預算。

（A）14.下列哪一項措施能減低客運公司發生車禍的損失幅度？　(A)司機與前座乘客必須繫安全帶　(B)客車定期進廠保養　(C)禁止司機開車違規　(D)禁止司機酒後開車。

（C）15.企業購買財產保險時，採用何種費率制度較有利於當期損失預防與控制活動的回饋？　(A)短期費率制度　(B)經驗費率制度　(C)追溯費率制度　(D)平準保費制。

（B）16.一個不確定事件若發生，對於企業而言可能有「損失」與「獲利」二種影響，則稱此種事件具有何種風險？　(A)基本風險　(B)投機風險　(C)純粹風險　(D)靜態風險。

（C）17.為了加強被保險企業的損失控制意識，產險公司可能安排讓被保險人分攤部分損失，可採用之方式為：①安排再保險②不足額保險③損失自負額條款④採共保聯營　(A)①,②　(B)③,④　(C)②,③　(D)②,③,④。

（A）18.保險人不可以提供超額保險給被保險企業，因其容易誘發何項風險？　(A)道德風險　(B)心理風險　(C)靜態風險　(D)客觀風險。

（D）19.我國任意汽車第三人責任保險是屬於何種責任基礎的保險？　(A)過失責任　(B)純粹無過失責任　(C)限額無過失責任　(D)推定過失責任。

（C）20.有一兒童玩具的出口業者，其國外的客戶為了順利取得商品輸入許可證，通常會要求該出口業者安排何種責任保險？　(A)職業責任險　(B)公共意外責任險　(C)產品責任險　(D)雇主責任險。

（C）21.我國強制汽車責任保險是屬於何種責任基礎的保險？　(A)過失責任　(B)純粹無過失責任　(C)限額無過失責任　(D)推定過失責任。

（D）22.我國現行強制汽車責任保險的每一人死亡保險金是多少新台幣？　(A)120萬元　(B)150萬元　(C)160萬元　(D)200萬元。

（D）23.假設保險事故發生時保險標的現值為一百萬元，保險金額為八十萬元，損失金額為七十萬元，依損害補償公式計算，保險人應賠付多少元？　(A)八十萬元　(B)一百萬元　(C)七十萬元　(D)五十六萬元。

（B）24.同上題，但保單上訂有百分之八十條款時，則保險人應賠付多少元？　(A)一百萬元　(B)七十萬元　(C)八十萬元　(D)五十六萬元。

（A）25.採自己保險的企業，針對其可能損失所提存之基金，在性質上屬於財務報表上的：　(A)資產　(B)負債　(C)收益　(D)支出。

（A）26.倘若由被保險企業提出終止財產保險契約時，保險人依何種基礎返還保險費？　(A)短期費率基礎　(B)日數比例基礎　(C)平準保費基礎　(D)溢額保費基礎。

（D）27.保險事故發生時，保險人依據保險契約所負最高的補償金，稱之為：　(A)保險價額　(B)損失金額　(C)保險金　(D)保險金額。

（ C ）28.財產保險處理損失賠款時，若採用訂約時保險標的之約定價值計算，則此方法稱之為：　(A)帳面價值法　(B)重置成本法　(C)定值法　(D)實際價值法。

（ D ）29.企業風險管理（ERM）的風險係包含下列哪些？①純損風險②財務風險③策略風險④經營風險　(A)①,②,③　(B)②,③,④　(C)①,②,④　(D)①,②,③,④。

（ A ）30.企業對於某一風險事故的「損失頻率」乘以「損失幅度」，其值稱為：　(A)風險數理值　(B)風險程度　(C)總保險費　(D)最大預期損失。

（ C ）31.汽車竊盜損失保險對於有裝置衛星定位系統之車隊收取較低費率，這是基於何種費率釐訂原則？　(A)適當充分性　(B)穩定性　(C)損失預防誘導性　(D)調整融通性。

（ B ）32.企業危機管理的步驟，第一步是：　(A)監控並評估危機　(B)辨識與評估組織的弱點　(C)防範弱點爆發成危機　(D)以上皆非。

（ C ）33.所謂客觀的風險程度高，係指：　(A)損失頻率高　(B)損失幅度大　(C)預期損失頻率與實際損失頻率的相對變量大　(D)損失頻率小而損失幅度大。

（ A ）34.下列何者不屬於損失前企業風險管理的目標？　(A)企業繼續營運　(B)減少企業主憂慮　(C)經濟性的成本　(D)履行外在的強制性義務。

（ B ）35.風險管理原則中呼籲管理者應多加考慮「勿因小而失大」的潛在性。「因小失大」係指下列何者？　(A)損失頻率小，保險金額大　(B)損失頻率小，損失幅度大　(C)損失幅度小，損失頻率大　(D)保險金額小，保險價值大。

二、簡答題（共3題，每題10分）

1.請簡述企業設立專屬保險機構（Captive insurer）之理由何在？

　答：替代性風險理財機制，瓜分了約四分之一的風險理財市場。考其原因，主要是傳統保險理財市場對企業風險管理的需求，所能彰顯的功效並不如預期（Dowding, op. cit,; Bawcutt, 1991）。這個原因驅動了替代性風險理財市場的發展，當然也驅動了在替代性風險理財市場佔重要地位之專屬保險的成長。另一方回，企業公司選擇專屬保險作為替代性風險理財機制，乃是為了滿足公司在跨國經營上的各類需求。

2.何謂風險控制（Risk control）？在一般風險控制理論中，亨利屈（Heinrich, H.W.）提出的「骨牌理論（The Domino Theory）」，其內容如何？

　答：骨牌理論（The Domino Theory）係於1920年代間由著名之工業安全工程帥H.W. Heinrich發展而成。這個理論認為所有意外事故之發生，係由於下列五張骨牌之前四張中任何一張倒掉而產生。這5張骨牌之名稱分別是：

　(1)先天遺傳之個性及社會環境。

　(2)人為之過失。

　(3)人員不安全之動作或機械上之因素。

(4)意外事故本身。

(5)意外傷害或財損。

上述骨牌理論，Heinrich特別強調三項重點：第一，每個意外事故均以先天遺傳之個性及社會環境之不良為始，而以傷者之結果為終。第二，移走前四張骨牌之任何一張均可防止傷害之產生。第三，移走第三張骨牌，不安全之動作或條件是預防傷害產生之最佳方法。

另外Heinrich對於人員不安全動作或機械上與物質上之風險因素提出了著名的「330/29/1比例」。此比例說明，在360件意外事故中，約330件的意外事故是不會造成意外傷害或財損，29件會產生輕微之意外傷害或財損，而僅有1件意外事故會產生嚴重之意外傷害或財損。

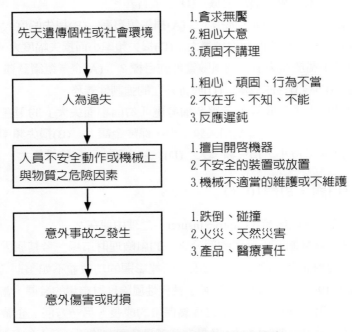

骨牌理論意外傷害財損發生之程序

3.請簡述風險管理政策說明書（Risk Management Policy Statement）之意義，並列舉出該說明書之功能？

答：(1)風險管理政策說明書之意義

當企業的高階主管與風險管理人共同探討內部條件、外部環境、產業結構和保險市場，從而決定其風險管理政策之後，下一步便應該將風險管理政策連同風險管理人員的職責明確地寫下來，成為一份「風險管理政策說明書」（Risk Management Policy Statement）。「風險管理政策說明書」，主要在規範風險管理

人員之授權與職責的書面文件，以便將來執行任務時有所遵循。其主要係依據經營者的經營哲學與目標，來規範風險管理人員的授權範圍，以設定整個風險管理績效、衡量與控制之標準。在年度結束後，風險管理部門應該就過去一年的執行狀況向上級報告，提出一份「風險管理年度報告」。

(2)風險管理政策說明書之功能

風險管理政策說明書，也是風險管理人員的永久指導說明書，並且有了風險管理政策說明書，能使新進人員很快瞭解公司之情況。對風險管理人員而言，風險管理政策說明書之功能如次：

①提供評估風險控制與風險理財職責的架構。

②凸顯風險管理功能的重要性。

③闡明風險管理部門在組織中的地位。

附錄四　歷屆個人風險管理師「財產風險管理」試題及參考解答

九十七年

一、選擇題（25題，每題1分）

(B) 1.肥胖的人要節制飲食、持續運動以減少高血壓、糖尿病發生；屬於風險管理計畫的何者方向？　(A)風險避免　(B)風險降低　(C)風險轉移　(D)風險自留

(C) 2.投保火險或車險的附加險時，下列何者不正確？　(A)一定要先投保火險或車險後，才可以批單方式加保　(B)二險的附加險不能單獨投保　(C)二險的附加險可單獨投保　(D)以上皆正確

(A) 3.竊盜保險承保普通物品時，最高賠償金額的規定為：　(A)按普通物品總保險金額，每件以2%計算，但不超過一萬元　(B)按物品實際現金價值承保　(C)按約定的金額承保　(D)按每件不得超過五萬元承保

(B) 4.酗酒駕車責任險是何者主約的附加險？　(A)汽車竊盜損失險　(B)汽車第三人責任險　(C)汽車綜合損失險　(D)以上皆可

(C) 5.第三責任保險，一般簡稱責任保險。第三人指：　(A)保險契約當事人　(B)保險契約的要保人　(C)保險契約當事人以外的任何人　(D)被保險人的受僱人及家屬

(B) 6.下列何者不屬於責任保險的共同特性？　(A)被保險人對第三人的損害賠償責任　(B)賠償損失範圍包括直接損失而已　(C)賠償損失範圍包括直接損失及間接損失　(D)保險金額實為責任限額

(A) 7.以家庭或一家之主名義投保的公共意外責任保險，何者正確？　(A)免除因過失侵權行為所致對第三人的賠償責任　(B)不能附加在住家財產綜合險上　(C)不屬於公共意外責任險的範圍　(D)承保處所擴及公共場所

(A) 8.非傳統壽險的特性，何者不正確？　(A)利差風險由保險公司承擔　(B)保險金額隨投資績效變動　(C)交付保險費有彈性　(D)以上皆正確

(C) 9.下列何者不是非傳統壽險？　(A)變額保險　(B)變額年金　(C)定期死亡保險　(D)利率變動型年金

(B) 10.死亡壽險規劃過程中，計算需求的大小程度，下列何者不正確？　(A)可把利率與物價通膨因子一併考量　(B)不用考量利率與物價通膨因子　(C)考量喪葬費用　(D)考量子女教育基金

(B) 11.傳統保險的會計處理，何者正確？　(A)一般帳戶　(B)分離帳戶　(C)保險稅負在

一般帳戶處理，投資在分離帳戶處理　(D)以上皆可

（ A ）12.辨識風險的政策分析法是指：　(A)針對政府形成的政策，分析辨識對公司的影響　(B)利用保險業或相關學會設計的標準表格來辨識風險　(C)利用保單檢視表辨識風險　(D)利用資產暴露分析表辨識風險

（ D ）13.下列何者不屬於風險辨識的重點工作？　(A)檢視營業的範圍與項目　(B)檢視製造過程及管理的純熟度　(C)檢視人員訓練是否充足　(D)檢視非相關產業的風險

（ A ）14.風險的終極根源係指：　(A)自然環境及人為環境為風險根源　(B)不受人類科技文明影響　(C)天災人禍、大地反撲不是風險根源　(D)自然宇宙不是風險根源

（ D ）15.風險列舉法中，財務分析法的分析範圍及目的，何者不包含在內？　(A)財務性風險　(B)實質風險　(C)破產風險　(D)政治風險

（ D ）16.下列何者不屬於財產的法律利益？　(A)目前的所有權利益　(B)未來的所有權利益　(C)目前的使用利益　(D)過去的使用利益

（ C ）17.下列何者不屬於一般企業財產損失？　(A)不動產損失　(B)動產損失　(C)人員損失　(D)無形財產損失

（ D ）18.下列何者不是有形財產？　(A)貨幣與有價證券　(B)應收帳款　(C)存貨　(D)商業機密

（ C ）19.下列何者不是無形財產？　(A)商譽　(B)專利權　(C)有價值的文件、帳簿及檔案紀錄　(D)租賃權

（ C ）20.地震、土地滑動屬於：　(A)自然災因　(B)人為災因　(C)經濟災因　(D)以上皆是

（ D ）21.下列何者不是經濟災因？　(A)技術革新　(B)折舊　(C)過時　(D)恐怖活動

（ C ）22.海上保險中的運費係指：　(A)運輸標的為貨物價值　(B)運輸標的的保險費　(C)運送人為他人運輸貨物，共所得報酬而言　(D)運送人的責任保險費

（ A ）23.居家綜合保險承保　(A)被保險人居家時可能遭受的財產及責任損失　(B)被保險人的汽車碰撞綜合損失　(C)被保險人的旅遊綜合損失　(D)被保險人的第三責任

（ D ）24.鍋爐保險承保項目為：　(A)鍋爐及壓力容器　(B)鄰近財物損失　(C)第三人意外責任　(D)以上皆是

（ C ）25.保險公司對被保險人因其債務人之不履行債務或其受僱人之不誠實行為所致之損失，負賠償責任之保險，稱為：　(A)竊盜保險　(B)責任保險　(C)保證保險　(D)公共意外保險

二、簡答題（共1題，每題10分）

1.完整的個人理財計畫，應該針對每一個人的背景、目標、生活態度及需求，設立不同的財務目標。請寫出理財計劃的四大目的？

答：(1)理財計畫目的

　　①增加收入

　　②減少浪費

　　③提升生活品質

　　④準備退休生活

九十八年

一、選擇題（40題，每題1分）

（ C ） 1.何者非為Hazard　(A)建材　(B)路面不平　(C)H1N1流感傳染病　(D)不勤洗手

（ B ） 2.何者為「風險控制」性質之風險管理方法　(A)提撥偶發準備金　(B)保證　(C)設定自負額　(D)以上皆非

（ B ） 3.財產遭遇火災所致之直（間）接損失之危險，屬何種危險　(A)純粹危險　(B)純粹危險、靜態危險　(C)投機危險、動態危險　(D)投機危險、靜態危險、動態危險

（ D ） 4.保險契約應以保險單或_____為之：　(A)基本條款　(B)要保單　(C)批單　(D)暫保單

（ C ） 5.何者具有可讓被保險人能達到充分補償的機制。　(A)再保險　(B)共同保險　(C)共同保險條款　(D)以上皆是

（ A ） 6.被保險人遇有保險人應負保險責任之事故發生，應於知悉後通知保險公司。　(A)5天　(B)7天　(C)14天　(D)3天

（ B ） 7.不足額保險之被保險人需按比例分攤損失，其理由為何？　(A)懲罰違反誠信　(B)被保險人繳交保費不足　(C)保險金額低於市價　(D)以上皆非

（ B ） 8.以「索賠基礎」之責任保險為：　(A)電梯意外責任保險　(B)醫師業務責任保險　(C)意外污染責任保險　(D)公共意外責任保險

（ B ） 9.何者為相對不保意涵：　(A)不需加費承保　(B)加費承保　(C)加費也不承保　(D)以上皆非

（ A ） 10.Level Term Life Insurance是指。　(A)平準式定期壽險　(B)普通定期壽險　(C)固定定期壽險　(D)以上皆非

（ D ） 11.危險增加非由要保險人或被保險人之行為所致，要保險人或被保險人應於知悉後_____內通知保險人。　(A)60日　(B)30日　(C)15日　(D)10日

（ A ） 12.貨物保險的協議價值，通常訂為發票金額的？　(A)110%　(B)120%　(C)130%　(D)150%

（ A ） 13.晶圓片、電子或機器設備等產品，選擇_____條款投保最適宜。　(A)ICC-A

（B)ICC-B　(C)ICC-C　(D)以上皆非

（ A ）14.終身壽險可視為　(A)最高年齡到期之定期保險　(B)最高年齡之滿期之生死合險　(C)以上皆是　(D)以上皆非。

（ C ）15.紅利分配須考慮的因素，下列何者正確？　(A)費差益、利差益　(B)利差益、死差益　(C)費差益、利差益、死差益　(D)以上皆非

（ B ）16.連生共存年金是指　(A)Joint Deferred Annuity　(B)Joint Life Annuity　(C)Joint and Full Surveyor Annuity　(D)以上皆非

（ A ）17.何者於申請理賠時需要「醫療費用收據」？　(A)實支實付型醫療險　(B)長期照護保險　(C)防癌保險　(D)以上皆非

（ D ）18.何者是意外傷害事故之涵意。　(A)事故非由疾酒引起　(B)事故之原因須為外來　(C)事故之原因須為突發　(D)以上皆是

（ D ）19.由保險契約所生之權利，自得為請求之日起，經過_____不行使而消滅。　(A)30日　(B)60日　(C)一年　(D)二年

（ B ）20.變額萬能壽險與變額壽險之共同點為　(A)保證最低死亡金額　(B)保單持有人自行承擔投資風險　(C)彈性繳費　(D)調整保障額度

（ C ）21.變額萬能壽險保單之保費繳納法為　(A)遞減　(B)遞增　(C)非固定　(D)固定

（ D ）22.產壽險業經營健康保險契約條款設計往往有核保考量，何者為是？　(A)等待期　(B)自負額　(C)觀察期　(D)以上皆是

（ B ）23.何者非風險控制方法？　(A)風險迴避　(B)風險自留　(C)保險以外的風險轉嫁　(D)損失控制

（ C ）24.何者為計畫型自留的種類？　(A)再保險　(B)共同保險　(C)專屬保險　(D)以上皆非

（ A ）25.損失評估時，常用概念：　(A)可能最大損失（Probable Maximum Loss; PML）　(B)最大可能損失（Maximum Possible Loss; MPL）　(C)全損（Total Loss）　(D)以上皆非

（ C ）26.何者為實際現金價值？　(A)市場價值　(B)折現價值　(C)重置成本－折舊　(D)以上皆非

（ C ）27.何者為Peril　(A)隔離　(B)戴口罩　(C)H1N1流感傳染病　(D)食品安全標示不明確

（ B ）28.何者與動態風險有關　(A)法律因素　(B)時間因素　(C)科技因素　(D)以上皆非

（ C ）29.何者決定不足額保險之通稱　(A)折舊　(B)保險價值小於保險金額　(C)保險金額小於保險價值　(D)以上皆非

（ B ）30.不定值保險之作用表現於　(A)核保方面　(B)理賠方面　(C)共同保險　(D)以上皆非

（ D ）31.宅配產業所需主要投保之保險為　(A)現金保險　(B)保證保險　(C)營業中斷保險

(D)內陸運輸保險

（ C ）32.科技產業所需主要投保之保險為　(A)現金運送保險　(B)玻璃保險　(C)營業中斷保險　(D)保證保險

（ C ）33.海上貨物運輸保險所沿用英國倫敦保險人協會的ICC〔Institute Cargo Clauses, ICC〕中，何者保障最少？　(A)ICC-A　(B)ICC-B　(C)ICC-C　(D)以上皆非

（ D ）34.保證保險（Bond）所保障是來自於何關係？　(A)房東與房客　(B)債權人與債務人　(C)企業與股東　(D)承攬人與訂作人

（ C ）35.住宅火險及地震基本保險何種為加費而絕不承保？　(A)洪水　(B)颱風　(C)戰爭兵險　(D)以上皆非

（ D ）36.當今金融海嘯風險是屬何種風險？　(A)國際風險　(B)系統風險　(C)投機風險　(D)以上皆是

（ D ）37.何者非專業責任保險？　(A)會計師責任保險　(B)律師責任保險　(C)醫師責任保險　(D)雇主責任保險

（ C ）38.傷害保險與旅行平安保險的主要差異於　(A)事故等級　(B)保險金額　(C)保險期間　(D)以上皆是

（ B ）39.當前實施「費率自由化」是屬　(A)產險業／第二階段　(B)產險業／第三階段　(C)壽險業／第二階段　(D)壽險業／第三階段

（ A ）40.風險基礎資本額制度（RBC）對產壽業主要影響為何　(A)資產負債管理　(B)投資標的與金額　(C)行銷通路　(D)商品審查

二、簡答題（共3題，每題10分）

1.當今國際風險H1N1流感傳染病事件發生，請簡述該事件若採取因應管理風險方法——「風險自留」之考量理由為何。

　答：計畫型的自留通常是基於下列原因考量。

　　A.處理風險成本超過承擔危險所需付出的代價。此通常為商業保險市場雖可提供保險保障，但是保險費偏高的情況。申言之，為保險公司估計的純保險費（Pure Premium）較企業本身對其損失之估計為高之情況。

　　B.經過評估危險可能造成的最大損失後，經濟單位本身有足夠能力承擔。此有二種情況，第一為風險太小，經濟單位本身可以承擔；第二為經濟單位擁有大量且同質之危險暴露單位，自認為本身可掌握損失發生之情況，亦即損失次數與損失幅度，因此自行使用自己保險（Self-Insurance）或專屬保險（Captive Insurance）等方法處理。

　　C.商業保險市場無法提供經濟單位所需要的保障。商業保險通常有一套認定可保風險的標準，不合乎標準，即無法提供保障。

D.無法以其他風險管理方法處理時，被迫自留。

E.其他原因。例如經濟單位認為其財力雄厚，可吸收相當之損失；將節省之保險費進行資金運用較為有利；使從業人員提高警戒心以發揮損失預防或抑減之功能。

2.一般風險辨認方法主要有何種方法，請簡述之？

答：較重要之風險辨認方法有：(1)保險調查法，(2)保單檢查法，(3)風險暴露單位列舉法，(4)財務報表分析法，(5)流程圖法。

3.簡述並畫圖說明損失頻率與損失幅度建構四大象限之風險管理方法為何？

答：

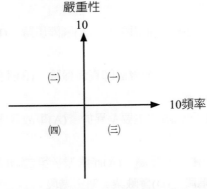

【第一象限】高頻率與高嚴重性：宜先採損失預防，若見成效時，則可採風險移轉；反之，若未見成效，則宜採風險避免。

【第二象限】低頻率與高嚴重性：宜採風險移轉。

【第三象限】低頻率與低嚴重性：可採自留。

【第四象限】高頻率與低嚴重性：宜先採損失預防，若見成效時，則可風險自留；反之，若未見成效，則仍不宜採風險自留。

九十九年

一、選擇題（30題、每題1.5分）

（ B ）1.危險管理方法中之危險控制包括：①避免、②自己保險、③危險自留、④轉包（sub-contract）。　(A)①,②　(B)①,④　(C)②,③　(D)②,③,④

（ C ）2.財產遭遇火災所致之直接或間接損失之危險，屬於下列何種危險？①純粹危險、②投機危險、③靜態危險、④特定危險。　(A)①　(B)①,④　(C)①,③,④　(D)②,③,④

（ C ）3.下列哪一種風險並非是保險公司所稱的不可保風險？　(A)生產風險　(B)政治風險　(C)財產風險　(D)以上皆非

（ D ）4. 下列何者為風險管理的第一個步驟？　(A)風險之衡量　(B)風險管理方法之選擇　(C)風險管理方法之執行　(D)風險之確認

（ B ）5. 損失頻率（Loss Frequency）大而損失幅度（Loss Severity）小之風險，最適當之風險管理方法為？　(A)保險　(B)損失預防與控制　(C)風險避免　(D)風險自留

（ A ）6. 所謂「保險利益」係指？　(A)經濟上的利害關係　(B)保險可得之利益　(C)保險費　(D)保險金

（ B ）7. 所謂「超額保險」係指？　(A)保險價額＞保險金額　(B)保險價額＜保險金額　(C)保險費＞保險金　(D)保險費＜保險金

（ D ）8. 有關據實說明義務敘述，下列何者正確？　(A)要保人對書面及口頭詢問之事項均須說明　(B)要保人違反說明義務，保險人都可以解除契約　(C)保險人解除契約時得以書面或口頭為之　(D)保險契約訂立後經過二年，保險人就不得解除契約

（ A ）9. 下列何者，人壽保險人不負給付保險金之責？　(A)要保人故意致被保險人於死　(B)受益人故意致被保險人於死　(C)被保險人於訂約二年後自殺　(D)以上皆是

（ C ）10. 下列哪些商業的火災保險除外事故，無法以加費方式承保？　(A)地震　(B)爆炸　(C)戰爭兵險　(D)機動車輛碰撞

（ D ）11. 下列何者屬於責任與財產結合型的保險？①公共意外責任保險②電梯意外責任保險③產品責任保險④高爾夫球員責任保險　(A)①　(B)①, ②　(C)③, ④　(D)④

（ D ）12. 下列何者非專業責任保險？　(A)律師責任保險　(B)會計師責任保險　(C)醫生責任保險　(D)僱主責任保險

（ A ）13. 個人責任保險可以理賠下列何種項目？　(A)一般生活意外所致的賠償責任　(B)駕駛汽機車期間所致的賠償責任　(C)執行公務所致的賠償責任　(D)履行契約或協議等所致的賠償責任

（ C ）14. 住宅火災及地震基本保險的保險費在年度申報綜所稅時　(A)可以當作費用扣除　(B)須與人身保險費支出合併不得超過Nt.\$24,000　(C)不可以當作費用扣除　(D)可以扣除半額但合併人身保險費支出不得超過Nt.\$24,000

（ B ）15. 下列何者非為住宅火災及地震基本保險的基本承保事故？　(A)閃電雷擊　(B)竊盜　(C)爆炸　(D)航空器墜落

（ D ）16. 下列何者非汽車保險的主險？　(A)汽車車體損失險　(B)汽車竊盜損失險　(C)任意第三人責任險　(D)汽車乘客保險

（ C ）17. 「人壽保險」保險費之附加保費，不包括？　(A)新契約費用　(B)維持費用　(C)再保險費用　(D)收費費用

（ D ）18. 人壽保險的特性，以下敘述何者為非？　(A)長期保險之一種　(B)定額保險之一種　(C)投保對象極為廣泛　(D)投保動機不可利己

（ B ）19. 以下關於「定期壽險的保險期間屆滿時」的敘述，何者錯誤？　(A)無滿期生存

保險金　(B)退還已繳保費　(C)無現金價值　(D)有保證續保條款者，可要求保證續保

（ D ）20.保戶投保平準保費之長期壽險，於中途終止契約時，保險公司應給付？　(A)解約費用　(B)未滿期保險費　(C)解約保額　(D)解約金

（ B ）21.下列有關投資型保險之敘述，何者為不正確？①將所繳之保費全數配置於專設帳戶（即分離帳戶）②分離帳戶投資於要保人指定之投資工具③要保人對投資結果應自行承擔虧損之風險④如果投資於國外，將有利率風險　(A)①, ②　(B)①, ④　(C)②, ③　(D)②, ③, ④

（ A ）22.對責任風險的描述，何者為正確？①須因自己疏忽或未注意②包括故意行為③因而致第三者受傷或財產受損之風險④包括自身之受損　(A)①與②與③　(B)②與③與④　(C)①與②與③與④　(D)①與②與③與④皆非正確

（ D ）23.如果希望年金金額不受通貨膨脹影響，則下列何者商品最能達到目的？　(A)傳統年金　(B)甲型利率變動年金　(C)乙型利率變動年金　(D)變額年金

（ A ）24.年金商品進入給付期時，下列敘述何者為非？　(A)如果預定利率愈高，其他條件不變，則可支領的固定年金金額就愈小　(B)如果被保險人年齡愈大，其他條件不變，則可支領的年金金額就愈大　(C)其他條件不變，男性可支領的普通終身年金金額較女性為大　(D)如果保證年期愈長，其他條件不變，則可支領的固定年金金額就愈小

（ A ）25.我國現行金融市場的哪一項發展趨勢，對於壽險業業務通路發展之影響最為重要？　(A)銀行保險業務的興盛與蓬勃發展　(B)產壽險業業務範圍的模糊化趨勢　(C)業務員所得認定爭議的解決　(D)直效行銷之風行

（ C ）26.傷害保險業務，依我國主管機關之規定可由下列何者經營？　(A)僅人身保險業者　(B)僅財產保險業者　(C)人身保險業者及財產保險業者　(D)僅本國保險業者

（ A ）27.下列關於個人傷害保險契約之敘述何者不正確？　(A)契約成立後，被保險人須經保險人同意，始得變更身故受益人　(B)殘廢保險金受益人為被保險人本人　(C)契約成立後，要保人不須經保險人同意，即得經通知變更身故受益人　(D)醫療保險金受益人為被保險人本人

（ D ）28.在長期利率持續走升之情況下，以下各項對壽險業的影響敘述中，哪一項是較正確的描述？　(A)保單貼現的商品會成為熱門商品　(B)傳統保障型商品會成為主流　(C)投資型商品仍會維持相同之盛況　(D)壽險業能因此降低利差損威脅之程度

（ B ）29.關於投資型保險商品，下列何者錯誤？　(A)繳費方式可以固定或不固定　(B)費用透明度較差　(C)現金價值通常是沒有保證的　(D)投資資產的管理是置於分離帳戶

（ D ）30.以下何項描述內容，與現階段我國保險市場發展趨勢較不符合？　(A)保險業資

金運用將更為放寬與自由　(B)產險業可望經營更多的過去僅有壽險業可經營之保險業務　(C)未來將有更多保險業加入金控公司運作　(D)傳統業務員通路將被完全取代

二、簡答題（共3題，每題10分）

1.何謂風險理財（risk financing）？除購買傳統保險外，請列舉說明一種常用的風險理財工具。

答：風險理財型主要之重點在於有計畫的籌措意外事故準備金，其方法除了保險（Insurance）外，尚有風險自留（Risk Retention）。

風險自留，有稱為風險承擔（Risk Assumption）是一種財務規劃制度，因為有時某些風險無法避免，或是經濟單位評估其獲利情況，願意承擔因風險事故所可能造成損失之時，或是本身之風險單位夠多，藉著保險的原理技術，有計畫的提撥基金，因應損失發生的一種風險管理方法。此種處理風險的方法稱為主動風險自留，或是計畫型的風險自留。但是也有經濟單位對於風險認識欠缺，判斷失當疏於處理風險，而由自己承擔危險所造成的損失，此種處理風險的方法稱為被動自留，或是非計畫型的風險自留。

計畫型自留的種類以設定自負額（Deductible）、大企業設立自己保險專屬保險等機制較為典型。

2.一位專業的風險管理師做保險規劃時，需要考慮哪些因素？

答：(1)決定保險需求的程度

(2)視危險的性質，進行成本分析

(3)選擇良好的保險公司

3.請說明遞減式定期壽險（Decreasing Term Life Insurance）之意義及其用途。

答：遞減式定期壽險（Decreasing Term Life Insurance）。指定期壽險之保障額度，隨著保險期間的經過而逐年遞減。遞減式定期壽險最常用於搭配被保險人清償各種貸款，例如不動產抵押貸款、汽車貸款甚至於信用貸款等。被保險人如為一個家庭的主要收入者，不幸亡故，尚未清償的貸款對於其遺族為一相當大之負擔，此種保險正可適時用於清償貸款。又由於房屋貸款或汽車貸款均按期攤還本息，貸款呈現遞減情況，相對而言，被保險人的保障需求額度可逐漸遞減，此種遞減式定期壽險恰可適用。

一○○年

一、選擇題（25題，每題2分）

（ B ）1.假設：①地震、②建築結構（Construction）、③縱火（Arson）、④實質風險因素（Physical Hazard）、⑤心理風險因素（Morale Hazard），則下列選項中何者正確？ (A)①,④. ②,④ (C)③,⑤ (D)①,⑤

（ C ）2.假設：①靜態風險（Static Risk）、②動態風險（Dynamic Risk）、③特定風險（Particular Risk）、④團體風險（Group Risk），則具有純危險（Pure Risk）性質者為 (A)①,②,③ (B)②,③,④ (C)①,③,④ (D)①,②,③,④

（ C ）3.假設：①風險避免（Risk Avoidance）、②損失預防（Loss Prevention）、③自負額（Deductible）、④風險承擔（Risk Assumption），則屬於危險管理方法中危險控制類型者包括 (A)①,② (B)②,③ (C)③,④ (D)①④

（ B ）4.風險管理的對象為 (A)經濟個體（個人、家庭、企業） (B)純風險 (C)風險控管單位 (D)以上皆是

（ A ）5.風險管理的第一步驟為確認風險，假設：①保險調查法、②保單檢查法、③財務報表分析法、④流程圖法，則僅具有確認可保風險的分法為 (A)①,② (B)②,③ (C)③,④ (D)①,②,③,④

（ B ）6.就責任損失風險之衡量言之，受害人生命權受侵害所致之遺族扶養費用，是屬於 (A)消極性之有形財產損害 (B)積極性之有形財產損害 (C)積極性之無形非財產損害 (D)消極性之無形非財產損害

（ D ）7.單一危險單位，在單一事故中可能發生的最嚴重損失幅度，稱為 (A)正常可預期損失（Normal loss expectancy） (B)最大可達損失（Maximum Possible Loss） (C)最大可預見損失（Maximum forseeable loss） (D)最大可能損失（Probable Maximum Loss）

（ D ）8.下列哪一個原則為大數法則在法律上之具體表現？ (A)誠信原則 (B)保險利益原則 (C)不當得利禁止原則 (D)對價衡平原則

（ D ）9.有關告知義務，下列選項何者正確？ (A)要保人僅對保險人之書面詢問說明即可，故為一種客觀告知主義 (B)保險契約訂立後經過二年，保險人仍得解除契約 (C)要保人違反告知義務，保險人均取得解除契約的權利 (D)以上皆非

（ C ）10.下列何者屬於保險契約成立的特別要件 (A)要保人之要約 (B)保險人之決定承保 (C)有保險利益存在 (D)以上皆是

（ B ）11.依我國保險法規定，下列何者為法定之保險金請求權人？ (A)要保人 (B)被保險人 (C)受益人 (D)以上皆是

（ C ）12.假設：①違反告知義務、②故意超額保險、③惡意複保險、④違反通知義務，則

依我國保險法規定，保險人可行使解除權者為　(A)①, ②, ③　(B)②, ③, ④　(C)①, ②, ④　(D)①, ③, ④

（ C ）13.就財產保險而言，損失發生後認定實際現金價值有困難之保險標的物，在投保時通常採用　(A)定額保險　(B)不定值保險　(C)定值保險　(D)重置成本保險

（ D ）14.假設：①損失發生時的實際現金價值、②協議價額、③保險金額、④實際損失，如投保時採用不定值保險單，要保人不小心超額保險，在發生全損（Total Loss）之情況下，保險人理賠的額度為　(A)①, ③　(B)②, ③　(C)③, ④　(D)①, ④

（ B ）15.不足額保險之被保險人需按比例分擔損失是因為　(A)保險金額低於市價　(B)被保險人繳交保費不足　(C)懲罰違反誠信　(D)以上皆非

（ B ）16.我國目前汽車保險車體損失保險有所謂的甲式條款（以下稱甲）與乙式條款（以下稱乙），茲就二者比較，下列選項何者為真？　(A)甲採列舉式承保，乙採全險概念承保　(B)甲將第三人非善意行為承保在內　(C)乙將其他不明原因所致之損失承保在內　(D)以上皆是

（ C ）17.假設：①體傷責任、②財損責任、③屬於超額補償保險（Excess Insurance）性質、④屬於基層保險性質，則就我國現行任意汽車責任保險之承保範圍而論，下列選項何者正確　(A)①, ③　(B)②, ③　(C)①, ②, ③　(D)①, ②, ④

（ B ）18.下列何者不屬於一般責任保險　(A)公共意外責任保險　(B)保險經紀人與代理人責任保險　(C)產品責任保險　(D)雇主責任保險

（ A ）19.我國現行住宅火災保險中須經特別約定承保之危險事故為　(A)竊盜　(B)機動車輛碰撞　(C)意外事故所致之煙燻　(D)以上皆是

（ C ）20.下列何者不屬於我國現行汽車車體損失險之附加險　(A)颱風險　(B)地震險　(C)零配件被竊損失險　(D)洪水險

（ C ）21.有關失能保險之免責期間，後列敘述何者正確？①「病假給付」制度為僱主給員工之額外福利，應不影響免責期間、②免責期間內之損失由被保險人自行負擔，可促使被保險人注重危險之防範、③訂定免責期間將可減少小額理賠案件　(A)①, ②　(B)①, ③　(C)②, ③　(D)①, ②, ③

（ B ）22.下列有關健康保險之敘述，何者為非？　(A)依我國保險法規定，健康保險仍歸類於人身保險　(B)健康保險完全合乎損失補償精神　(C)健康保險通常以一年為期　(D)健康保險在核保處理時常有觀察期間之規定

（ C ）23.關於癌症保險，後列敘述，何者為是？①道德危險很高、②通常有觀察期間之規定、③被保險人有可能在自覺罹患癌症後投保　(A)①, ②　(B)①, ③　(C)②, ③　(D)①, ②, ③

（ D ）24.關於傷害保險之敘述，何者為非？　(A)又可稱為三類保險　(B)我國財產保險業亦可經營傷害保險　(C)被保險人變更職業時必須通知保險人　(D)被保險人職務變更致增加危險未通知保險人，發生保險事故時，保險人完全不理賠。

（ D ） 25.下列關於個人傷害保險契約之敘述，何者為非？ (A)醫療保險金受益人為被保險人本人 (B)殘廢保險金受益人為被保險人本人 (C)契約成立後，要保人不須經保險人同意，即得經通知變更身故受益人 (D)契約成立後，要保人須經保險人同意，始得變更身故受益人

二、簡答題（7題，每題5分）

1. 何謂損失機會（Chance of Loss）？何謂風險程度（Degree of Risk）？二者有何不同？試舉例說明之。

答：(1)損失機會（Chance of Loss）

損失機會（Chance of Loss），一般之解釋為一個事件發生的機率（the probability that an event will occar），損失機會為衡量風險的一種工具。

(2)風險程度（Degree of Risk）

風險程度，有主觀的風險程度與客觀風險程度之分。前者是指損失發生的次數與額度缺乏客觀資料，須由個人主觀判斷加以評估的危機。也就是基於個人的心理狀況或精神狀況而產生的不確定性。至於後者，係指實際損失與預期損失之相對變量（Relative Variation），一般可用公式表現其值，茲列示如下。

風險程度值＝（實際損失次數－預期損失次數）／預期損失次數

上開公式可為衡量危險的工具之一。

不過，就一個危險暴露團體而言，損失機會可能完全相同，但危險程度卻有相當之差異。所謂危險暴露團體，為一集合詞，例如台北市的1000棟房子，高雄市的1000棟房子，如以竊盜而言，彼此間的竊盜損失機會可能完全相同，但是危險程度就不一定相同。因為預期損失次數係由過去幾年的經驗產生，某一特定事故其每一經驗年度之損失次數，並不一定相同。

2. 風險管理方法中有所謂的計畫型自留，試說明採用計畫型自留的原因何在？

答：計畫型的自留通常是基於下列原因考量。

(1)處理風險成本超過承擔危險所需付出的代價。此通常為商業保險市場雖可提供保險保障，但是保險費偏高的情況。申言之，為保險公司估計的純保險費（Pure Premium）較企業本身對其損失之估計為高之情況。

(2)經過評估危險可能造成的最大損失後，經濟單位本身有足夠能力承擔。此有二種情況，第一為風險太小，經濟單位本身可以承擔；第二為經濟單位擁有大量且同質之危險暴露單位，自認為本身可掌握損失發生之情況，亦即損失次數與損失幅度，因此自行使用自己保險（Self-Insurance）或專屬保險（Captive Insurance）等方法處理。

(3)商業保險市場無法提供經濟單位所需要的保障。商業保險通常有一套認定可保風

險的標準，不合乎標準，即無法提供保障。

(4)無法以其他風險管理方法處理時，被迫自留。

(5)其他原因。例如經濟單位認為其財力雄厚，可吸收相當之損失；將節省之保險費進行資金運用較為有利；使從業人員提高警戒心以發揮損失預防或抑減之功能。

3.何謂重置換新成本（Replacement Cost New）？何謂功能性重置成本（Functional Replacement Cost）？二者有何不同？

答：財產損失之額度之衡量方法甚多，例如市場價值（Market Value）、重置換新成本（Replacement Cost New）、功能性重置成本（Functional Replacement Cost）等方法，市場價值是指動產或不動產在市場交易時，賣方願意接受與買方願意支付之價格。重置換新成本指以全新之財產取代受損財產之成本，全新之財產與受損之財產不完全相同，惟與原規格相當。功能性重置成本則指取得與原物相同功能與效率，惟非與原物完全相同之重製品所花費之成本。

4.財產保險原則上為不定值保險，其理由何在？

答：保險法第七十三條第三項規定：「保險標的，未經約定價值者，發生損失時，按保險事故發生時實際價值為標準，計算賠償，其賠償金額，不得超過保險金額。」。

與此相反概念之保險類型為「定值保險」，即保險法第七十三條第二項規定：「保險標的，以約定價值為保險金額者，發生全部損失或部份損失時，均按約定價值為標準計算賠償。」。由於保險標的物之價值會隨經濟環境之改變而漲跌，要保人投保時保險標的物之價值，不等於保險標的物在保險事故發生時之價值，為防止不當得利，故財產保險原則上為不定值保險，即在投保當時於保險契約上並不事先約明保險標的物之價值，嗣保險事故發生再行估價理賠。而定值保險則完全相反，在投保時保險契約即會約定保險標的物之價值，於保險事故發生時，保險人將不另行估價，以約定價值為標準計算理賠金額。例如海上保險即為定值保險，蓋海上保險保險事故之發生，多半處於茫茫大海之上，估價工作之進行有其困難度，故在訂立保險契約時，會事先約定保險標的物之價值。

5.保險契約法之基本原則之一為「內容控制原則」，試說明其作用何在？

答：內容控制原則之建立，係為導正保險契約為定型化契約之弊病，將保險契約法上之規範定性為要保人、被保險人或受益人基本權利之保障，限制保險人任意變動保險契約法之規定達有利於己之目的。同時，由於保險契約為保險人事先精心設計，故文義上之模糊，自應將其不利歸於保險人之承擔。

6.選擇良好的保險公司應考慮哪些因素，試簡要說明之。

答：除了保險費率的條件以外，保險公司的選擇也十分重要。一般選擇保險公司需考慮：

(1)保險公司的財務情況與信用評等

因為保險契約提供的是保險人對未來損失的賠償責任之承諾，如屆時保險人失去清償能力，保險契約形同廢紙。因此選擇保險公司首重其清償能力，在消費者資訊尚未完整提供的階段，類似標準普爾（Standard & Poor's）、Mood's與A.M. Best等信用評等機構對保險公司所給予的評等，都值得作為選擇保險公司的參考。

(2)保險公司的專業能力

保險公司是否專業影響客戶的權益重大，專業的保險公司在風險評估與保險規劃上，都能提供相當的建議與協助，如果能夠妥善利用，可以在成本與效益上達到比較理想的安排。如有損失發生，專業導向的保險公司，能立刻提供客戶災後的支援與協助，並且在理賠服務上，使客戶可以得到公平合理的待遇。被保險人過度著重保險費的條件，通常會犧牲享受優質服務的機會，因為競相殺價的保險業者，在專業服務面的品質值得進一步觀察。

(3)仲介人員的服務品質

一般保險均透過仲介人員（又稱輔助人）的洽攬，一般分為保險經紀人（代表被保險人）、保險代理人（代表保險公司）與保險業務員（保險公司直屬的業務代表）。任何型態的仲介人員都可以提供被保險人適當的服務，但實際服務的水準是否可靠端視其專業能力以及服務的態度。有時候，一個好的仲介人員的服務，甚至比前兩項因素影響更深遠。

以上各項規劃保險需考量因素，除適用於財產保險以外，也適用於其他種類的保險。

7. 生活中常見的個人責任風險有哪些？試舉二例說明之。

答：個人責任保險保障範圍僅包含一般生活意外的賠償責任，但並不包含駕駛汽機車期間、執行公務、履行契約或協議等所致的賠償責任，這些責任風險必需另外規劃其他的責任保險才可以獲得理賠。此外，若是因投保人故意行為、犯罪行為、飲酒駕車、服用違禁藥品等行為所致者，則皆列為個人責任保單無法理賠之項目。

三、申論題（1題，15分）

1. 試依損失機會高低與損失金額大小，說明汽車風險之保險規劃原則。

答：一般而言，汽車風險主要係由於發生交通意外事故所導致的經濟損失，大體上依據損失機率的高低、損失金額的大小交叉之後共可分為損失的四大類別，這四類的損失就是風險與保險規劃的基礎，當然這些損失大多可透過適當的保險規劃來避免或降低，並藉由固定的保險費支出，來避免不確定的風險，不過也並不是每項損失都只有購買保險一種方法而已，但是怎麼規劃與選擇最有利，則可依照損失對於不同車主經濟情形的衝擊大小，以及保險費對於車主經濟負擔的程度來決定，茲分述如

下。

(1)「損失機會低且損失金額小」的風險

例如輪胎爆胎、電瓶沒電的情形，發生的機會不高，但也會對車主造成幾百元到上千元的經濟損失與不便。此類小型損失，大多車主藉由手邊的現金或存款就能解決，但若透過保險機制來運作，不僅理賠申請相對麻煩，保險費中還需要支付一定比例保險公司的業管費用，因此對於車主而言投保反而不划算。

(2)「損失機會低但損失金額大」的風險

許多意外雖然不常發生，卻可能造成重大損失，而這種風險最適合運用保險來達到「以最低成本換取最大保障」的目的。譬如汽車失竊、颱風洪水、重大車禍的發生機率都不高，均屬於這類損失機會低但金額大的保險商品。倘發生意外，由於損失金額動輒數十萬或數百萬元，均非一般家庭可以負擔，因此保險的功能就顯得很重要。

由於保險費的計算係依理賠發生的機率與賠款支付的金額相乘為計算基礎，因此這類保險商品雖然每次事故的保障動輒高達數十萬元、數百萬元、或甚至數千萬元，但因發生機會有限，保險費也相對較低，依以上提及險種而言，一般車主平均年保險費支出多在五千元以下，最適合車主列為投保的必要配備。

(3)「損失機會高但損失金額小」的風險

剛購買新車的車主，最怕因汽車碰擦撞、或遭不明人士惡意刮傷所造成的外觀受損，除了心疼之餘，鈑金烤漆的費用損失由一片門幾千元到整台車數萬元不等；這類「損失機會高但損失金額小」的風險、其實一般車主大多能夠負擔，但也許是因為越容易看見或接觸到這些小損失，大家就越能察覺危險的存在而有投保的需求，然而其保險費也因理賠機率高而相對成本較高。以甲式汽車車體損失險保險費為例，由於幾乎各類愛車可能遇到的意外事故都可以承保，因此保險費最高；但車主也可透過個人需求選擇保單，以達到省錢又有保障的目的。例如保護愛車的車主可選擇保障事故較精簡的乙式或丙式車體險，保費馬上節省1/2或2/3，另外亦可透過自負額的提高、理賠限額的設定、或無理賠紀錄的累積大幅降低保險費。

(4)「損失機會高且金額高」的風險

根據實務經驗，包含酒後駕車、或是有開快車競速習慣的駕駛人均容易造成重大損失，而這類事故即使是採用保險機制，保險費也將變得相當高昂而車主無法負擔，甚至保險公司會予以婉拒承保，因此唯有改變基本的駕駛習慣才可避免此類風險的發生。

最後，如果選擇以保險來處理使用汽車的風險，最重要的就是在發生理賠時應該如何得到最好的保障了，因此選擇服務最好的保險公司比保費最便宜的保險公司要重要得多，諸如二十四小時0800服務、酒醉護駕到府服務、現場協助車禍處

理、ISO理賠標準流程、全程協助和解、拖吊服務等，有了這些服務加上好的保險規劃，才是最適當的汽車風險與保險規劃。

一〇一年

一、選擇題（25題，每題2分）

（ B ）1.下列何者為「風險控制」性質之風險管理方法？ (A)設定自負額 (B)保證 (C)提撥意外準備金 (D)以上皆非

（ D ）2.下列何者非屬「無形財產」 (A)租賃權 (B)使用權 (C)商譽 (D)電子記帳簿

（ A ）3.損失發生的原因（Cause of Loss）係屬 (A)風險事故 (B)風險程度 (C)損失機會 (D)損失程度

（ D ）4.下列何者非屬於企業收入損失風險之一種？ (A)租金損失 (B)持續費用 (C)連帶營業中斷損失 (D)以上皆是

（ C ）5.下列哪一種風險並非是保險公司所稱的不可保風險？ (A)生產風險 (B)政治風險 (C)財產風險 (D)以上皆非

（ D ）6.個人財產風險係指 (A)不動產 (B)租金損失 (C)動產 (D)以上皆是

（ C ）7.下列何者為保險契約之當事人？ (A)被保險人 (B)業務員 (C)要保人 (D)受益人

（ B ）8.下列何者為保險人承擔危險的對價？ (A)保險利益 (B)保險費 (C)保險金 (D)價金

（ B ）9.不定值保險之功用較符合下列何種原則 (A)最大誠信 (B)損害填補 (C)保險代位 (D)分攤原則

（ D ）10.汽車第三人責任保險係承保下列何種損失 (A)死亡 (B)體傷 (C)財損 (D)以上皆是

（ C ）11.下列哪些係屬火災保險除外事故不得加費承保？ (A)地震 (B)爆炸 (C)戰爭兵險 (D)以上皆是

（ B ）12.醫師業務責任保險係採下列何種基礎理賠 (A)事故發生基礎 (B)索賠基礎 (C)長期基礎 (D)以上皆是

（ D ）13.下列何者非屬專業責任保險 (A)律師責任保險 (B)會計師責任保險 (C)醫師責任保險 (D)僱主責任保險

（ A ）14.強制汽車責任保險制度中，下列敘述何者為非？ (A)保險公司不須強制投保 (B)保障對象含括乘客及第三人 (C)每一車主須強制投保 (D)設置特別補償基金

（ D ）15.下列項目何者為一般住宅保險所承保之標的？ (A)古玩 (B)珠寶 (C)文件、有價證券 (D)家具衣李

（ D ）16.請問常見之「健康保險」保單承保的方式為　(A)標準體　(B)加費法　(C)除外法　(D)以上皆是

（ A ）17.以下保險商品何者無等待期的設計　(A)死亡險　(B)癌症保險　(C)失能保險　(D)醫療費用保險

（ C ）18.傷害保險業務，可由下列何者經營　(A)僅人身保險業者　(B)僅財產保險業者　(C)人身及財產保險業者　(D)僅本國保險業者

（ A ）19.下列何者非意外傷害事故之定義　(A)他人所致之事故　(B)非由疾病引起之事故　(C)外來事故　(D)突發事故

（ C ）20.目前傷害保險示範條款規定之殘廢等級，共有　(A)4級　(B)6級　(C)11級　(D)15級

（ B ）21.下列那一項不屬於積極型保單？　(A)年金　(B)投資型保單　(C)意外險　(D)旅行險、定期險、終身險或養老險

（ B ）22.理財規劃中除了最基礎的保險計畫外，不包括下列那些計劃？　(A)投資計劃　(B)旅遊計劃　(C)賦稅計劃　(D)遺產計畫

（ B ）23.下列何種風險非屬純損風險（Pure Risk）之範疇　(A)財產風險　(B)財務風險　(C)責任風險　(D)人身風險

（ C ）24.下列何種風險非屬動態風險（Dynamic Risk）　(A)創新風險　(B)財務風險　(C)海嘯風險　(D)生產風險

（ B ）25.專屬保險係屬下列何種風險管理之方法　(A)風險控制　(B)風險理財　(C)風險轉嫁　(D)風險避免

二、簡答題（共7題，每題5分）

1.何謂靜態風險（Static Risk）？請列出4種靜態風險之名稱？

　答：靜態風險一般係指自然力之不規則變動或人為的錯誤與惡行而導致之風險，如地震、颱風、海嘯、偷竊、工業污染。

2.個人財產風險主要包括哪些項目？請簡述之。

　答：個人財產損失風險主要包括(1)不動產、(2)租金損失風險、(3)動產

3.請簡述財產保險的保險利益原則？

　答：財產保險的保險利益原則，係要求保險契約之被保險人與被保險標的（物）間必須具有保險利益之關係。

4.何謂「實際現金價值」？請簡述之。

　答：實際現金價值＝重置成本（Replacement）－累計折舊

5. 請簡述責任保險人的二種賠償責任基礎？

　答：責任保險之保險人的賠償責任基礎有二，即事故發生基礎（Occurrence Basis）與索賠基礎（Claims-Made Basis）

6. 請簡述汽車交通事故特別補償基金設置的目的？

　答：汽車交通事故特別補償基金設置的目的，乃為使肇事逃逸及未保險車輛能獲得強制汽車責任保險的保障。

7. 請簡述支付損失的籌措資金的方法？

　答：支付損失的籌措資金方法有三：(1)非保險移轉(2)自留(3)保險。

三、申論題（1題，15分）

一個組織或經濟單位在管理風險之前，通常都會使用一種或數種風險確認（認知）的方法來確認風險，請擇要說明六種風險確認（認知）之方法？

答：風險管理專家通常都是使用下列中的一種或數種方法來辨認組織所面臨的特定損失風險。

這些方法的目的均是在辨認損失風險，亦即在辨認未來損失的可能性，而不是在研究過去的損失，雖然過去的損失記錄有時能有助於預測未來的損失，但辨認的重點卻不在於過去而在未來。

1. 調查／問卷法

調查／問卷通常為標準化的格式，而且適用於每一種組織，而其所列的問題則涵蓋了所有的風險管理問題，如有關組織之不動產的風險問題、其設備的風險問題、其他動產的風險問題、其他財產的風險問題、產品的風險問題、重要客戶的風險問題、鄰近地區之財產的風險問題、營運的風險問題，以及其他可能之損失的風險問題等。這種標準化的調查／問卷不但可促使風險管理人去注意重大或顯著的損失風險，而且其問題的邏輯順序也有助於風險管理人去拓展與其組織有關的損失風險資訊。

2. 財務報表分析法

認知損失風險的第二個方法就是分析該組織的財務報表（包括資產負債表、損益表及現金流量表等在內），因資產項目能指出發生損失時的財產價值或有損失之虞的財產價值，而負債項目則會顯示因故倒閉時所必須履行的義務；又從損益表可知，營運中斷後，不但收入會損失，而且費用卻會繼續發生；而現金流量表則能表明有多少現金數額會受損失所影響，或可用來履行持續的義務。因此，仔細分析這些報表上的項目，必能看出有哪些潛在的損失風險值得進一步予以分析。

3. 檢視組織的其他記錄及文件法

一組織的財務報表及其會計記錄，乃是其活動及其損失風險資訊的唯一大來源，而

且也是較大且較廣泛的來源。因其涵蓋了整個組織的所有記錄與文件，而不僅是財務記錄與文件而已。其實，任何組織的文件不但能告知我們有關該組織的某些重要訊息（如契約內容、往來信件的內容、會議的內容以及內部備忘錄等），而且還能告知我們有關該組織之損失風險的一些蛛絲馬跡。

4. 流程圖法

理論上，以流程圖來分析損失風險，乃是把組織看作是一個價值流通的單位或機器，亦即，價值流入這個單位或機器，經過處理後會增值，然後再流出這個單位或機器；是故，就此看法來說，事故就是「阻流」或流量的「切斷物」，而且「阻流」的程度愈大且時間愈長，則因之所引起的損失就愈嚴重。準此，組織營運的流程圖可顯示其每一產品的製程細節，其人員及物料的搬運移轉細節，以及其原料及其製成品之流通細節，而由這些細節則可看出其整個產銷活動可能會發生「阻流」的地方，而且只要一有「阻流」發生，則不管其程度的輕重，都一定會阻礙組織營運的進行，從而會減少營運所能產生的價值。

5. 親自檢視法

某些損失風險只有靠親自實際去檢視才能看得出來，此乃因其他的方法可能無法發掘潛在的損失風險之故。

6. 請教專家法

組織的風險管理人應努力使自己成為精通各種損失風險的通才。是故，其應不斷由組織內外的各專家身上吸取各種專業的損失風險知識。

索 引

財產風險管理 理論與實務

國家圖書館出版品預行編目資料

財產風險管理：理論與實務／鄭燦堂著. ——
初版. ——臺北市：五南, 2012.09
　　面；　公分
ISBN 978-957-11-6845-6 （平裝）
1.財產　2.風險管理
551.28　　　　　　　　　101017836

1FRX

財產風險管理：理論與實務

作　　者 — 鄭燦堂

發 行 人 — 楊榮川

總 編 輯 — 王翠華

主　　編 — 張毓芬

責任編輯 — 侯家嵐

文字校對 — 林秋芬

封面設計 — 盧盈良

出 版 者 — 五南圖書出版股份有限公司

地　　址：106台北市大安區和平東路二段339號4樓

電　　話：(02)2705-5066　　傳　　真：(02)2706-6100

網　　址：http://www.wunan.com.tw

電子郵件：wunan@wunan.com.tw

劃撥帳號：01068953

戶　　名：五南圖書出版股份有限公司

台中市駐區辦公室/台中市中區中山路6號

電　　話：(04)2223-0891　　傳　　真：(04)2223-3549

高雄市駐區辦公室/高雄市新興區中山一路290號

電　　話：(07)2358-702　　傳　　真：(07)2350-236

法律顧問　元貞聯合法律事務所　張澤平律師

出版日期　2012年9月初版一刷

定　　價　新臺幣480元

※版權所有·欲利用本書內容，必須徵求本公司同意※